X.media.press

T0224549

eBook INSIDE

Die Zugangsinformationen zum eBook inside finden Sie am Ende des Buches in der gedruckten Ausgabe.

X.media.press ist eine praxisorientierte Reihe zur Gestaltung und Produktion von Multimedia-Projekten sowie von Digital- und Printmedien.

Dietmar Pokoyski · Stefanie Pütz
Herausgeber

Corporate Audiobooks

Hörspiele, Features & Co. in der
Unternehmenskommunikation

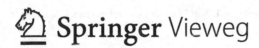 Springer Vieweg

Herausgeber

Dietmar Pokoyski
Köln, Deutschland

Stefanie Pütz
Köln, Deutschland

ISSN 1439-3107
ISBN 978-3-658-00150-6
ISBN 978-3-658-00151-3 (eBook)
DOI 10.1007/978-3-658-00151-3

Die Deutsche Nationalbibliothek verzeichnet diese Publikation in der Deutschen Nationalbibliografie; detaillierte bibliografische Daten sind im Internet über http://dnb.d-nb.de abrufbar.

Springer Vieweg
© Springer Fachmedien Wiesbaden 2014

Gedruckt auf säurefreiem und chlorfrei gebleichtem Papier.

Springer Vieweg ist eine Marke von Springer DE. Springer DE ist Teil der Fachverlagsgruppe Springer Science+Business Media
www.springer-vieweg.de

Vorwort

Im vorliegenden Buch geht es um ein beinahe »vergessenes Kind« der Unternehmenskommunikation: um Audiomedien, die über den Anspruch eines klassischen Podcasts hinausgehen. Hierzu zählen insbesondere Features, Hörspiele bzw. Audiobooks zur Nutzung in der internen und externen Kommunikation, im Marketing und in anderen verwandten Unternehmensbereichen. Damit erhält ein bisher weitgehend unberücksichtigtes und stark unterschätztes Medium seine längst verdiente Bühne.

Unser wichtigstes Dankeschön gilt unseren Autoren, die das vorliegende Buch mit ihren Texten bereichert haben, sowie unseren zahlreichen Interviewpartnern, die sich die Zeit genommen haben, im persönlichen Gespräch, am Telefon oder per E-Mail unsere Fragen zu beantworten. Ein besonderer Dank geht an Angelika Calmez für die Aufzeichnung des Interviews mit Dr. Bahr in Hamburg. Für das Lektorat und Korrektorat einiger Texte bedanken wir uns sehr herzlich bei Lorenz Kahlke und Raimund Pütz. Ebenso zu Dank verpflichtet sind wir unseren Kunden, die uns in der Vergangenheit mit Audio-Projekten beauftragt haben. Denn sie alle haben dazu beigetragen, dass wir mehr denn je vom Audio-Medium und seiner Attraktivität für Zwecke der Unternehmenskommunikation überzeugt sind. Unser größter Dank gilt allerdings unseren Ehepartnern Ankha Haucke und Detlef Denz, die uns mit ihrer psychologischen Expertise, inspirierenden Gesprächen und großem Wohlwollen unterstützt haben.

Ausgewählte Grafiken aus diesem Buch stehen zum Download auf der Verlagswebseite zum Buch unter www.springer.com/978-8348-1855-3 zur Verfügung.

Dietmar Pokoyski und Stefanie Pütz   Köln, im Mai 2014

Inhaltsverzeichnis

Über das Hören

Dietmar Pokoyski, Stefanie Pütz, Michael Schütz und Dagmar Penzlin

1.1 Einleitung: Warum Corporate Audiobooks?

Dietmar Pokoyski und Stefanie Pütz

Das Audio-Medium adressiert nur einen einzigen Sinn, nämlich den, der im Mutterleib als erster ausgebildet wird und der am Ende des Lebens als letzter versagt. Der Hörsinn ist auch deshalb ein besonderer Sinn, weil die Ohren – anders als die Augen – nicht verschlossen werden können und von den Schallwellen sogar physisch berührt werden. Diese Besonderheiten lassen erahnen, dass im reinen Hören ein einzigartiges Potenzial steckt. Es verwundert also nicht, dass das Hörbuch (oder »Audiobook«) im Consumer-Bereich seit Jahren einen regelrechten Boom erlebt.

In der Unternehmenskommunikation hingegen wird das Potenzial des Audio-Mediums noch längst nicht ausgeschöpft. »Corporate Audiobook« ist bis heute ein unbekannter Begriff. Zwar setzen Unternehmen die vielfältigsten Medien in ihrem Corporate Publishing ein, doch narrative und dokumentarische Audio-Formate tauchen dort so gut wie gar nicht auf. Bislang kamen sie allenfalls bei einer sehr übersichtlichen Minderheit von Unternehmen zum Einsatz – meist wenig strategisch und oft sogar zufällig, zum Beispiel wenn ein einzelner Mitarbeiter ein besonderes Faible für das Audio-Medium hatte. Im vorliegenden

Dietmar Pokoyski ✉
Köln, Deutschland
e-mail: sense@known-sense.de

Stefanie Pütz
Köln, Deutschland

Michael Schütz
Köln, Deutschland

Dagmar Penzlin
Brackel bei Hamburg, Deutschland

D. Pokoyski und S. Pütz (Hrsg.), *Corporate Audiobooks*, X.media.press,
DOI 10.1007/978-3-658-00151-3_1, © Springer Fachmedien Wiesbaden 2014

Buch wird das Corporate Audiobook nun erstmals grundlegend definiert und aus verschiedenen Perspektiven beschrieben und beleuchtet.

Der Begriff »Corporate Audiobook« wurde erstmals im Jahr 2008 von der Kölner Kommunikationsagentur known_sense im Rahmen einer Success Story verwendet. Er bezeichnet ein unternehmerisch initiiertes und strategisch geprägtes Audio-Medium, das sich deutlich vom Kanal des Podcasting mit seinen oftmals beliebigen Inhalten abgrenzt. Dokumentiert ist der Begriff seitdem u. a. über die URL www.corporate-audiobook.com. Dort bewirbt die Agentur ihre Services bei der Produktion von Unternehmenshörspielen inklusive des zur Anwendung gebrachten Methodik-Baukastens. Der Einfachheit halber fügt sie dem Begriff »Audiobook« die eingeführte, plakative Bezeichnung »Audiobuch« hinzu, obwohl mit einem Corporate Audiobook deutlich mehr gemeint ist als ein klassisches Hörbuch, was gemeinhin als vorgelesene literarische Vorlage verstanden wird (s. Abschn. 1.3).

Zwar können sich Unternehmen, wenn sie mit Geschichten arbeiten, auch bei literarischen Vorlagen bedienen, z. B. bei Märchen, die qua Wirkungsforschung (s. Abschn. 2.4) als Prototypen für die Behandlung von Wirklichkeit genutzt werden. In der Regel müssen aber bei einer Corporate Audiobook-Produktion Story und Skript – ebenso wie das mit der Produktion verbundene Kommunikationskonzept – nach Manier eines strategischen Einsatzes gut geplant und vor dem Hintergrund der jeweiligen Besonderheiten des produzierenden Unternehmens ausgeführt werden.

Die Idee zu diesem Buch geht auf das Jahr 2011 zurück, als sich die Herausgeber, Stefanie Pütz und Dietmar Pokoyski, in der XING-Gruppe »History Marketing« – eines der möglichen Spielfelder von Corporate Audiobooks (s. Abschn. 2.2) – kennenlernten. Die Journalistin und Autorin zahlreicher Features für Rundfunkanstalten und Privatwirtschaft und der known_sense-Geschäftsführer stellten trotz ihrer unterschiedlichen Perspektiven Herangehensweisen, Branchen und Kunden eine Gemeinsamkeit fest: die Liebe zur Produktion von lebendigen und involvierenden, weil beziehungsstarken Storys, die fürs Hören aufbereitet sind. Ebenso teilten sie die Erfahrung, dass sie bei ihren Audioproduktionen stets eine – für Kommunikationsprojekte ansonsten unübliche – Nähe zu all den beteiligten Protagonisten erlebt hatten.

Hören ist also Beziehung – auf diese einfache Formel bringen es zahlreiche an diesem Buch beteiligte Autoren und Audio-Protagonisten (s. Abschn. 1.1). Auch bei Corporate Audiobooks geht es – nicht nur im Rahmen der Produktion – immer um die Beziehungsebene, deren zunehmende Auflösung sowohl von vielen Unternehmen als auch von deren Mitarbeitern beklagt wird. Laut der neuesten Studie des Beratungsunternehmens Gallup hat in Deutschland etwa jeder vierte Arbeitnehmer innerlich gekündigt (2013 genau 24 %, zum Vergleich: 2001 waren es noch 15 %). Mitarbeiter mit verlorener Bindung lieferten weniger Ideen, seien häufiger krank und steckten Kollegen mit ihrer fehlenden Motivation an (Gallup 2013). Der Mangel an Bindung ist Teil eines großflächigen Kommunikations-Abrisses unter den Menschen und Corporate Playern, der mit dem Verlust von beinahe allem korrespondiert, was nicht ins betriebswirtschaftliche Faktenbuch passt, u. a. Geschichten, Werte und die mit ihnen verknüpfte Orientierung.

Gleichzeitig bemühen sich Unternehmen um ein scharfes und bestechendes Profil, mit dem sie Kunden – und potenzielle Mitarbeiter – überzeugen und an sich binden können. Denn ihre Produkte und Dienstleistungen sind weitgehend austauschbar geworden. Das heißt: Nicht nur die interne, sondern auch – sofern man überhaupt noch unterscheiden mag – die externe Unternehmenskommunikation steht derzeit vor großen Herausforderungen. Was in den entsprechenden Abteilungen jedoch oft übersehen wird: Kommunikation funktioniert heute anders, als die meisten Marketinghandbücher in der Lage sind darzustellen oder uns mit oftmals banalen Vereinfachungen glaubhaft machen wollen. Kommunikation erfordert immer Beziehung – vor dem Hintergrund der »Digitalisierung« der Welt und der Entfremdung von Bindung umso mehr. Unternehmen stehen demnach vor der strategischen Entscheidung, ob sie überhaupt Beziehungen zu den Mitarbeitern und Kunden wünschen und aushalten, bzw. ob sie in der Lage sind, Bindung adäquat und auf längere Sicht aufzubauen und zu erwidern und wenn ja, in welchem Umfang und mit welchen Instrumenten.

Wenn Sie diese Beziehungsfrage mit einem uneingeschränkten Ja beantworten können, dann ist ein Corporate Audiobook ein ideales Medium für Sie, um Bindung zu erzeugen. Denn während eine verwandte Strategie wie das Audio-Branding in erster Linie bei Marketing-Formalien wie der Passung zu allem »Gemachten«, der Corporate Identity, ansetzt, adressieren Corporate Audiobooks den konkreten Arbeitsalltag, der in den Unternehmen auf deren Mitarbeiter und aus dem Unternehmen heraus auf Verbraucher und Kunden wirkt. Es geht also in diesem Buch auch implizit um Corporate Culture und mit ihr um die (hörbare) Abbildung von Unternehmens- und Branding-Philosophien (Abschn. 2.8) und darauf aufbauenden Kommunikationsstrategien (Abschn. 2.1). Aus vielen Gründen, die in weiteren Kapiteln benannt sind, bauen Corporate Audiobooks, anders als die häufig rein journalistisch geprägten Podcasts, immer auf Geschichten – häufig auch mit Unterstützung dramaturgischer Elemente wie Klänge und Musik.

»Das Ohr ist das Tor zu Seele des Menschen«, heißt es in einem indischen Sprichwort, dem wir aufgrund der oben geschilderten Erfahrung bedingungslos zustimmen können. Kaum etwas hat uns in den Jahren, in denen wir in den Bereichen Journalismus bzw. Kommunikation tätig sind, stärker berührt als das Schreiben (Abschn. 2.5) und Produzieren (Abschn. 2.9) unserer Audiobooks und als die Menschen, die uns im Rahmen unserer Produktionen stets mehr als ihre Ohren »geliehen« haben: unsere Kunden, für die wir Hör-Geschichten produziert haben (s. Success Stories in Kap. 3), die O-Ton-Geber, die wir interviewt haben (Abschn. 2.7), die Sprecher (Abschn. 2.6), die für uns gesprochen haben, und schließlich die Komponisten, Musiker (Abschn. 2.7) und Tontechniker, die unsere Produktionen zum Klingen gebracht haben.

Es war uns ein großes Anliegen, in diesem Buch möglichst viele verschiedene Protagonisten aus dem Bereich der Audioproduktion – ein Teil von ihnen war auch an unseren eigenen Produktionen beteiligt – zu Wort kommen zu lassen, um die Wertschöpfungskette Corporate Audiobook möglichst umfassend abzubilden. Einige Audio-Experten haben einen Gastbeitrag für uns geschrieben, mit anderen haben wir Interviews geführt. Damit wollen wir aber keinen klassischen Leitfaden und auch kein standardisiertes Lehr- oder

Handbuch vorlegen. Dieses Buch orientiert sich formal vielmehr an der individuellen Arbeitsweise aller hier versammelten Autoren und dem jeweils persönlich Erlebten bei der Kreation und Produktion von Hörspielen, Features & Co. (Abschn. 2.3) für Unternehmen. Ein Patentrezept in Stein zu meißeln, würden wir gegenüber unseren Lesern als Täuschung betrachten. Denn die Geschichten, die wir im Auftrag unserer Kunden erzählen, sind aus verschiedenen Gründen, die zu erläutern anderen Kapiteln vorbehalten bleibt, ebenfalls »nicht standardisiert«. Für Audiobooks gilt demnach der in der Heimatstadt der Herausgeber, Köln, allgegenwärtige und für dieses Buch angepasste Spruch: »Jedes Audiobook ist anders!« So wie jedes Unternehmen andere Ideen und andere Strategien ins Feld wirft, kommen in den Geschichten, die wir vertonen, jeweils andere Aspekte der Unternehmenskultur zum Zuge.

Wenn Sie bereits Geschichten in Ihrer Unternehmenskommunikation einsetzen bzw. einsetzen wollen, dabei aber ausschließlich an z. B. Mitarbeitermagazine oder etwa Bewegtbild gedacht haben, möchten wir Sie mit diesem Buch zu einem Perspektiv- und also Tapetenwechsel einladen. Entdecken Sie die Möglichkeiten hörbarer Kommunikation. Und betrachten Sie die unterschiedlichen Perspektiven, die Autoren aus verschiedenen Bereichen mit unterschiedlichen Aufgabenschwerpunkten zu diesem Buch beigetragen haben. Nutzen Sie diese wie Tapeten mit vitalen Pattern, bei denen Sie selber die folgerichtigen Anschlüsse finden müssen. Aus diesen verschiedenen »Geschmacksmustern« können Sie zahlreiche Bilder beziehen, die sich in Ihrer Arbeit zu einem stimmigen Gesamteindruck zusammenfügen.

Aus Lesbarkeitsgründen haben wir uns bei vielen Personenbezeichnungen entschieden, nur die männliche Form zu verwenden. Wir hoffen, dass unsere Leserinnen und Leser trotzdem an die weiblichen Akteure im Bereich Corporate Audiobook denken: an die Autorinnen, Sprecherinnen, Tonmeisterinnen, Komponistinnen, Regisseurinnen, Produzentinnen und nicht zuletzt an die besonders zahlreichen Hörerinnen.

1.2 Nah dran. Ein Beitrag zur Psychologie des Hörens

Michael Schütz

Ein persischer König war einer alten Geschichte zufolge davon überzeugt, dass es keine treuen Frauen gibt. Daher heiratete er jeden Tag eine neue Frau und ließ sie am nächsten Morgen töten. Um diesem grausamen Spiel ein Ende zu bereiten, ließ sich die Tochter seines Wesirs mit ihm vermählen und selbst zur Königin machen. Um dem Tod zu entgehen, setzte sie eine listige Strategie ein: Sie erzählte Nacht für Nacht eine neue spannende Geschichte, die aber immer im Morgengrauen abbrach. Da der König aber das Ende der Geschichte hören wollte, ließ er sie am Leben. Nach 1001 Nächten änderte der König endlich seine Meinung und war von da an von der Treue seiner Frau überzeugt. Der Name der Königin war Sheherazade, ihre Geschichten gingen als Märchen aus 1001 Nacht in die Weltliteratur ein. Was wäre, hätte Sheherazade diese Geschichten nicht erzählt, sondern nur aufgeschrieben? Hätte sie überlebt? Hätte sie die gleiche Wirkung erzielt und den König überzeugt?

»Das Auge ist der Spiegel der Seele, das Ohr ist das Tor zur Seele«, lautet ein indisches Sprichwort. Hören kann Begeisterung auslösen, uns fesseln, mitreißen oder Schauer über den Rücken jagen. Eine erzählte Geschichte kann uns packen und überzeugen, wie Sheherazades Märchen den persischen König. Musik kann uns ins Träumen bringen, ein Redner uns in seinen Bann ziehen, uns inspirieren oder auch zu Tode langweilen. Wenn ich mich mit einer Rede kritisch auseinandersetzen möchte, dann lese ich besser das Transkript. Möchte man Menschen aber für seinen Standpunkt gewinnen, ist das gesprochene und gehörte Wort die bessere Wahl. Der akustische Sinn kann zweifellos sehr unmittelbar Emotionen erzeugen. Ein Blick auf die Neurophysiologie des Hörens bestätigt dies. Die elektrischen Impulse, die unser komplexes System Ohr aus Schallwellen erzeugt, sprechen primär das limbische System an. Dort werden vegetative Prozesse wie Atmung, Herzfrequenz oder Blutdruck beeinflusst. Daher kann das Hören uns unmittelbar aktivieren, stimulieren, beruhigen oder in Alarmbereitschaft versetzen.

Doch auch unsere anderen vier Sinne, das Sehen, Riechen, Schmecken und Tasten können uns berühren, etwa ein gutes Buch, ein packender Spielfilm, ein wohlriechendes Parfum oder ein leckeres Essen. Was sind aber die besonderen psychischen Qualitäten, die speziell mit dem Hören verbunden sind? Welche seelische Stimmungswelt erzeugen Medien, die Rezipienten – seien es Kunden oder Mitarbeiter eines Unternehmens – überwiegend über das Hören adressieren? Was unterscheidet das Hörspiel vom Buch, den Podcast von der Broschüre oder der Webseite? Und was lässt sich daraus für die Praxis ableiten? Wann eignen sich Hör-Medien besonders und welche Regeln der Gestaltung gilt es zu beachten?

Diverse tiefenpsychologische Studien, die sich mehr oder weniger explizit mit dem Hören befassen, offenbaren dazu interessante Aspekte. In tiefenpsychologischen Befragungen wird das Hören im ganz konkreten Alltags-Kontext betrachtet, etwa beim Radiohören, beim Anruf im Callcenter oder beim Kauf eines Hörgeräts. In solchen Tiefeninterviews werden die Befragten angeregt, ihre Erfahrungen und ihr Erleben ausführlich zu beschreiben, bis – teils unbewusste – durchgängige Muster erkennbar werden.

Hören ist Beziehung

Eine Befragung zur Kommunikation von Kunden mit ihrem Telekommunikations-Anbieter zeigte, dass mit dem Seh-Medium Internet und dem Hör-Medium Callcenter unterschwellig ganz andere Erwartungen verbunden sind. Wenn die Kunden eine unverbindliche Information suchten oder ein sachlich-technisches Problem lösen wollten, dann bevorzugen die meisten das Internet. Hier können sie beispielsweise anhand eines Schaubilds sehen, welches Kabel sie in welche Buchse stecken und welche Tasten sie an ihrem Computer drücken müssen. Später kann man noch einmal nachsehen und kontrollieren, ob man alles richtig gemacht hat. Das Sehen – hier im Kontext der Informationsbeschaffung über das Internet – schafft Übersicht und Kontrolle.

Die Erwartung beim Anruf im Hör-Medium Callcenter ist hingegen meist eine völlig andere. Vordergründig geht es dem Kunden vielleicht ebenfalls um die Lösung eines bestimmten technischen Problems. Indem er aber über das Telefon persönlichen Kontakt zum Anbieter aufnimmt, sucht er unterschwellig etwas anderes. Eine Befragte berichtete, dass ihr »die Frau am Telefon« zwar auch nicht weiterhelfen konnte, dafür aber sagte: »Ach, wissen Sie, das Problem hatte ich auch mal und das hat mich auch sehr geärgert«. Die Kundin hat sich daraufhin viel besser gefühlt. Sie fühlte sich verstanden und wertgeschätzt. Es war ihr wichtiger, ein verspürtes Gefühl von Ohnmacht dem Anbieter gegenüber zu behandeln als technischen Support zu erhalten. Beim Hören – hier im Kontext des Anrufs beim Callcenter – geht es viel stärker um Beziehung. Der Kunde sucht keine Übersicht wie im Internet, sondern Zuwendung und Zuspruch.

Berücksichtigt man die Beziehungsebene zu wenig, kann dies auch zu unbefriedigenden Gesprächsverläufen führen. Der Kunde wird bei »Tarifverhandlungen« immer fordernder und unverschämter, weil ihm der Callcenter Agent zwar auf der sachlichen Ebene entgegenkommt, ihm aber nicht die unbewusst geforderte Zuwendung gibt. Für ein Gefühl mangelnder Wertschätzung braucht es manchmal nicht einmal ein persönliches Gegenüber, wenn man zunächst 15 Minuten in der Warteschleife vertröstet wird und sich dann durch ein elektronisch gestütztes Dialogsystem hindurchhören muss, nur um am Ende festzustellen, dass es für das eigene Anliegen keinen Code gibt – »drücken Sie die 4 für Zuspruch«.

Hören bedeutet Nähe

Eine Studie zum Kommunikationsverhalten in mehreren europäischen Ländern ergab, dass das klassische Telefonat der Videotelefonie vorgezogen wurde, wenn man mit dem Kommunikationspartner ein sehr persönliches und intensives Gespräch führen möchte. Selbst Befragte, die regelmäßig mit im Ausland lebenden guten Freunden oder Verwandten »skypten«, griffen lieber zum Telefonhörer, wenn ein »ernsthaftes« Gespräch anstand. Mit der Konzentration der Kommunikation auf das Hören, auf die Stimme des anderen und seine Stimmung, konnten sie eine viel größere Nähe und Intimität herstellen. Das Videobild hätte sie dabei zu sehr abgelenkt.

Leise Stimmen erzeugen hierbei mehr Nähe als laute. Dieses Nähe-Distanz-Paradox ergab eine Studie zum Erleben von Radiowerbung. Laute Stimmen und Geräusche implizieren große räumliche wie emotionale Distanz – man ist weit voneinander entfernt und muss sich durch Zurufen verständigen. Wird jemand trotz räumlicher Nähe laut und schreit den Gesprächpartner an, dann wird dies als aggressiv gewertet – der andere ist vielleicht wütend oder will mich »fertigmachen« wie der Unteroffizier beim Militär, der seine Befehle ins Gesicht der Rekruten schreit. Leise Stimmen und Geräusche stehen hingegen für räumliche und emotionale Nähe, Flüstern gar für Intimität. Werbung im Radio missachtet nicht selten diese Grundregel. Schließlich möchte man den Hörer erreichen, also müssen der Spot und die Stimme möglichst laut oder gar eindringlich und schrill sein, um den Hörer zu aktivieren und seine Aufmerksamkeit zu erheischen. Tatsächlich aber erzeugt dieser »Angriff« eher Distanz oder gar eine Abwehrhaltung.

Hören erzeugt komplette Stimmungswelten

Kennen Sie KA, LOL oder ROFL? Sicher sind Ihnen Smileys geläufig ;-) Akronyme und Emoticons haben sich in der SMS- und Internetkommunikation durchgesetzt. Sie werden nicht nur eingesetzt, um Zeit beim Tippen etwa von Kurznachrichten zu sparen, sondern auch, um Missverständnisse in der Kommunikation zu vermeiden. Textnachrichten sind im Gegensatz zur Stimme deutlich reduzierter, ihnen fehlen alle nonverbalen Informationen über die Gefühlslage des Gesprächspartners und die Stimmung des Gesprächs wie unterschwellige Ironie oder Unsicherheiten in der Stimme. Beim Hören schwingt immer auch ein Subtext mit, der in Textnachrichten allenfalls behelfsmäßig ersetzt werden kann. Automatische Transkriptionen von persönlichen Nachrichten auf der Mailbox dienen zwar der Übersicht über entgangene Anrufe, sie ersetzen aber nicht das Abhören der Mailbox.

Dass Hören Stimmungen erzeugt und moduliert, lässt sich besonders klar am Radiohören verdeutlichen. Das Radio spielt einer psychologischen Grundlagenstudie zufolge eine sehr große Rolle im Alltag der Menschen. Viele würden sogar eher auf das Fernsehen verzichten als auf das Radio. Radiohören überbrückt Leerstellen und Lücken im Tageslauf. Es hilft, Gefühle von Langeweile, Einsamkeit oder sogar Sinnleere zu vermeiden. Das Radio moduliert gezielt unsere Stimmung im Alltag. Es kann den Autofahrer auf langen monotonen Strecken oder die Hausfrau oder den Hausmann an langen einsamen Vormittagen vor hochkommenden Grübeleien oder beunruhigenden Gefühlen von Leere bewahren. Radio gibt dem Tag stattdessen Schwung und Rhythmus und vermittelt ein Gefühl des Eingebundenseins in die Welt und die nähere Umgebung. Die Geräuschkulisse im Wechsel von (vertrauten) Stimmen und (vertrauter) Musik unterlegt den Alltag mit einer beruhigenden Tonspur.

Viele weitere Beispiele zeigen die Funktion von Musik, Stimmen und Geräuschen als Stimmungs-Thermostat, an dem man auch sehr zielgerichtet drehen kann – sei es das permanente Hören der eigenen Musik mit dem Mobiltelefon, um den eigenen Alltag erträglicher zu machen, oder Kaufhausmusik, die eine Wohlfühlatmosphäre schaffen soll. Sound-Designer kümmern sich in der Automobilentwicklung um die Motorengeräusche oder den Klang beim Zuschlagen der Tür bei hochwertigen Modellen. Zu einer stimmigen kraftstrotzenden und zugleich edel-zurückhaltenden Stimmungswelt gehört auch der richtige Klang.

Die Beispiele offenbaren auch, dass das Hören psychologisch betrachtet nicht auf das Akustische beschränkt ist. Stimmen, Geräusche und Klänge erzeugen komplette Stimmungs- und Sinneswelten. Klänge können samtig klingen und damit eine taktile

Sinneserfahrung erzeugen, ein Rhythmus kann zackig, ein Ton hoch oder tief sein, und so visuelle Bilder erzeugen. Ganze Landschaften samt Farben, Gerüchen, Temperatur etc. können vor unserem inneren Auge entstehen, wenn wir eine bestimmte Musik hören. Ein Forschungsprojekt zur Ermittlung von »Goldenen Regeln für die Gestaltung von Radiowerbung« ermittelte als paradox anmutende zentrale Regel: Ein guter Funkspot wirkt über Bilder! Werbespots stellten sich als besonders wirksam heraus, wenn es ihnen gelang, innere Vorstellungsbilder zu erzeugen, und das möglichst plastisch, anschaulich und »in Farbe«. Ein Song über Bratwürstchen, vorgetragen von Guido aus Soest, erzeugt das Bild eines entspannten und bierseligen Grillabends, das Vogelgezwitscher in einer Bierwerbung Bilder von Natur und Idylle. Auch jedes Hörspiel erzeugt und wirkt über solche inneren Bilder.

Hören ist Einwirkung

Im Vergleich zum Sehen kommt dem Hören noch eine weitere wichtige Dimension zu. Es hat einen viel eindringlicheren Aufforderungscharakter. Bei Kindern und Hunden meint man mit »Hören« oft auch »Folgen« und »Gehorchen«. Wenn das Kind nicht hören will, dann tut es nicht das, was man von ihm erwartet. Redewendungen wie »einem Ruf folgen«, »jemandem hörig sein« oder »ins Verhör nehmen« verdeutlichen den Aufforderungscharakter. Beschwörungen oder Flüche müssen erst ausgesprochen werden, manchmal sogar mehrmals wiederholt, damit sie wirksam werden.

In einer Studie zu Hören und Schwerhörigkeit und dem Kauf von Hörgeräten überraschte uns, dass viele ältere Menschen, wenn sie erste Anzeichen von Hörproblemen bei sich bemerken, nicht sofort aktiv werden. Dies war darauf zurückzuführen, dass mit dem schlechteren Hören im Alter auf einer unbewussten Ebene auch Vorteile verbunden sind: Man muss nicht mehr alles hören und auf alles hören und kann sich dadurch der Umwelt gegenüber auch einmal eigensinniger, individueller oder rebellischer zeigen. Erst wenn aus dem Eigensinn verschrobener Starr-Sinn zu werden droht, tritt man den Weg zum HNO-Arzt oder Hörakustiker an.

Ein Grund dafür, dass Hören stärker auf uns einwirkt und uns zum Handeln auffordert, liegt auch in der Tatsache begründet, dass wir uns Klängen und Stimmen weniger gut entziehen können. Wegsehen ist viel einfacher als weghören. Zum Weghören muss man sich schon die Ohren zuhalten, und selbst dann dringen noch Geräusche zu uns durch. Selbst über die Haut, die Haarwurzeln oder die Knochen nehmen wir noch Schwingungen auf. Nicht weghören zu können, machen wir uns im Alltag zunutze, wenn wir abends den Wecker stellen, oder bei einer brenzligen Situation im Straßenverkehr die Hupe betätigen – und nicht die Lichthupe.

Lärm oder andere Geräusche können aber auch nerven. Ruhestörung oder Lärmverschmutzung, etwa dauernder Fluglärm, können uns sogar körperlich krank machen. Aber kann ich mich ernsthaft über Sichtverschmutzung beschweren, beispielsweise weil der Ausblick von meinem Wohnzimmerfenster eine hässliche Straßenkreuzung zeigt (was durchaus ein Thema ist, wenn man in einer Stadt wie Köln lebt)? Aber es braucht nicht einmal Lärm, um einen peinlich zu berühren. Wer kennt nicht die Situation, in der jemand Fremdes in der Bahn lautstark telefoniert und dabei sein Privatleben ausbreitet. Hier würde man nur zu gerne einfach einmal weghören können. Während wir uns beim Sehen dem Sichtbaren aktiv zuwenden müssen, werden wir vom Klang »erfasst und bezwungen«, schreibt bereits 1935 der Psychologe Erwin Straus in seinem Werk *Vom Sinn der Sinne*.

Hören ist unmittelbarer

Hören ist nicht zuletzt unmittelbarer, direkter und dadurch wirkmächtiger. Erzählte Geschichten binden den Zuhörer stärker im Hier und Jetzt ein, während der Leser das Lesetempo selbst bestimmen, zurückblättern, Absätze noch einmal lesen, oder gar bei einem Krimi auf der letzten Seite nachsehen kann, wer der Mörder ist. Hätte der persische König die Geschichten seiner Frau als Gute-Nacht-Lektüre gelesen, hätte das Sheherazade womöglich den Kopf gekostet.

Hören ist damit zunächst auch flüchtiger als das Sehen. Als »Zeitgeschöpf« beschreibt Straus den Klang, der »entsteht, dauert und vergeht«. »Im Sehen erfassen wir das Skelett der Dinge, im Hören ihren Puls« (Straus 1978, S. 398). Ein Musikstück lässt sich nur sukzessive in der Zeit erleben, während das Bild Anfang und Ende gleichzeitig, simultan zeigt. Interessant ist auch, dass Farben oft mit Adjektiven (das Meer ist grün), Klänge aber mit Verben bezeichnet werden (das Meer rauscht). Verträge werden daher lieber schriftlich fixiert, weil Worte vergänglicher sind.

Andererseits halten sich aber unter Umständen Stimmen, Klänge und Musik auf lange Sicht besser im Ohr, während Papier zwar dauerhafter ist, aber auch geduldig sein kann. Manchmal setzen sich Melodien gegen unseren Willen fest und werden zu Ohrwürmern. Eingängige Slogans bleiben durch ihre Klanggestalt haften und klingen nach wie ein Echo (»Nichts ist unmöglich ...«). Auch Fremdsprachen werden bekanntlich besser über ihre Klangfiguren gelernt, indem man einzelne Sätze hört und nachspricht und sie wie Melodien abrufbar werden.

Der direkte Weg in die Seele des Mitarbeiters oder Kunden

Die psychologischen Aspekte des Hörens lassen sich in einer vereinfachten Gegenüberstellung zum Sehen (Abb. 1.1) deutlich machen.

Die Auflistung erhebt keinen Anspruch auf Vollständigkeit und lässt sich sicher auch anders anordnen. Auch kennzeichnet sie eher Tendenzen des Hörens im Vergleich zum Sehen. Dennoch geben sie einen Eindruck von den Eigentümlichkeiten und Vorteilen des Hörens, die sich für die interne wie externe Unternehmenskommunikation nutzen lassen. Auditive Medien wie Hörspiele oder Podcasts stehen im Kommunikationsmix für die unmittelbare, persönliche und emotionale Ansprache. Sie erzeugen durch ihre Konzentra-

Abb. 1.1 Die psychologischen Aspekte des Hörens

tion auf Geräusche, Stimmen und Stimmungen sogar mehr Nähe und Intimität als Videos. Durch die gefühlte größere Nähe zum Absender können sie als interne Kommunikationsmittel auch die Beziehung zum Unternehmen nachhaltiger beeinflussen, so wie eine Rede des Chefs auf der Betriebsversammlung einfach persönlicher und – wenn sie gut gemacht ist – ergreifender als jedes Rundschreiben ist. Wenn es darum geht, bestimmte (einfache) Botschaften zu »lernen« und in konkrete Handlungen umzusetzen, eignen sich auditive Medien besonders, da sie sich den unmittelbaren und eindringlichen Aufforderungscharakter des Hörens zunutze machen. Komplexe Sachverhalte und Zusammenhänge lassen sich hingegen besser mit visuellen Medien (Texte, Schaubilder, Videos) vermitteln, da sie mehr Überblick und Kontrolle bieten. Anspruchsvolle Fachliteratur würde man auch nicht als Hörbuch konsumieren. Ideal ist dabei sicher eine Mischung aus auditiven und visuellen Mitteln, man muss nur wissen, wie man die Stärken der einzelnen Medien jeweils optimal nutzen kann.

Aus den psychologischen Aspekten des Hörens lässt sich zudem eine Handvoll Grundregeln für die Gestaltung auditiver Medien ableiten. Sie sollten einfache Botschaften beinhalten, spannende Geschichten erzählen und in der Lage sein, plastische und lebendige Bilder in den Köpfen der Hörer zu erzeugen. Vertraute oder markante Stimmen und die deutliche Intonation professioneller Sprecher helfen dabei, sich konturierte »Typen« vorzustellen. Durch das Spielen auf der kompletten Klaviatur der akustischen Möglichkeiten und den Einsatz von Klängen, Geräuschen, Stimmen und Musik können Inhalte wirkungsvoll und nachhaltig kommuniziert werden. Auch subtile Wirkungen können mit geschickt eingesetzten Klangelementen erzeugt werden. Ein Radiospot beginnt mit dem Piepsen eines Anrufbeantworters. Dies erzeugte im Test mehr Aufmerksamkeit und Aufhorchen als ein lauter donnernder Knall, da es die gelernte freudig-erregte Erwartungshaltung beim Abhören des eigenen Anrufbeantworters aktiviert – und damit die Stimmung des Hörers gezielt moduliert. Hätte Sheherazade damals bereits ein gutes Tonstudio zur Verfügung gestanden, um ihre Geschichten zu vertonen, hätte sie vielleicht nicht 1001 Anläufe benötigt, um den König von der Treue seiner Frau zu überzeugen. Dafür wäre aber die Welt heute um einige Geschichten ärmer.

1.3 Hörend am Puls der Zeit – Eine Zeitreise durch mehr als 90 Jahre Audio-Geschichte

Dagmar Penzlin

Fünf Menschen mit Kopfhörern scharen sich um einen Holzkasten. Auf ihm erhebt sich eine abenteuerliche Apparatur aus Antennen, Schaltern und Röhren. Die Röhren empfangen Signale, so dass aus den fünf Kopfhörern dumpf Sprechstimmen und Musik dröhnen. Immer wieder stockt der Signalempfang. Die Klänge reißen ab, bevor sie wieder aufbranden. Was ist in der Zwangspause zu hören? Wieder hineinzufinden in den Klangstrom, in die Informationen oder die Musik, das verlangt höchste Konzentration. Die Blicke der zwei Frauen und zwei Männer gehen ins Leere – so intensiv lauschen sie dem Rundfunk. Die Wangen des kleinen Jungen in ihrer Mitte sind gerötet, während er seine Schultern angespannt in Richtung Kopfhörer zieht.

Die beschriebene Fotografie stammt aus dem Jahr 1927 und zeigt: Radio zu hören beschert zur damaligen Zeit Aufregung und fordert wegen der Störungen zugleich alle Aufmerksamkeit. Die Männer in eleganten Anzügen haben jeweils einen Ellenbogen auf die weiße Tischdecke gestützt, ihre Köpfe schmiegen sich in die aufragenden Hände. Im Hintergrund thront auf dem Buffetschrank ein Tannenstrauß.

Offenbar hat sich hier während der Weihnachtszeit eine Familie in der guten Stube um ihr Röhrenradio versammelt. 1927 ist der Rundfunk in Deutschland gerade vier Jahre alt – doch das »Radiofieber« grassiert schon. Da Rundfunkgeräte viel Geld kosten, basteln nicht wenige etwa in den Arbeiter-Rundfunkvereinen ihr eigenes Radio. Was man zu hören bekommt, gerät in der Anfangszeit des Rundfunks zur Nebensache. Hauptsache, es funktioniert und aus den Kopfhörern knattern Musik- oder Wortfetzen (vgl. Koch und Glaser 2005).

Dass das nicht alles sein kann, findet Bertolt Brecht. Der Dichter fordert 1932 in seiner legendären, zukunftsweisenden Rede »Der Rundfunk als Kommunikationsapparat«, die Technik noch intensiver und auch anders zu nutzen: »Der Rundfunk ist aus einem Distributionsapparat in einen Kommunikationsapparat zu verwandeln. Der Rundfunk wäre der denkbar großartigste Kommunikationsapparat des öffentlichen Lebens, ein ungeheures Kanalsystem, das heißt, er wäre es, wenn er es verstünde, nicht nur auszusenden, sondern auch zu empfangen, also den Zuhörer nicht nur hörend, sondern auch sprechend zu machen und ihn nicht zu isolieren, sondern in Beziehung zu setzen.« (Brecht 1932)

Brecht skizziert hier visionär die Entwicklungen der jüngeren Vergangenheit und Gegenwart. Denn das Web 2.0 mit seiner Einladung zum Interaktiv-Sein insbesondere in sozialen Medien wie Facebook und Twitter, zum Kommunizieren und zum Kommentieren von Medieninhalten oder gar zum Selbstproduzieren eigener Audio-Beiträge in Form etwa von Podcasts zeigt: Alle können heute zu Sendern werden (vgl. Bauer 2007).

Brecht legt mit seiner Rede den Finger aber auch in eine akute Wunde seiner Zeit, wenn er feststellt: »Man hatte plötzlich die Möglichkeit, allen alles zu sagen, aber man hatte, wenn man es sich überlegte, nichts zu sagen.« (Brecht 1932) Der Rundfunk sei in seiner ersten Phase »Stellvertreter« gewesen – er hat sich also der Inhalte und Produktionen anderer bedient, beispielsweise der des Theaters, des Musiklebens, auch des lokalen Teils der Presse.

Tatsächlich muss sich der staatliche Rundfunk erst einmal finden und emanzipieren. Hinter den Kulissen sorgt Hans Bredow, der »Vater des deutschen Rundfunks«, dafür, dass der Reichspostminister grünes Licht gibt für ein allgemeines Radioprogramm – auch gegen den Widerstand etwa der Militärfunker.

Am 29. Oktober 1923 – gegen Ende des aufgeheizten Inflationsjahres – startet die Sendestelle Berlin Voxhaus: die Geburtsstunde des Radios in Deutschland. Friedrich Georg Knöpfke, künftiger Direktor der zu gründenden Berliner Rundfunk-Gesellschaft, spricht die ersten, recht förmlichen Sätze: »Achtung! Hier Sendestelle Berlin Voxhaus Welle 400. Wir bringen die kurze Mitteilung, daß die Berliner Sendestelle Voxhaus mit dem Unterhaltungsrundfunk beginnt.« Es folgt ein einstündiges Konzert inklusive Nationalhymne, gespielt von der Reichswehrkapelle (vgl. Koch und Glaser 2005). Und das alles auf knapp elf Quadratmetern, wie es Knöpfke in seinen Erinnerungen beschreibt. Jedes Jahr zieht er Bilanz: Von null zahlenden Hörern am ersten Sendetag wächst die Hörerschar innerhalb der nächsten fünf Jahre auf knapp 712.000 Menschen an (vgl. Knöpfke 2009).[1] Eine erstaunliche Entwicklung, die sich fortsetzt. Schon im Jahr 1930 wird die Drei-Millionen-Marke geknackt.

Offenbar entspricht das Radio-Hören dem Zeitgeist. Auch der technische Fortschritt befeuert den Boom: Batteriebetriebene Kofferradios lösen klobigere Modelle ab, die ersten Autoradios kommen auf den Markt. Besonders Liebespaare nutzen die neuen Chancen zum Musikgenuss in der Natur (vgl. Koch und Glaser 2005). Moderne Radios mit Netzanschluss und Lautsprechern bevölkern bald die Haushalte. Auch wenn Radio-Hören kein billiges Vergnügen ist (vgl. Lersch 2006) – gerade Arbeitslose wissen in Zeiten der Wirtschaftskrise zu schätzen, was ihnen das Rundfunkprogramm bietet.

Zu unterhalten, zu informieren und zu bilden – diese drei Ziele haben die Radiomacher in der Pionierzeit stets vor Augen. So bekommen beispielsweise anspruchsvolle Vorträge und Sprachkurse im Vorabendprogramm ihren festen Platz, den Rundfunk-Abend bestimmen klassische Konzerte. Radio verstehen seine Gründungsväter bis in die 1930er Jahre hinein vorrangig als Kultur-Medium, tagesaktuelle Ereignisse und Politik sind weitestgehend ausgeblendet oder spiegeln sich in der Presseschau wider. Einiges findet aber auf Pfaden der Kulturkritik Eingang ins Radio. Und in der Endphase der Weimarer Republik zeichnet sich im Programm ein Ruck nach rechts bereits ab.

Während der Weimarer Republik kontrolliert der Staat den Rundfunk: seine Verbreitung und seine Inhalte – auch aus Angst vor Missbrauch. Wie begründet diese Angst ist, zeigt sich 1933 schnell, als die Nationalsozialisten die Macht ergreifen: Der Rundfunk solle nun das »Braune Haus deutschen Geistes« werden, fordert der neue Reichssendeleiter Eugen Hadamovsky (vgl. Koch und Glaser 2005).

Propagandaminister Joseph Goebbels lässt bald die bekanntesten Rundfunk-Persönlichkeiten – Politiker und Mitarbeiter – in KZ-Haft bringen, auch den Rundfunk-Pionier Hans Bredow. Goebbels vereinnahmt die Sender komplett – keine andere politische Idee als die der Nationalsozialisten darf mehr vorkommen. Das Hören des deutschen Rundfunks wird zur nationalen Pflicht. Damit sich auch arme Menschen ein Radiogerät leisten können, kommt der sogenannte Volksempfänger auf den Markt. Durch Lautsprechersäulen auf öffentlichen Plätzen, in Betrieben, Schulen und Institutionen erzwingt das Propagandaministerium das gemeinsame Hören insbesondere von Ansprachen. Die Nationalsozialisten achten aber auch darauf, das Radioprogramm nicht komplett politisch einzufärben. Joseph Goebbels ermahnt zum Maßhalten. Und so bekommen – streng definiert – »deutsche kulturelle Höchstleistungen« ihre Bühne. Den Auftakt macht 1934 ein Beethoven-Zyklus.

---

[1] Die Rundfunkgebühren gehen an die Reichspost, die mehr als die Hälfte des Geldes an die Sendegesellschaften weitergibt.

Der Rundfunk wird schließlich selbst direkt in das politische Geschehen hineingezogen, als Hitler einen Anlass braucht für den Einmarsch in Polen, der den Zweiten Weltkrieg auslösen wird. Polnisch sprechende SS-Leute verkleiden sich und überfallen angeblich den deutschen Sender Gleiwitz in Schlesien. Der Sprecher unterbricht die 20-Uhr-Nachrichten, um auf Drängen der vermeintlichen Polen antideutsche Parolen zu verlesen. Keine zwölf Stunden später hat der Krieg begonnen.

Das Hören von anderen Rundfunkprogrammen, gar von so genannten »Feindsendern« wie der britischen BBC, steht während der NS-Zeit unter Todesstrafe. Trotzdem wagen nicht wenige Deutsche das Verbotene: Vergraben unter der Bettdecke, drücken sie das Radiogerät ans Ohr, um mehr Wahres über das Kriegsgeschehen zu erfahren. Die Sender der Alliierten imitieren den deutschen Rundfunk in puncto Sprach- und Sprechstil, damit die Deutschen gefahrloser einschalten können. Speziell die BBC London will mit ihrem deutschen Dienst aufklären.

Nach der Kapitulation am 8. Mai 1945 entziehen die Alliierten den Deutschen sofort die Kontrolle über den Rundfunk. Am 12. Mai nimmt Radio München als Sender der amerikanischen Militärregierung den Betrieb auf. Einen Tag später stellt der Reichssender Flensburg sein Programm ein, in dem bis zuletzt nationalsozialistische Propaganda zu hören ist. Bereits am 4. Mai haben die Engländer in Hamburg das Funkhaus an der Rothenbaumchaussee übernommen. Radio Hamburg macht bald ein exemplarisch gutes Programm, auch wenn es nicht leicht ist, genügend exzellente Mitarbeiter zu finden. Männer der ersten Stunde sind Peter von Zahn, Ernst Schnabel und Axel Eggebrecht.

Um kein publizistisches Vakuum entstehen zu lassen, bietet der Rundfunk bald politische Informationen. Überhaupt geht es immer wieder um das Verbreiten demokratischer Ideen und das Aufklären über den Nationalsozialismus – als Teil des Re-education-Programms. Intensiv berichten die Sender über die Nürnberger Prozesse gegen 21 führende Hauptkriegsverbrecher des Dritten Reiches. Im Radio dominiert in diesen Jahren oft das gesprochene Wort – es gibt Diskussionen, Vorträge, Lesungen, Schulfunk, Sendereihen der Gewerkschaften.

In den Jahren 1948 und 1949 verabschieden die meisten Landesparlamente in den westlichen Besatzungszonen eigene Rundfunkgesetze. So erhalten ihre Sender den Status von öffentlich-rechtlichen Anstalten und werden wieder von Deutschen verantwortet. Parallel gründet sich im Mai 1949 die Bundesrepublik Deutschland. Ein Jahr später schließen sich die Anstalten zur ARD zusammen, der Arbeitsgemeinschaft der Rundfunkanstalten Deutschlands. 1962 starten die Deutsche Welle und der Deutschlandfunk ihre eigenen Programme.

Zu dieser Zeit hat sich in der Deutschen Demokratischen Republik ein selbst verantworteter Rundfunk etabliert, der letztlich in seiner Gesamtheit zum Ziel hatte, entsprechend der sozialistischen DDR-Diktatur die Hörerinnen und Hörer zu erziehen oder besser noch: zu indoktrinieren. Nach der Wiedervereinigung von BRD und DDR erweitert sich die ARD 1991 um die Sendegebiete der neuen Bundesländer. Ab 1994 bietet der nationale Rundfunk unter dem Dach der Marke Deutschlandradio den Deutschlandfunk als Informationsprogramm und als bundesweite Kulturwelle das Deutschlandradio Berlin, inzwischen umbenannt in Deutschlandradio Kultur.

Für die Hörfunk-Programme in beiden deutschen Staaten bedeutet das Phänomen Fernsehen Mitte der 1950er Jahre einen Einschnitt. Viele Menschen bevorzugen am Abend die bewegten Bilder. Die Radiosender der ARD bilden daraufhin eigene Spartenprogramme, darunter auch Kulturwellen, um abends, aber auch tagsüber, gezielt Hörer zu erreichen (vgl. Koch und Glaser 2005). In den Programmen der Kulturwellen findet insbesondere das Hörspiel seine Heimat. Schon zu Beginn der Rundfunkgeschichte gefeiert als »Krönung des Funks« (vgl. Krug 2008), erlebt das Hörspiel in den 1950er und 1960er Jahren eine zweite Blütezeit. Das Spektrum der Produktionen ist breit, spezielle Hörspiel-Preise sorgen für Aufmerksamkeit (vgl. Häusermann et al. 2010).

Da sich das Radio in den vergangenen Jahrzehnten immer mehr zum Nebenbei-Medium entwickelt hat, insbesondere am Morgen, und auch die Kulturwellen sich stärker diesen Hörgewohnheiten anzupassen haben, war und ist der Einfallsreichtum der Hörspiel-Kreativen gefragt (vgl. Krug 2008). Denn am Abend erreichen Hörspiele nicht mehr so viel Publikum, wie sie es verdienten. Gefragt sind neue Orte, wie zum Beispiel die Hörspielkirchen im mecklenburgischen Federow (Abb. 1.2) und in Sipplingen am Bodensee. Dank der Kooperation mit ARD-Rundfunkanstalten und Verlagen können Hör-Begeisterte dort alles erleben: Klassiker, Krimis, Experimentelles. Auch Schlösser, Parks oder Straßenbahnen haben sich als Hörspiel-Orte etabliert. Nicht zuletzt der Hörbuch-Boom seit rund einem Jahrzehnt[2] beschert nicht nur dem Buchhandel zunächst zweistellige Umsatzzuwächse, jetzt stabile Umsätze, sondern auch dem Hörspiel eine populärer gewordene Vertriebsform (vgl. Häusermann et al. 2010; Krug 2008).

Die Geschichte des Hörbuchs beginnt im Grunde damit, dass Thomas Alva Edison 1877 seinen Phonographen der Öffentlichkeit vorstellt und patentieren lässt. Wenig später werden erste Hörbilder aufgezeichnet – Vorläufer des Hörbuchs. Den Begriff »Hörbuch« bringt schließlich die Deutsche Grammophon 1987 auf mit ihrer Reihe »Hörbuch«.[3] Die Plattenfirma hat bereits 1954 mit der Aufnahme der »Faust I«-Inszenierung von Gustaf Gründgens den entscheidenden Startschuss gegeben für eine im Grunde bis heute andauernde Entwicklung. Denn das Unternehmen betont bei dieser und bei folgenden Aufnahmen doch stets die Sprechkunst und überhaupt das Künstlerische (vgl. Häusermann et al. 2010).

In den 1970er Jahren kommt die Hörkassette auf den Markt. Und bald auch, nämlich 1979, der erste Walkman zum Abspielen solcher Kassetten unterwegs. In den besseren Geräten schlummert sogar auch schon ein Radio-Empfänger. Die Idee des mobilen Überall-Medien-Konsums ist geboren und lebt heute in MP3-Playern fort wie überhaupt in mobilen Endgeräten mit ihren zahlreichen Funktionen: Man kann mit ihnen telefonieren, fotografieren, fernsehen, im Internet surfen und eben alles Mögliche hören – Radio, Musik, Hörbücher, Audio-Beiträge.

---

[2] Krug nennt 2001 als Jahr des Boom-Beginns (vgl. Krug 2008), Rühr das Jahr 2004 (vgl. Häusermann, Rühr und Janz-Peschke 2010).

[3] Der Begriff »Hörbuch« wird bereits 1994 für Blinden-Tonträger verwendet, der Begriff »Audio Book« taucht in Deutschland 1987 im Programm des Hörverlags auf.

Abb. 1.2 Hörspielkirche Federow. Über 10.000 Gäste kommen jeden Sommer zum gemeinsamen Lauschen in die alte Kirche (Bild: Jens Franke)

Die Digitalisierung der Audio-Produktion und damit auch des Rundfunk-Betriebs bedeutet nicht nur für Radio-Profis eine Revolution, sondern auch für alle Audio-Begeisterten. Digitale Hörstücke finden im Internet eine Plattform. Und die Radioschaffenden haben die Zeichen der Zeit erkannt: Die Sender bieten viele ihrer Beiträge und Sendungen zum Nachhören oder zum Mitnehmen als Download an. Zum Standard gehören mittlerweile Apps, mit denen man per Internet den Livestream der Programme empfangen kann. Auch reine Webradios haben sich etabliert – so etwa ByteFM und DRadio Wissen, beide mehrfach preisgekrönt.

Darüber hinaus lädt Radiorekorder-Software etwa vom Deutschlandradio (Abb. 1.3) dazu ein, das, was persönlich interessiert, aufzunehmen und nachzuhören, wann und wo es immer auch passen mag. »Zeitsouveräne Nutzung« lautet die magische Formel: Diese Art, Radio zu hören – quasi sein eigener Programmdirektor zu werden – passt gut in eine Gesellschaft, deren Mitglieder einen individuellen Lebensstil pflegen. »Radio in Eigenzeit« nennt der Medientheoretiker Norbert Bolz dieses Phänomen der Gegenwart, das auch schon auf die Zukunft der Medien verweist: »Spätestens mit dem Erfolg des Web 2.0 wurde deutlich, dass es den Menschen nicht primär um Information, sondern um Kommunikation geht. Heute steht ein weiterer Paradigmenwechsel bevor: von der Kommunikation zur Partizi-

Abb. 1.3 Startseite des dradio-Recorders (Screenshot)

pation. Die Hörer mixen nicht nur ihr Programm, sie machen es auch.« (Bolz 2010) Brecht hätte gestaunt.

Podcasting[4] erlaubt dieses Partizipieren ganz konkret. Prinzipiell können nun alle, die über Aufnahmetechnik verfügen, ihre eigenen Audio-Beiträge produzieren und im Internet etwa über Podcast-Portale veröffentlichen. 2005 erreicht das Podcasting Deutschland. In den beiden Jahren zuvor haben zwei Männer die technischen Grundlagen geschaffen, damit Audio-Beiträge als Podcast abonniert werden können: Dave Winer entwickelte den RSS-Feed-Standard, der notwendig ist für ein Podcast-Abo. Und der ehemalige MTV-Moderator Adam Curry kreierte ein erstes Programm, das das Auslesen von Audio-Dateien aus dem Internet erledigt (vgl. Bauer 2007).

Podcasts gelangen so auf den eigenen Computer, auf mobile Endgeräte. Das Podcast-Angebot blüht in allen Farben und Formen: Neben den Beiträgen der Rundfunk-Profis stehen solche von privaten Anbietern und denen aus PR-Abteilungen großer Unternehmen. Gebaute Beiträge aus gesprochenem Text und Originaltönen, Interviews, Veranstaltungsmitschnitte, launige Monologe, Features, ganze Magazin-Sendungen – alles ist da zu finden. Diese Vielfalt macht Podcasting unter anderem zu einem Hybrid unter den Audio-Angeboten. Es ist sowohl ein Underground- als auch ein Mainstream-Medium (vgl. Steinmetz 2006). Der Qualitätsmaßstab lässt sich klar definieren: Gut gemachtes Radio mit zeitgemäßer Ansprache des Publikums, wo auch immer es sich gerade befinden mag: ob auf dem Sofa, am Bügelbrett, am Ufer eines Sees, in der U-Bahn, im Flugzeug oder Auto. Auch Passanten und Jogger sieht man oft mit Kopfhörern lauschend.

Wie neuere Studien zeigen, hat das Hören von Radio, von Audio-Beiträgen auch in unserer Zeit seinen festen Platz im Alltag und im Gefühlsleben der Menschen (vgl. Lersch 2006). Bei aller Mobilität und so individuell Hör-Rituale heute sein mögen, das zu Beginn beschriebene Foto von 1927 hat im Grunde nichts an Gültigkeit verloren: Wer zuhört, wer

---

[4] Eine Wortschöpfung aus dem Markennamen eines MP3-Players (**iPod**) kombiniert mit den Endsilben des englischen Wortes für Rundfunk: broad**casting** (vgl. Bauer 2007).

eintaucht in Klänge, wird gebannt, berührt und auf die eine oder andere Weise bereichert. Zuhören verbindet uns mit anderen, bringt uns aber auch zu uns selbst. Und es kann ein Schritt weg vom »Terror des Audiovisuellen« sein, dieses Niederlassen in »akustischen Oasen« (Rötzer 2011). Wer selber sich und anderen solche schaffen möchte, intensiviert seine Hör-Fähigkeit. Ein Schlüssel zum Glücklich-Sein im Hier und Jetzt.

1.4 Hörverfassungen und -typen: Wann, wo und wie hören wir Audiobooks?

Dietmar Pokoyski

In den letzten beiden Jahrzehnten erlebte das Hörbuch einen unvergleichlichen Siegeszug im Buchhandel. Seit 1990 konnte in einem damals praktisch nicht vorhandenen Markt konträr zur Entwicklung von Buchmarkt bzw. Rundfunk ein überproportionales Wachstum verzeichnet werden. 2010 erreichten die zehn größten Hörverlage einen Umsatz von 166 Mio. Euro, und der Anteil am Gesamtbuchmarkt stieg zwischenzeitlich laut GfK auf beinahe 5 Prozent. Der große Boom scheint allerdings abzuflauen, denn die Verkaufszahlen bewegen sich zwar weiterhin auf einem hohen Niveau, sind aber nicht mehr ganz so rosig wie früher. Bei rückläufigen Verkaufszahlen der CD stieg immerhin die Anzahl der Downloads – so etwa 2011 in den USA – um rund ein Viertel. Laut einer GfK-Erhebung seien 2010 2,7 Millionen Hörbücher über Portale wie audible.de heruntergeladen worden und der Umsatz für Downloads in Deutschland um ein Fünftel auf 27 Millionen Euro gestiegen (Börsenblatt 2012).

Regelmäßig erscheint eine Fülle neuer Hörbücher aus allen Genres. Auch die Verlage selbst stellen die Zukunftsfähigkeit des Hörbuchs nicht infrage und setzen offenbar auf weiterhin wachsendes Interesse. So etwa stellte der inzwischen verstorbene Karl Heinz Pütz, ehemaliger Verlagsleiter von *Random House Audio*, erst im letzten Jahr fest: »Dem Ohr gehört die Zukunft. In einer sich rasant visualisierenden Medienlandschaft hat das Hören noch ungeahnte Reserven am Markt. Dieses wachsende Interesse wird weiterhin zu erheblichen Teilen durch den Verkauf herkömmlicher Hörbücher befriedigt« (Börsenblatt 2012).

Auch von den Europäischen Radiotagen vermelden Medien Ähnliches, darunter der *Kölner Stadtanzeiger* in einem Artikel unter der Headline »Ein altes Medium im Aufbruch«: »Starke Hörerzahlen auch dank Podcasts« (Kölner Stadtanzeiger 2013). Mithilfe der App »Crowdradio« seien Social Media nun endgültig im Audiobereich angekommen und jeder Hörer mit jedem Sender verbunden. »Noch vor wenigen Jahren dachten wir, wir würden das erste Opfer des Internets, nun ist Radio bei den Hörerzahlen stärker als je zuvor«, sagt NDR-Programmdirektor Joachim Knuth, während Cilla Benkö, Generaldirektorin des schwedischen Rundfunks, die hohe Glaubwürdigkeit als Schlüsselfaktor des Radios ausmacht und diese im Kontext »Journalismus 3.0« hinsichtlich der Einbeziehung von Hörern ins Programm weiter festigen will (Kölner Stadtanzeiger 2013).

Definition Audiobook

Um abzustecken, worüber hier überhaupt gesprochen wird, müssen wir uns zunächst um den Begriff »Audiobook« kümmern. Das Audiobook, Hör- oder Audiobuch lässt sich nicht streng definieren, da keine allgemein verbindliche Auffassung hierzu existiert. Abhängig von Idee, Zielgruppe, Kanal und den Anteilen an Informationsvermittlung, Fiktion bzw. künstlerischer Umsetzung, sind die Auffächerung in Subkategorien sowie die Übergänge zu verwandten Gattungen fließend. »Zum einen ist dabei auf der inhaltlichen Ebene oftmals die Abgrenzung zwischen Hörbuch und Hörspiel unklar. Zum anderen unterscheiden sich die Begriffsauffassungen nach den jeweils berücksichtigten Träger- und Übertragungsmedien.« Unbestritten ist die »gesprochene Sprache als wesentliches Differenzierungskriterium im Gegensatz zum klassischen Buch in gedruckter Schrift« (Friederichs und Hass 2006). Im Gabler Lexikon Medienwirtschaft verweist der Eintrag »Hörbuch« auf »Audio-Book« und definiert dieses mit Einschränkung auf ein nur enges Trägermedien-Portfolio (Friederichs und Hass 2006) als »Bezeichnung für Hörbücher, die den Inhalt von in Printform publizierten Büchern auf Musikkassette (MC) oder Compact Disc (CD) bereitstellen. Die Bücher werden dabei nicht als Hörspiel neu aufbereitet, sondern komplett oder auszugsweise von einem Sprecher oder dem Autor vorgelesen« (Sjurts 2005).

Das Online-Lexikon Wikipedia, das sich ebenfalls mit den zahlreichen Überschneidungen und einer spitzen Positionierung der Audio-Genres schwer tut, unterscheidet unter dem Eintrag »Hörbuch« insgesamt 8 Gattungen. In grober Anlehnung daran stellen wir folgende Kategorien auf:

- Hörbücher (Audiobücher, Audiobooks): Generisch – also ohne weitere Einschränkung durch etwa wie unten verwendete Zusätze (Sach-, Lehr-, Live-Hörbuch) – sind in der Regel mit einem Hörbuch die (gekürzte oder überarbeitete) Tonaufzeichnung einer (literarischen) Lesung, bisweilen auch ein Feature oder Hörspiel (siehe unten) auf Speichermedium (CD, Schallplatte, Kassette u. a.) oder als Download in einem beliebigen Audiodateiformat gemeint. Das bedeutet, »wie alle Medienprodukte hat auch das Hörbuch dualen Charakter: Es besteht aus Content bzw. Informationsinhalt und einem – physischen oder nicht-physischen – Medium, auf dem es vertrieben wird« (Hass 2002). Lesungen können in Form von Monologen, Dialogen, Trialogen oder szenischen Lesungen mit mehreren Sprechern umgesetzt werden und sind von Features oder Hörspielen kaum abzugrenzen, wenn sie dramaturgische Elemente wie etwa Musik oder Geräusche nutzen. Explizit »ausgeklammert werden hingegen bei unserer Positionierung von Audiobooks kurze, vorgelesene Inhalte aus anderen Medien. Dies gilt insbesondere auch für […] Hörausgaben von Zeitungen und Zeitschriften. Diese Abgrenzung scheint deshalb sinnvoll, weil sich journalistische und literarische Inhalte in Produktion und Konsum in der Regel deutlich voneinander unterscheiden« (Friederichs und Hass 2006).
- Sach-Hörbuch: Im Gegensatz zum o. g. klassischen, in der Regel belletristischen Hörbuch, handelt es sich hier um Lesungen bzw. Dialoge, die überwiegend der Informa-

tionsvermittlung dienen, ohne gänzlich auf Elemente der Unterhaltung verzichten zu müssen.

- Lehr-Hörbuch: Diese Gattung gleicht einem der Aus- und Weiterbildung dienendem (Sach-)Hörbuch, das sich allerdings strategisch explizit erprobter oder neuer Methoden aus dem Bereich der Wissensvermittlung bedient und entsprechend einer grundlegenden Didaktik in diesem Sinne instrumentalisiert wird.
- Live-Hörbuch (Live-Mitschnitt): Dies ist ein Hörbuch, in seltenen Fällen auch Sach- oder Lehr-Hörbuch, das live, z. B. während einer Lesung (Monolog) oder einer szenischen Lesung (Dialoge und mehr), mitgeschnitten wurde. In der Regel wird hierbei der Mitschnitt während der Postproduktion in Bezug auf dramaturgische Effekte kaum oder gar nicht mehr überarbeitet.
- Hörspiel: Ein Hörspiel ist eine rein akustische Inszenierung eines fiktionalen Textes mit verteilten Sprecherrollen, Geräuschen und Musik. Das Hörspiel entstand in den 1920er Jahren und ist die einzige publizistische Form, die originär für das Radio entwickelt worden ist (Arnold 1991). Es basiert auf einem eigens angefertigten Hörspielskript. Dabei handelt es sich um die Bearbeitung eines literarischen Textes (Roman, Drama, Novelle u. a.) eines anderen Autors oder um einen eigenen Text des Hörspiel-Autors. Besonders beliebt sind Kriminal- und Science-Fiction-Hörspiele. Heute gilt das Hörspiel nicht mehr als funkeigene Radiokunst, sondern wird auch in Theatern, Kulturinstitutionen oder Schlössern (ur)aufgeführt und mitgeschnitten.
- Feature (Radio- oder Rundfunk-Feature, Audio-Feature): Ein Feature ist eine »künstlerisch gestaltete Dokumentation« (Lissek 2012b), die ihren Stoff aus der Realität bezieht. Damit ist das Feature ein nicht-fiktionales Hörfunk-Genre. Die Gestaltungsmöglichkeiten beim Feature sind nahezu unbegrenzt: Es enthält zum Beispiel O-Töne, Autoren- oder Sprechertext, literarische Zitate oder sonstige schriftliche Quellen, Audio-Archivmaterial, atmosphärische Geräusche, Sounds, Musik. Auch Anleihen bei den Nachbargattungen sind erlaubt, so dass im Feature auch Reportage-Elemente oder Hörspiel-Szenen vorkommen können. Seine Spannung bezieht das Feature aus der Stimmenvielfalt. Inhaltlich neigt es zur Abstraktion und Reflexion, geht also über eine bloße »Abbildung« der Wirklichkeit hinaus. In Deutschland hat sich das Feature nach 1945 fest in den Kulturprogrammen des Hörfunks etabliert (dazu ausführlicher s. Abschn. 2.3).
- Audioguide (elektronische Führer, Multimedia-Guide): Bei Audioguides handelt es sich um Tonaufnahmen jeglicher Art, die in Form eines »Führers« (engl.: guide) ein Edutainment-Konzept verfolgen, auf dessen Grundlage bestehende Objekte (Kunst, Museen, Architektur, Stadträume und andere Sehenswürdigkeiten, zunehmend auch sonstige kulturell oder künstlerisch aufgeladene Exponate), die vom Nutzer meist face-to-face aufgesucht werden, informell angereichert werden. Neben ursprünglich zielgerichtet entworfenen Abspielgeräten nutzen Audioguides heute auch Smartphones oder Tablet-PCs als Übertragungskanal. Im Gegensatz zum traditionellen Hörbuch wurden Audioguides vom Absender häufig »nur« verliehen, und eben nicht verkauft. Über Smartphone bzw. Tablet-PC werden Audioguides heute vornehmlich als App

verbreitet, was zu einer Anreicherung der Inhalte über den klassischen Audio-Content hinaus geführt hat (z. B. Bilder, Videos). Audioguides können darüber hinaus sämtliche Elemente aller o. g. Gattungen enthalten.

- Podcast: Ähnlich wie bei anderen Gattungen fällt es auch bei Podcasts schwer, eine qualitative Eingrenzung vorzunehmen, vor allem auch vor dem Hintergrund, dass es sich hierbei um einen Kanal handelt. Denn Podcasting, das hauptsächlich der Kurzinformation dient und eher im journalistischen als im Unterhaltungsbereich zu verorten ist, bezeichnet die Verbreitung von radioähnlichen Wortbeiträgen, die wiederum gegebenenfalls mit hier bereits genannten Stilelementen angereichert sein können. »Durch Podcasting wird der Download und der mobile Konsum von Sprachtondokumenten weiter popularisiert und gerade bei jungen Zielgruppen als Nutzungsszenario etabliert. Allerdings sind Podcasting-Inhalte häufig kostenlos verfügbar, wodurch sich auch bei Sprachaufnahmen die bereits von anderen Online-Angeboten bekannte ›Gratis-Mentalität‹ bei den Kunden herausbilden könnte« (Friederichs und Hass 2006).

Was verstehen wir unter einem Corporate Audiobook?

Ein Corporate Audiobook ist eine akustische Erzählung in Form eines Hörspiels, Features oder ähnlichen Genres, die Aspekte aus der Geschichte, Kultur und angrenzenden Bereichen des initiierenden Unternehmens aufgreift, um sie – ggf. im Mix mit anderen Kommunikationsinstrumenten – nach innen wie nach außen mithilfe von Tonträgern bzw. über digitale Kanäle strategisch zu nutzen.

Generische Medien, die nach dem Erwerb von Lizenzen innerhalb und außerhalb des Unternehmens unter dessen Brand genutzt werden, sind nur dann Corporate Audiobooks, wenn eine Individualisierung, etwa über eine Bearbeitung, stattgefunden hat. Dieser Ausschluss gilt auch bei Umsetzung generischer Bücher bzw. Drehbücher, deren Herkunft nicht intrinsisch motiviert ist.

Ein rein faktischer Podcast oder die Implementierung von Beiträgen im eigenen Intranet, die z. B. ein Internet-Radio wie ManagementRadio (s. Abschn. 3.9) produziert hat, ist ebenfalls nicht ausreichend, der o. g. Definition zu entsprechen. Allerdings könnten, um bei dem Beispiel ManagementRadio zu bleiben, der Kanal bzw. Beiträge eines Kanals auf ManagementRadio, die der Sponsor des jeweiligen Kanals inhaltlich mitverantwortet, i. e. S. durchaus als Corporate Audiobook durchgehen. Dies gilt für den Fall, wenn die Beiträge so produziert sind, dass unternehmenskulturelle Besonderheiten ebenso wie eine bestimmte individuelle Sprache erkennbar werden.

Klassische Audio-Branding-Elemente sollten im Idealfall ein Corporate Audiobook unterstützen und formale Kriterien einhalten. Bei einer seriellen Produktion sind z. B. Jingles und Musik, Art der Erzeugung von Geräuschen, Sprecherstimmen und ganz allgemein auch die Ausprägung der technischen Produktion so konsistent wie möglich zu halten, um eine Wiedererkennung zu begünstigen.

Vom Audiobook zum Corporate Audiobook

Gleichwohl verwundert beim Seitenblick auf das Erfolgsmodell Hörbuch und den aus der Rundfunkbranche vernommenen Jubelgesängen im Duktus eines »Radio killed the Video Star«, warum Audiomedien bisher eine so untergeordnete Rolle in der Unternehmenskommunikation gespielt haben. Denn die Aspekte, aus denen sich diverse Benefits für Unternehmen generieren ließen, liegen quasi auf der Hand:

- Zielgruppen- und Kulturaffinität: Hörbuch-Konsumenten, »bislang überwiegend einkommensstarke und gebildete Käufer« (Friedrichs und Hass 2006), weisen eine sehr starke Überschneidung mit dem Management in Unternehmen und – unter Einbeziehung der kulturellen Aufladung von Hörbüchern – eine noch stärkere mit den kulturinteressierten und -affinen Entscheidern in den Kommunikations- und Marketingabteilungen sowie deren Multiplikatoren auf.
- Hörverfassungen: Typische Hörszenarien, die im Wesentlichen mit dem Phänomen »Double your time« sowie Warte- bzw. Nebenherverfassungen (s. u.) beschrieben werden können, werden durch die aktuellen kulturellen Entwicklungen – gerade am Arbeitsmarkt – begünstigt. Hier seien nur die zunehmende Mobilität von Arbeit mit erhöhten Reiseanteilen und die stärker diffundierende Homeoffice-Tätigkeit mit wiederum höheren Anteilen an Nebenbei-Optionen genannt – gerade bei den o. g. Zielgruppen.
- Employer Branding: Hören adressiert in einem stärkeren Maße als z. B. anderer State-of-the-Art-Medienkonsum, etwa das Onlinesurfen, die Beziehungsebene, auf die u. a. das sog. Employer Branding (s. Abschn. 2.1) seit nunmehr fünfzehn Jahren setzt, um Unternehmen als attraktiven Arbeitgeber bei jungen Professionals ins Gespräch zu bringen und Bestandsmitarbeiter zu binden.
- Rituale: Immer dann, wenn Staat und Kirche an Glaubwürdigkeit verlieren bzw. in Bezug auf Bildung von Kultur versagen, wird Wertevermittlung bzw. Sinnsuche von Wirtschaftsorganisationen übernommen. Deswegen befinden sich Unternehmen im deutschsprachigen Raum angesichts der Politik(er)verdrossenheit der Bürger zunehmend auf der Suche nach Orientierung schaffenden bzw. Halt gebenden, regelbasierten Settings wie eben Ritualen, um ein offensichtliches Vakuum zu kompensieren. Auf Basis eines gemeinsamen Hörens, z. B. von Corporate Audiobooks während Mitarbeiter-Events (s. Abschn. 2.1), können durchaus passende Formate entwickelt werden, die Bindung und Gemeinschaft fördern und zu einem notwendigen Diskurs in Bezug auf Politik und Kultur führen.
- Storytelling: Seit der Entwicklung des »Learning-Histories-Ansatz« am MIT Mitte der 1990er Jahre beschäftigen sich nicht nur KMU bzw. inhabergeführte oder Traditionsunternehmen mit dieser oder anderen narrativen Methoden und dem strategischen Mehrwert von Geschichten zur Nutzung innerhalb der Kommunikation. Inzwischen bedienen sich gerade auch die Big Player, wie etwa die Dax-Unternehmen, dieser Methode. Als ein nahezu rein narratives Medium bietet ein Hörbuch einen idealen Kanal

für das inzwischen innerhalb des Management Consulting beinahe verschwenderisch
rauf- und runterzitierte Storytelling (s. Abschn. 2.4).

- Technische Machbarkeit und Podcasting: Seit nunmehr fast einem Jahrzehnt sind die
technischen Voraussetzungen für Audioproduktion und -bereitstellung auch für Nichtinformatiker beherrschbar (s. hierzu auch das Interview in Abschn. 3.9). Genau in diesem Zeitraum haben zahlreiche Unternehmen angefangen, RSS-Feeds zu nutzen und
z. B. Video-Podcasting zu betreiben. Inzwischen sind Videos aus den meisten umfang-
reicheren Corporate Intranets nicht mehr wegzudenken, so dass der Weg von der Be-
wegtbildproduktion des Corporate TV & Co. zu wesentlich unaufwendigeren Audio-
Podcasts im Grunde nicht weit sein sollte.

- Akustische Markenführung: Das sog. Audio Branding (s. Abschn. 2.1 und 2.8) ist gerade
in den letzten Jahren in einem zunehmenden Maße von größeren Unternehmen und
anderen, die sich einen Mehrwert von einer eigenen Sound Identity versprechen, auch
strategisch genutzt worden. In Bezug auf Begriffe wie Audiologo, Jingle, Markenstimme
oder Markenlied existieren – zumindest auf dem Papier – zahlreiche Überschneidungen
zu unserem Buchthema, denn diese könnten problemlos und durchaus produktiv auch
in einem Corporate Audiobook eingesetzt werden.

Trotz der o. g. Vorteile und Optionen nutzen bisher relativ wenige Unternehmen in ihrer
Corporate Communication Audiokanäle. Bereits 2006 bemängelten Friedrichs und Hass
ein gewisses Desinteresse der Medienwissenschaft am Thema Hörbuch. Faulstich (2004)
etwa spricht deutlich abwertend von »sogenannte[n] ›Hörbücher[n]‹ (de facto Audiokas-
setten)« als »Nichtbuchmedien«, ohne sie jedoch entsprechend als eigenständige Gattung
zu thematisieren. Diese Auffassung überrascht überdies umso mehr angesichts der Tatsache, dass sich der Börsenverein des deutschen Buchhandels sehr intensiv mit diesem
Medium beschäftigt (Friedrichs und Hass 2006). Die Zurückhaltung in Bezug auf eine in-
tensivere Behandlung des Gegenstandes lässt sich auch anhand der vielen vergeblichen
Versuche der Herausgeber des vorliegenden Buchs belegen, die eigenen Success Stories
(s. Kap. 3) exemplarisch um interessante Audioprojekte anderer Produzenten und Kunden
zu erweitern.

Audio Success Stories – wie »Nadeln im Heuhaufen«

Projekte, die mit unseren eigenen vergleichbar sind, waren grundsätzlich schwierig zu re-
cherchieren. Persönlich waren uns nur wenige bekannt, deshalb konsultierten wir die Suchmaschinen im Web.

Bei der Kontaktaufnahme entsprechend der (potenziellen) Treffer zur Nutzung von Au-
diomedien in Unternehmen bewegten sich Anfragen auf einem schmalen Grat zwischen
Reaktionen des Öffnens und des Verschließens. Viele der angefragten Unternehmen und
Agenturen schienen beim Erstkontakt interessiert bis begeistert, andere beendeten den
Kontaktversuch sofort. In den meisten Fällen gestaltete sich die Kontaktphase als ein lang-

wieriger Vor- und Zurück-Prozess, bei dem die Angefragten zwar ein starkes Interesse an dem Thema vorgaben, jedoch hohe Zurückhaltung in Bezug auf die Darstellung eigener Projekte an den Tag legten. Die Unternehmen gaben sich in der Regel (spontan) überdurchschnittlich offen und nach einer ersten, oft unverhältnismäßigen Reaktion des Öffnens dann wieder geheimnisvoll und zurückhaltend, als hätten sie etwas zu verbergen. Die meisten Agenturen wollten im Kontext dieses Buchs »unbedingt dabei sein« (O-Ton), aber mindestens als Mitherausgeber. Darüber hinaus forderten sie – gemessen an der Auflage dieses Fachbuchs – unangemessen hohe und damit unrealistische Honorare für ihre Beiträge, so dass uns oftmals nur der Weg der Absage blieb. Und den »bescheideneren« Agenturmitarbeitern, die am Ball blieben, gelang es trotz eines Vorlaufs von mehreren Monaten wiederum nicht, die Freigabe für einen Projektbericht von ihren Kunden zu erwirken. »Das ist ja interessant, aber ich habe da selber so ein Buchprojekt in der Pipeline«, begründete einer der Angefragten seine Absage.

Die geschilderte Recherche bestätigt unsere Annahme, dass Hörbücher in Bezug auf Rezeption und Wirkung Besonderheiten aufweisen, die (oftmals) nicht mit den Strategien der klassischen Unternehmenskommunikation vereinbar sind oder zumindest – selbst bei den Profis – verunsichernd wirken. Dennoch gehen wir davon aus, dass sich die oben geschilderte Audiobook-Erfolgsgeschichte annähernd verlustfrei auf Corporate Communication transformieren lässt. Im Folgenden betrachten wir die potenziellen Gründe für die Nutzung von Audiobooks genauer, indem wir mithilfe einer von known_sense durchgeführten, zum Zeitpunkt des Erscheinens dieses Buchs noch nicht abgeschlossenen Evaluation verschiedene Nutzungsverfassungen beschreiben und in eine Typologie übersetzen. Diese Typologie der Nutzungsverfassungen versuchen wir danach wiederum auf Unternehmen zu übertragen.

Audiobook als Medium der Spätmoderne

Die Gründe für das gestiegene Interesse am Hörbuch ist u. a. den umwälzenden Veränderungen des Medienkonsums in den letzten zwei Jahrzehnten den völlig neuen, in erster Linie mobilen Nutzungsverfassungen zuzuschreiben. Laut Thomas Friedrichs und Berthold Hass' Aufsatz »Der Markt für Hörbücher. Eine Analyse klassischer und neuer Distributionsformen« (Friedrichs und Hass 2006) geht es den Verwendern vor allem um die »Möglichkeit zur Hörbuchnutzung in Situationen, in denen die Lektüre gedruckter Bücher nicht möglich ist, also etwa bei der Fahrt im Auto oder neben Haushaltstätigkeiten« (Friedrichs und Hass 2006).

Mit dem Verweis auf »Double your time«, der »Prämisse der Spätmoderne« (Großer 2009), sprechen Friedrichs und Hass implizit auch die gesellschaftlich tolerierte Selbstausbeutung von Lebenszeit an. Auf die Kehrseiten besinnungsloser Betriebsamkeit wurde zuletzt in den zahlreichen öffentlich geführten Debatten um das Thema Burnout & Co. und ebenfalls mit dem Launch des Sachbuchs »Die erschöpfte Gesellschaft« von Stephan Grünewald ausführlich hingewiesen. Pikanterweise ist die treffende Analyse des Kölner

Psychologen und rheingold-Mitbegründers in exakt demselben Verlag, nämlich Campus, erschienen, der – sicher nicht zufällig – mithilfe des Slogans »Double your time« seine Hörbücher promotet. »Andere Hörbücher werben damit, dass man sich gleichzeitig zur täglichen Routine, wie z. B. bei der Hausarbeit auf effiziente Art und Weise weiterbilden kann, ohne die Arbeitszeit oder Freizeit opfern zu müssen. Gemäß der Internet-Präsenz der LEARNTEC 2009 kann man seine Zeit ›morgens in der Bahn auf dem Weg zur Arbeit‹, ›in der Mittagspause‹ oder ›am Abend bei einem Drink in der Bar‹ effektiv und sinnvoll nutzen, um mobil zu lernen – immer und überall« (Großer 2009).

Audiobooks: Analyse von Nutzungsverfassungen

In einer von known_sense durchgeführten Analyse typischer Nutzungsverfassungen mit der Dipl. Psychologin Ankha Haucke als Projektleiterin wurden unzählige Online-Postings von Audiobuchhörern in Form eines Desk Research ausgewertet und mit zweistündigen qualitativen Interviews mit weiteren Verwendern aus dem Kommunikationsbereich von Unternehmen und Agenturen abgeglichen (known_sense 2013, bisher unveröffentlicht). Die Analyse zeigt, dass etwa ein typisches Pro-Audiobuch-Argument wie der »Lese-Ausschluss« (s. o.) ebenso wie die Reduktion auf die Verfassung »Double your time« zu kurz greifen , um den Erfolg des Hörbuchs hinreichend zu verstehen.

Bei den in Köln und Umgebung durchgeführten tiefenpsychologischen Interviews reagierten die Kommunikationsexperten aus Unternehmen und Agenturen, obwohl sie vorab informiert wurden, um welches Thema es gehen sollte, irritiert auf den Begriff »Corporate Audiobook«. Die Probanden, die jeweils einen Marketingetat verantworten und regelmäßig privat Hörbücher und/oder Podcasts konsumieren, gaben an, ihn noch nie wahrgenommen zu haben und aktuell auch nicht über Audiomedien im Rahmen ihrer eigenen Kommunikationsstrategien nachzudenken. Ein Proband erläuterte: »Im beruflichen Zusammenhang sind nur visuell unterstützte Medien bekannt. Intern wird fast ausschließlich schriftlich kommuniziert, z. B. über das Mitarbeitermagazin bzw. Newsletter.«

Corporate Audiobooks – unbekannt, aber enorm belebend

Dennoch waren Probandenakquise und Interviews von einer großen Neugier gegenüber den Möglichkeiten begleitet, die sich durch das Medium eröffnen: »Ich weiß spontan nicht, was das ist ... Das finde ich aber toll.« Oder: »Momentan bin ich fasziniert davon, dass ich noch nie an Corporate Audiomedia gedacht habe. Bewegte Bilder binden die Aufmerksamkeit, aber Hören ...?« Nach dem Aufflackern kurzer Kreationsphasen, in denen durchdekliniert wurde, wie man Corporate Audiobooks ins eigene Portfolio einbetten könne, wurden allerdings auch die Nachteile aufgezählt: das im Kontext interner Kommunikation oftmals unzureichende Equipment von Mitarbeitern am Arbeitsplatz (»... keine Soundkarte, fehlende Lautsprecher ...«), generell die unpassende Arbeitsplatzverfassung (»Ein Fachbuch im Büro zu lesen ist ok, ein Hörbuch dagegen sieht wie Nichtstun aus. Als Lückenfüller auf Reisen ist das ok.«) oder die mit dem Hören nicht selten angeführte »fehlende Konzentration« (»Zu eindimensional. Da hätte ich die Sorge, dass die Leute doch was anderes machen. Die Gefahr der Ablenkung ist groß, [...] wenn der Spannungsbogen nachlässt.«). Es wurde konstatiert, wie wichtig – gerade bei Audiomedien – die Integration in ein kommunikativ großes Ganzes sei: »Ein Audiobook müsste von anderen Maßnahmen flankiert werden, aber die Leute fühlen sich relativ schnell genervt. Ein Kollege, der für Social Media zuständig ist, schickt immer lustige Videos: Wenn sich der Sinn nicht innerhalb von 5 Sekunden erschließt, spule ich weiter.« Oder: »Gewinnspiele kommen immer gut. Wenn man z. B. zu Ende hören müsste, um ein Rätsel lösen zu können, würde das vielleicht funktionieren.« Eine andere Probandin sagte: »Ich könnte mir z. B. gut vorstellen, dass man in Zukunft mehr Hörbücher als MP3 als Einstimmung für neue Mitarbeiter oder zur Fortbildung produziert« und definierte anschließend als ein wichtiges Anforderungskriterium so etwas wie Einfachheit: »Ich würde gerne eine Hörgeschichte machen. Es muss passen, nicht zu verspielt. Nicht zu viel Tamtam.« Andererseits wurde eingewandt: »Es wäre ein langwieriger Prozess, eine Botschaft per Link und Audiodatei durchzusetzen. Man müsste bestimmt eine Mitschrift mitschicken – da stünde der Aufwand in keinem Verhältnis zum Nutzen.« Schließlich traute man sich generell den Einsatz von Audiomedien ohne Hilfe von außen nicht zu: »Dann würde das mit einer Agentur gehen.«

Doch selbst das Runterbeten potenzieller Barrieren kippte immer wieder auch in lebhaft vorgetragene Erinnerungen ans Hören bzw. produktiv anmutende Ideen hinsichtlich der Integration in eine Arbeitsverfassung, die man mit einem Audiobook verbindet: »Entspannungsübungen passen gut zum Medium Audiobook. Man soll an einer Stelle sein und hören, was da kommt.« Oder: »Ich kenne einen Vertriebler, der sich eine Trainings-CD im Auto anhört. Das habe ich mir dann als Buch gekauft. Ich hatte das Gefühl, dass es ins Ohr zu nah wäre. Das sehe ich nach diesem Gespräch anders: Mir ist jetzt bewusst, dass vor allem sehr kurze Sequenzen zum Hören ok wären.« Ein anderer konnte sich »eine CD zum Thema Kaltakquise in Kombination mit einem Booklet mit schriftlichen Aufgaben« gut vorstellen. »Das wäre interaktiv und mit einer Dokumentation des Werdegangs beim Coaching. Auch bezüglich Selbstbestimmung und Essenz: Wer schreibt, der bleibt. Das geht auch beim Hören, im Gegensatz zum Film.« Die Aufladung eines physischen Audiobooks mittels wertiger Print-Booklets propagierte auch eine weitere Probandin: »Ein Kunstbuch mit Bildern plus Hörbuch stelle ich mir toll vor. Visuelle Unterstützung passt dazu sehr gut, gerade im Marketing.« Eine Probandin, die sich eine Nutzung nach innen nicht vorstellen konnte, räumte zumindest Benefits im Rahmen des externen Marketings ein: »Für die Kommunikation nach außen würde es vielleicht passen in Form von Ratgebern, z. B. zu Rechtsthemen.«

Das generelle Interesse an Corporate Audiobooks führte schließlich dazu, dass beinahe alle Interviewten um Nachricht baten, wenn das Buch erschienen sei.

Identische Audiobiografien

In Bezug auf die eigene Biografie des Hörens wurde bei allen Probanden über nahezu identische Entwicklungen berichtet: Bevor man in die Schule komme, werde einem in der Kindheit in typischer Weise vorgelesen, eine Zeit, an die man gerne zurückdenke. Im Schulalter folgten bei der von uns interviewten Generation der heute 25- bis 45-Jährigen das eigenständige Hören von Hörspielen auf Schallplatten und Kassetten, die eine Tagtraumverfassung unterstützten, in der man Abenteuer in der großen weiten Welt nacherlebe. Diese würden in der Pubertät von Musik abgelöst, die eher sehnsüchtige Verfassungen unterstützten, in denen altersaffine emotionale Entwicklungen Raum erhielten. Im jungen Erwachsenenalter folge in der Regel eine Phase, in der mehr gelesen als gehört werde, während das Bedürfnis, jemandem zuzuhören – auch von der »Konserve« – ab etwa Mitte bis Ende dreißig wieder zunehme und man sich bewusster Radio, Podcasts und Audiobooks zuwende. Dabei wurde im Nebensatz angezweifelt, ob das Ohr tatsächlich das einzige Sinnesorgan sei, das man nicht schließen könne. Außerdem würde »man auch über die Haut ›hören‹, wenn man zusammen singt. Das macht eine enorme Intensität.«

Steuerbares Radio

Zwischen Hörbüchern und -spielen wurde von den Interviewten (ungestützt) so gut wie nicht unterschieden. Während das Radio aber mangels interessanter Beiträge nach den Nachrichten und den Staumeldungen oft abgeschaltet werde und es zu mühsam erscheine, nach konkreten Programmplätzen zu suchen, die das eigene Interesse befriedigten, versprächen Podcasts und Audiobooks gewissermaßen steuerbares, abrufbares Radio. Allerdings wurden Podcasts gegenüber durchaus gemischte Gefühle geäußert: »Podcasts waren wie Schnäppchen: Inspiration, das Leben erleichtern. Irgendwann habe ich gemerkt, dass ich sie de facto wenig genutzt habe. Die waren dann wie die Zeitschriften, die ungelesen auf dem Nachttisch liegen und Stress machen.«

Es fällt auf, dass vor allem Gelegenheitsverwender umfangreiche Hörbücher ablehnten: »Ich habe ein Problem mit komplexen Hörspielen. Da komme ich raus und nicht wieder rein bei CDs. Zum Beispiel ›Die Säulen der Erde‹, das sind 7 CDs. Ein Buch kann man zur Seite legen, nachdenken und wieder aufnehmen.« Allein das (mehrmalige) Wechseln einer CD kann offensichtlich eine mit dem Hörbuch verbundene positive Stimmung kippen lassen. »Ich hab noch nie eines dieser (umfangreichen) Hörbücher gehört. Das geht über mehrere Stunden, das ist mir zu langatmig. Ich schätze Kurzgeschichten: Da verliert man nicht den Faden.« Dieser bereits oben formulierte Wunsch nach kurzen, clipartigen »Hörstücken« steht allerdings im krassen Widerspruch zu ebenfalls – siehe weiter unten – deutlich formulierten Wünschen nach einem Hingeben bzw. Abtauchen in erzählte Hörgeschichten.

Kopfhörer verringern die Distanz
Aufgrund der unterschiedlichen Arten von Schallwandlernutzung – z. B. pro bzw. contra Kopfhörer – geht ein tiefer Riss durch die Verwendergemeinde, die sich, grob systematisiert, in zwei Hälften teilt: Kopfhörerfans, die »etwas auf die Ohren brauchen«, grenzen sich hart ab von Hörern, die eine »akustische Isolation« ablehnen. »Über Kopfhörer kann ich

Hörbücher nicht hören, das ist zu nah, zu anstrengend, direkt ins Ohr erzählt zu bekommen, da komme ich nicht raus, das ist so ausschließlich«, sagte eine Probandin. Oder: »Das Hören ist so passiv, man muss an einer Stelle bleiben – da bleibt man nicht lange dabei.« Und ein anderer sagte: »Beim Joggen habe ich anfangs Musik gehört, aber jetzt nehme ich lieber die Umgebung wahr. Das Hören über Kopfhörer hat eine hohe Intensität und schließt einen von der Umwelt ab. Das ist ein Entweder-oder.«

Audio-Produktionen als Kontemplationsoasen

Auffällig in den Interviews ist, dass nicht nur das Hören, sondern selbst die Vorstellung von Audio-Produktion mit einer Verfassung verbunden wird, die von ungewöhnlich entspannter, vertrauter, familiärer Gemeinschaft geprägt ist. »Ich hab mal ein privates Hörbuch selber gemacht. Da denke ich daran, wie wir hier alle zusammen waren, quatschten, jemand holte Kaffee aus der Küche. Es macht Spaß, genau hinzuhören. Früher ging so was ja nur im Studio, war rappelteuer und steril. Das war etwas Heiliges. Bei uns war das so eine intensive Atmosphäre, zu wissen, derjenige will jetzt sein Herz öffnen. Ich musste z. B. aufpassen, ob ein Flugzeug kommt. Da hat man eine erhöhte, fokussierte Wahrnehmung. Man will etwas zusammen erreichen, da gibt es kein Gezicke.« Oder: »Ich würde gerne mal selber als Sprecher etwas produzieren. Ich fühle mich beruflich sehr gefordert, manchmal überfordert, und überlege dann, was eine Alternative wäre. Mir wird gesagt, ich hätte eine schöne Stimme, und dann diese Hire-and-fire-Mentalität. Ich stelle mir vor, dass in der Produktion von Audio-Medien kein Druck herrscht, und die Wertigkeit des Machens ist hoch. Ich stelle mir eine Sprechkabine mit gedämmtem Licht vor, man stellt sich auf den Stoff ein. Das ist eine Reduktion, Fokussierung, Eindimensionalität. Zum Beispiel im Theater wird man dagegen von Effekten abgelenkt.« Oder aber (schmunzelnd): »Ich erinnere mich an eine Fernsehsendung über Tontechniker – das war so lustig, wie die Geräusche produzieren.« Eine Probandin konnte eigene Erfahrungen aus einem Praktikum einbringen: »Im Radiopraktikum fand ich Hörbilder toll. Das ist ein sinnlicher Zugang, wie eine Reportage, nur mit weniger Text. Das konnte man sich total gut vorstellen, die berühmten Bilder im Kopf. Das ist so authentisch, als wäre man selbst da gewesen.«

Offenbar entstehen beim Hören zeitgleich zu den etlichen Stilllegungen, die mit Audiobüchern verbunden werden und in der Typologie unten weiter ausgeführt sind, aktive Macherfantasien, die eine »andere« Seite von Produktivität befördern als die eigene, oftmals als gestresst wahrgenommene Arbeit. Das Produzieren von Hörbüchern gleicht dann einem kontemplativen »Rückzug ins Kloster« oder einem entspannten »Urlaub auf dem Bauernhof« (»Hören bedeutet für mich erstmal Stress, Lärm. Die Geräuschkulisse in Köln stört mich. In einer Kleinstadt oder auf dem Land entspanne ich mich.«).

Diese durch und durch positiven Macherfantasien könnten von Unternehmen produktiv aufgegriffen und genutzt werden, indem bspw. Corporate Audiobooks prozesshaft innerhalb von Workshops o. Ä. durch Mitarbeiter geplant und mitproduziert werden (s. Abschn. 2.1).

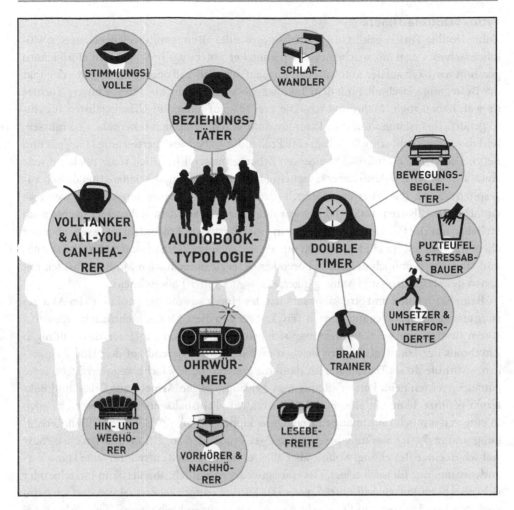

Abb. 1.4 Audiobook-Typologie

Audiobook-Typologie: Vier Hauptverfassungen

Im weiteren Verlauf der known_sense-Analyse wurde eine verfassungsbasierte Typologie (s. Abb. 1.4) aufgestellt, die mit dem »Double-Timer«, dem »Volltanker und All-you-can-hearer«, den »Ohrwürmern« und den »Beziehungstätern« insgesamt vier Hörertypen mit zwei grundlegenden Stoßrichtungen unterscheidet (s. Abb. 1.6). Bis auf den zweiten hier genannten Typus konnten sie aufgrund von Zuspitzungen bei der Verwendung in weitere Subkategorien aufgefächert werden. Da sich die verschiedenen Verwendungsmotive überschneiden, sind allerdings typologische Reinformen im Gegensatz zu Mischtypen äußerst selten anzutreffen.

Typus »Double Timer«

Zum »Double Timer« gehört u. a. die Subkategorie des »Bewegungsbegleiters«, dessen Mobilitätsschub – egal mit welchem Verkehrsmittel er unterwegs ist – stets von Hörbüchern gerahmt wird. Ob auf der Autobahn, im Zug, auf dem Fahrrad oder beim Joggen – der Takt der Bewegung verschmilzt mit dem Takt der gehörten Geschichte. »Bevor unsere Tochter da war, haben mein Mann und ich ›Die drei ???‹ vor allem auf Urlaubsfahrten im Auto gehört. Das ist amüsant, man kann im Auto sitzen, ohne sich unterhalten zu müssen, und die Zeit vergeht schneller«, sagt eine Probandin. »Die Musikberieselung langweilt und nervt. Die viele Zeit fülle ich stattdessen lieber genussvoll [...]. Ich freue mich auf jede Autofahrt. Je länger, desto lieber«, sagt ein anderer »Bewegungsbegleiter«, bei dessen zugespitzter Form die Hörer ein Hörbuch gar nicht mehr konsumieren können, wenn sie einfach nur stillsitzen. Daher fährt sogar mancher z. B. aus dem Ruhrgebiet nachts nach Holland, um dort – eher zweitrangig – an einer Raststätte Frikandeln zu essen, aber vor allem die Fahrzeit für ein Hörbuch zu nutzen. »Manchmal setze ich mich einfach ins Auto und fahre los, damit ich in Ruhe zuhören kann«, sagte einer, dessen Motive sich auch mit denen des »Hinhörers und Müßiggängers« (s. weiter unten) überschneiden.

Beim »Putzteufel und Stressabbauer« hat das Hören sowohl die Funktion von Aktivierung als auch von Stilllegung. Je nach Tätigkeit geraten diese Motive mehrfach ins Kippen – einem »mal so, mal so«. Langweilt man sich beim Bügeln, kann das Hören den eintönigen Rhythmus der Haushaltstätigkeit beleben und sogar motivierend auf den Hörer einwirken. »Mithilfe dieses Tricks hatte ich dann die gesamte Bügelwäsche weggearbeitet«, sagte jemand. Werden beim Putzen »Reinigungs-Feldzüge« gegen Armeen aus Dreck und Bakterien geführt, kann ein Hörbuch den gestressten »Haushaltsgeneral« andererseits auch in eine versöhnliche Stimmung führen. Diese kippelige Form zwischen Spannungserzeugung und mentaler Stärkung beschrieben zwei Probanden so: »In meiner Podcast-Phase war ich in einer Beziehung, wohnte aber alleine, war finanziell entspannt, hatte keine Verantwortung, nur für mich selber. Das war entweder gemütlich, abends beim Puzzeln, oder nebenbei beim Putzen und Aufräumen.« »Da kommt es auch schon mal vor, dass ich beim nächsten Kunden stehe und noch ein paar Minuten sitzen bleibe, wenn das Hörbuch gerade an einer spannenden Stelle ist«, sagte ein Vertriebsmitarbeiter, der auf Autofahrten vor seinen Geschäftsterminen regelmäßig Hörbücher konsumiert, um seine nicht zuletzt durch die Autofahrt multiplizierte Aufregung abzudämpfen.

»Umsetzer und Unterforderte« sind »Double-Timer«, die – in Reinform – mit Audiobooks eine Art »Perpetuum Mobile« betreiben. »Höre, wenn ich Strümpfe stricke [...], die gestrickten Socken verkaufe ich dann auf dem Weihnachtsmarkt, da sind dann wieder 'ne ganze Menge Hörbücher drin«, sagte eine Hörerin. So wird ein Lebensrhythmus konserviert, bei dem sich produktive Tätigkeiten und Medienkonsum kongenial ergänzen und dem Hörbuch quasi der »Treibstoff« (s. a. unten) zur eigenen Vermehrung inhärent ist.

Auf die Aspekte von Wissensvermittlung bzw. Weiterbildung hebt der »Brain Trainer« ab, dem körperliche Betätigung, z. B. bei der Arbeit, nicht ausreicht, um fit zu bleiben, so dass er das Hörbuch als einen »Gehirn-Sparringspartner« betrachtet. »Man hält sich nicht nur körperlich fit, sondern auch geistig«, sagte ein unterforderter Zusteller, obwohl er als

Radler zunächst in der Nacht Zeitungen und direkt anschließend am Vormittag die Post austrägt. Eine Probandin mit einem hohen Anteil des »Brain Trainers« ergänzte: »Sachbücher können als CD sehr interessant sein. Das ist dann aufgepeppt durch die Stimme.«

In den Beschreibungen sämtlicher »Double-Timer« werden immer wieder die für diesen Typus typischen Warteverfassungen genannt, bei denen man sich in einem Stand-by-Modus befindet. Es handelt sich um Reisezeiten mit allen nur denkbaren Verkehrsmitteln oder etwa um Besuche bei Ärzten, Frisören, Behörden und sämtlichen Institutionen, die sich durch Wartebereiche auszeichnen. Die eigentlichen Ziele wie das An- oder Drankommen sind aufgrund der hier fast schon »erlittenen« Routine mit einem oftmals zähen Durchhalten verbunden und fordern daher eine bunte Tagtraum-Grundierung in Form eines »Medien-Make-ups« mithilfe von Hörbüchern und anderen mobil konsumierbaren Kanälen.

Typus »Volltanker und All-you-can-hearer«

Für den o. g. erweiterten »Double Timer«-Ansatz in Form eines »Langeweile-Killers« sprechen auch Distributionswege wie Tankstellen, die u. a. in den USA sehr erfolgreich genutzt werden. Hier versorgen Reisende nicht nur ihr Auto mit dem Treibstoff Benzin, sondern kümmern sich auch darum, dass ihr CD-Player, »vollgetankt« mit Geschichten, seine Aufgabe als »Steward für die Ohren« zur Zufriedenheit des Passagiers erledigt. Ein ähnliches Bild bemühend, bezeichnen zahlreiche Nutzer der Downloadplattform audible.de ihren Hörbuchshop als »Tankstelle für die Ohren«. Sie wird inzwischen mehr denn je von mobilen Endgeräten wie Smartphones oder Tablets angezapft – Geräte, die aufgrund ihrer Kapazitäten dazu verleiten, sie »vollzumachen.« So etwa bei den ohne Subkategorie auskommenden »Volltankern und All-you-can-hearer«, die finden, dass Hörbücher süchtig machen können und enttäuscht sind, wenn der Speicherplatz auf ihrer Hardware nicht durch ausreichend viele Hörspiele, Lesungen und anderen Hörmedien aufgefüllt ist.

Typus »Ohrwürmer«

Dieser Typus lehnt das Nebenher-Hören kategorisch ab. »Ohrwürmer« sind in Bezug auf die Selbstwahrnehmung die »wahren Hörbuchfans«: gebildete und generell kulturinteressierte Menschen, die eher auf XING als in Facebook miteinander diskutieren, die »bewusst« hören und dabei genießen – so wie etwa die Subkategorie »Hin- und Weghörer«. »… gezielt, in meinem Lese-/Hörsessel versunken und bestenfalls mit etwas zu trinken und zu essen«, lautete eine Beschreibung der bevorzugten Hörverfassung, bei der sich die Verwender bisweilen wie in einen Kokon zurückgezogen fühlen, aus dem heraus sie – auf das Wesentliche konzentriert – ungestört in die Ferne schweifen können.

Teils verdoppeln »Ohrwürmer« hingegen nicht ihre Zeit, sondern ihre Muße in Bezug auf ein literarisches Werk, nämlich dann, wenn Sie vor dem Hören des Hörbuchs bereits die Vorlage lesen oder das Lesen an das Hören anschließen (»Vorhörer und Nachhörer«). »Ich würde diese Hörbücher allerdings auf keinen Fall hören, bevor ich nicht das betreffende Buch gelesen habe. Ich glaube, Hörbücher bieten einen guten Weg, literarischen Welten einen zweiten Besuch abzustatten«, sagte ein Hörer. Ein anderer gab zu bedenken: »Ich habe z. B. die Biografie von Steve Jobs beim Joggen gehört und konnte mich schlecht auf den Inhalt konzentrieren. Das Hörbuch ist ›zum Lesen‹ unbrauchbar« – eine Annahme, die von einer weiteren Probandin gestützt wurde: »Ich muss Infos lesen und will sie schnell nachschlagen können.«

Auffällig ist, dass in diesem und anderen Kontexten das Thema eBook in keinem der Interviews von den Probanden aktiv ins Spiel gebracht wurde. Offenbar überschneiden sich also Audiobook- und eBookverfassungen ausschließlich bei den oben beschriebenen »Double Timern«, und auch hier nur hinsichtlich der Verwendung in Stand-by-Situationen.

Auch die »Lesebefreiten«, in der Literatur zum Thema auch »Lesefaule« genannt, bestehen in der Regel aus »bewussten« Hinhörern, führen das Hören von Hörbüchern aber stets auf eine Schwäche oder andere Einschränkungen zurück, für die sie vermeintlich nichts können. Entweder haben sie keine Zeit zum Lesen, ein körperliches Gebrechen, das sie am Lesen hindert (z. B. nachlassende Sehkraft im »besten Alter« bzw. bei Senioren), oder aber sie finden andere Gründe, nicht lesen zu »müssen«, z. B. aufgrund des Sonnenlichts – so etwa ein Hörer mit folgendem Posting: »Ansonsten höre ich ganz viel im Sommer. […] Zum Lesen ist es viel zu hell und viel zu anstrengend!«

Typus »Beziehungstäter«

Es sind vor allem die »Beziehungstäter«, die auch angeben, dass gerade sie einen Wechsel der Sprecher für dieselbe Figur innerhalb einer Serie als sehr störend empfinden. Dieser Typus verknüpft das Hören stärker mit emotionalen Faktoren als die anderen Typen und gliedert sich in die beiden Subkategorien »Stimm(ungs)volle« und »Schlafwandler«, die Gelesenes häufig mit dem Entspannungspotenzial von Naturgeräuschen gleichsetzen (»Vogelgezwitscher gibt Kraft.« Oder: »Mein Mann hört auch beim Snowboarden Musik. Ich will den Schnee hören.«).

»Die Stimme ist Ausdruck der Persönlichkeit, man gibt sich preis. Sich öffnen ist eine richtige Mutprobe«, sagte eine Probandin. Die »Stimm(ungs)vollen« wählen ihre Hörbücher vor allem aufgrund der Beziehung zu bestimmten Stimmen nach Sprechern aus (»Ein Hörbuch von Till Schweiger würde ich nicht kaufen: Ich will nicht, dass der mir ins Ohr nuschelt.«) oder nutzen die Geschichte als Beziehungsteppich (»Was auch lustig ist: wenn man sich komische Hörbücher während der Fahrt anhört und laut mitlachen muss, da kann man schon mal beobachten, dass einen die Leute im Nachbarauto verdutzt ansehen.«). Die »Schlafwandler« dagegen geraten beim Hören in eine traum-analoge Verfassung, die sie beim Einschlafen oder Tagträumen begleitet (»Ohne gehe ich nicht mehr ins Bett.«). »Puzzeln und ein Hörspiel hören ist die totale Entspannung, so meditativ. Da kann ich meine Sortierung reinbringen, keiner funkt mir dazwischen, nicht reden müssen. Man hört gar nicht genau hin.« Die Entscheidung, sich einem Hörbuch mit ganzer Konzentration hinzugeben oder nicht, wird in der Regel sehr bewusst gefällt. »Ich würde mich nicht gemütlich mit einer Tasse Kaffee hinsetzen, um ein Hörbuch zu hören. Wenn ich mich dabei aufs Sofa legen würde, würde ich […] einschlafen.« Oder: »Heute höre ich ausschließlich ›Die drei ???‹, die ich als Kind nicht kannte, und Sherlock Holmes zum Einschlafen. Ich höre selten eine Folge zu Ende, weil ich dabei schnell einschlafe. Deswegen ist das beim Autofahren schlecht.«

Bisweilen verbinden sich auch beide Subtypen zu einem großen Ganzen: »2008 habe ich zum ersten Mal wieder ein Hörspiel gehört. Das weiß ich genau, weil ich mit einer Freundin Urlaub gemacht habe, und wir waren auf einem Campingplatz und haben uns nachts gefürchtet. Da haben wir ›5 Freunde und der Dolch des Piraten‹ angemacht. Am Ende geht das immer gut aus.«. Schließlich ein anderer Proband: »Hörbücher sind wie der Blues, vor allem Serien wie ›Die drei ???‹. Das Schema ist immer dasselbe, das alte Frage- und Antwortspiel bis zum Turnaround. Man weiß, es geht immer weiter. Selbst das eigene Einschlafen kann den Rhythmus der Welt nicht verhindern.«

Bei der Auswahl des »Schlafmittels« wird deutlich, dass sich gerade die aus Kindheit und Jugend bekannten Serien, die man in- und auswendig kennt, dazu eignen, in den beabsichtigten Entspannungsmodus zu geraten. Allerdings müssen die »Schlafmittel« selbst, z. B. über Anbindung an Detektivgeschichten bzw. Krimis, über eine bestimmte Grundspannung verfügen, um die eigene Spannung absorbieren zu können. Denn »Bei ›5 Freunde‹, ›Pumuckel‹, ›Die kleine Hexe‹, ›Hanni und Nanni‹, ›Der Hase und der Igel‹ habe ich herumgewerkelt oder aufgeräumt, eher nebenher, nicht zum Einschlafen.«

Tagesreste in traum-analoger Bearbeitung

Auf die zuletzt genannten Verwender der »Beziehungstäter« trifft dann auch der Vergleich mit dem Medium Film und dem Idiom »Kino im Kopf« noch am ehesten zu. In der Tat ist ein Hörstück hier vergleichbar mit den vor allem in Filmen angebotenen Traumwelten, im Gegensatz dazu jedoch unter Ausschluss bereits zurechtgemachter Bildwelten. Mit den Audiobook-Hörspielen kann also – ähnlich wie im nächtlichen Traum – auch Unruhe bearbeitet werden, die im Tagwerk oder bei der unruhevollen Bearbeitung desselben vor dem Einschlafen entsteht. »Das Gefühl, rastlos, unerfüllt und unvollendet zu sein, liegt in unserer seelischen Konstitution begründet. […] Nie gelingt es uns, all das in die Tat umzusetzen, was wir im Sinn hatten. Jeder Tag ›produziert‹ Reste: Aufgaben, die nicht erledigt worden sind, und unerfüllt gebliebene Wünsche, Erwartungen, die bitter enttäuscht wurden, oder Probleme, die immer noch nicht gelöst worden sind«, interpretiert der Psychologe Stephan Grünewald die alltagsnahe Traumdeutung Freuds, der erstmals Träume in den Kontext einer sinnvollen seelischen Produktion rückte (Grünewald 2013). Grünewald weiter: »Die Tagesreste sind und bleiben ein steter Quell enervierender Unruhe und stellen ein gravierendes Hindernis für das Einschlafen dar.« Außerdem sei der Traum »ein gewitzter Meister der Diplomatie und damit der vermittelnden Kommunikation. Er fällt nicht mit der Tür ins Haus, sondern er spricht zu uns mit Rätseln. Dadurch erfüllt er […] seine Funktion als Hüter des Schlafes. Er löst die beunruhigenden Tagesreste auf, ohne uns allzu sehr zu beunruhigen. Der Preis für diese Vermittlungskunst ist allerdings die Rätselhaftigkeit« (Grünewald 2013) – ein wichtiger Faktor, der auch bei der Erstellung einer Skript-Vorlage für ein Corporate Audiobook in Bezug auf die Nähe-Distanz-Regulierung zur Zielgruppe (s. weiter unten und Abschn. 2.1) zu beachten ist.

Analyse-Summary und Learnings für Unternehmen

Ob unterwegs, zuhause im Sessel oder abends im Bett – das Hörbuch ist über die kognitive Nutzung einer vordergründigen Cover Story (s. Abschn. 2.1) hinaus auch implizit stets ein Instrument, Unpassendes zu illustrieren bzw. auszuschließen und Nähe bzw. Distanz zu regulieren. Es bietet sich aufgrund der relativ einfachen Handhabung und einer »Wherever-you-want«-Nutzung mehr noch als das klassische Kino als ein Übergangsmedium zwischen Tag und Nacht, zwischen Alltagsverrichtungen und Träumen, zwischen den Pflichten der Arbeit und dem von Grünewald in seinem neuesten Buch so beschworenen Tagträumen an, die notwendig sind, um eine Arbeitsverfassung überhaupt aufrechtzuerhalten. Hörbücher sind mit Geschichten geschmierte »Beziehungsrutschbahnen«, auf denen man unter Ausschluss von Unruhe in Erwartung der verstörenden Wucht unerfüllter Wünsche sanft in den Schlaf bzw. in die wichtigen Pausen des Tagtraums gleiten kann. Vor allem beim Typus »Beziehungstäter« – aber abgeschwächt auch bei anderen Hörbuch-Verwendern – wird in Gesprächen die besondere Verbundenheit mit dem Medium Hörbuch betont. In Bezug auf Bewegtbilder werden häufig die formal-technischen Vorzüge – Kameraführung, digitale Nachbearbeitung, Schnitt Streaming-Leistungen beim Betrachten von Videos im Internet etc. – und bei Büchern häufig ästhetisch-haptische Qualitäten als Benefits bzw. außergewöhnliche Auffälligkeiten benannt. Im Zusammenhang mit Hörbüchern dagegen stellten viele der Befragten die Nähe zu bzw. die unmittelbare Präsenz von Hörbüchern heraus, die vor allem über die »Unverfälschtheit menschlicher Stimmen« erzeugt wird. »Hörspiele wirken so entspannend. Wenn ich alleine unterwegs bin, fühle ich mich nicht so alleine. Ich schmunzele über die Dinge, die da ablaufen, das ist so vertraut, das ist unsere Kindheit.«

Die Nutzung von Audiobooks dockt also in einem großen Maße an Kindheitserinnerungen an. Angesprochen auf die eigene Mutter, die einem in der Kindheit vorgelesen hatte, verfielen manche Probanden in eine ruhig-melancholische Stimmung, in der sie vorgaben, die Gemeinschaft mit Geschwistern zu spüren und die Stimme der Mutter (oder des Vaters bzw. der Großeltern) augenscheinlich präsent zu haben, sie quasi im Augenblick des Interviews im authentischen Original vernehmen zu können. »Wenn mein Opa mir vorgelesen hat, durfte ich im Arm liegen, das war schön.« Diese Erinnerungen gingen manchem Probanden offensichtlich so nahe, dass die Interviewer sich kaum trauten, weiter nachzufragen. Gleichzeitig wurden moralische Bedenken formuliert, den eigenen Kindern zu wenig vorzulesen. Dafür seien aber lange Autofahrten mit der Familie dank Hörbuch dazu geeignet, ein nachhaltig erinnertes Ereignis zu werden: »Das war ein gemeinsames Erlebnis, statt die Kinder ›abzuschalten‹ per DVD. Da gibt es mehr Interaktion währenddessen«, sagte eine Probandin. Das Thema Bindung wird auch daran deutlich, dass die zitierte Mutter »mit Liebe« Hörspiele für Familienreisen aussucht.

Aufgrund dieser stark emotional besetzten Elemente sind Hörbücher – auch wenn sie in einem digitalen Format vorliegen – analoge Inseln in unserem allumfassenden digitalen Medienspace. Denn sie implizieren trotz mancher Wünsche nach Kürze einen Bruch mit der dem digitalen Modus anhaftenden Express-Rezeption von Medien. Die Abwesenheit von z. B. Querlese-Option oder schneller Vorlauftaste und das dadurch bedingte Sich-einlassen-Müssen auf das Medium lösen bei den meisten Audiobook-Verwendern eine deutliche Entschleunigung aus. Damit gelingt dem Audiobook etwas, was nicht vielen Medien unserer Zeit gelingt: Es wird zu einem Digital-Analog-Wandler, der es uns ermöglicht, elegant, da alltagstauglich und nach Bedarf, zwischen den beiden Welten – analog wie digital – hin- und herzuspringen. In Zeiten der totalen Digitalisierung mit ihrer zunehmenden Fixierung auf visuelle Rezeption kommt das Hörbuch daher wie ein immerglühendes »Scheit Holz«, das man vom analogen Lagerfeuer unter die stets vollversorgende High-Tech-Bestrahlung der Digitalwelt mitgenommen hat, und das wohlige Wärme verbreitet, wo immer man diese gerade braucht.

Diese oben beschriebene Nähe und Unmittelbarkeit kann für den Konsumenten allerdings auch bedrohlich wirken, vor allem dann, wenn z. B. Corporate Audiobooks in der internen Kommunikation im Zusammenhang mit Veränderungsprozessen oder ähnlichen, für Mitarbeiter belastenden Situationen eingesetzt werden. Bei der Nutzung von Hörbüchern im Unternehmenskontext ist also zu klären, welche der beschriebenen Nutzungsverfassungen sich überhaupt hinsichtlich eines Corporate Audiobooks eignen und wie eine Nähe-Distanz-Regulierung vorgenommen werden kann, damit ein Hörmedium für Einzelne nicht zu einer Bedrohung wird. Dieser Umgang mit Widersprüchen und anderen Risiken wird u. a. in den Abschn. 2.1 und 2.4 beschrieben.

Die oben bezeichnete Audiobuch-Typologie hat aber grundsätzlich gezeigt, dass bei einer Transformation des Mediums auf die Unternehmenskommunikation keine Redundanzen zu erwarten sind. Alles ist möglich. Berücksichtigt man die Besonderheiten der mit den Typen verbundenen Verfassungen, ist jeder der identifizierten Typen auch via Corporate Audiobook ansprechbar.

Die Bühne des »Double Timer« bildet mit all seinen Ausprägungen das perfekte Setting, um Mitarbeiter und Kunden mithilfe von Audiobooks zu erreichen, sofern man sie mit einer involvierenden Geschichte und spannender Umsetzung lange genug bei der Stange hält. Denn gerade in Bezug auf Aufmerksamkeit existiert ein Konkurrenzverhältnis zwischen der vordergründigen Tätigkeit und dem (Nebenher-)Hören. Nicht ausgeschlossen ist, dass typische Hörverfassungen aufgrund von »Störungen« plötzlich ins Kippen geraten und Audiobook-Inhalte in den Vordergrund gerückt werden, weil ein Interesse getroffen wird und Passung bzw. Involvement erzeugt wird (s. Abb. 1.6): »Ich habe nach einem Führungskräfteseminar von dem Institut ein Interview über Hirnforschung geschenkt bekommen. Die habe ich sehr spontan am Esstisch sitzend gehört. Ich wollte nur kurz reinhören und bin hängen geblieben. Da ist das Gute, dass es kurze Einheiten sind und inhaltlich sehr interessant. Es geht auch um das Verhalten von Kindern im Kindergarten. Das hatte gerade genau gepasst.«

Beim Typus »Volltanker und All-you-can-hearer« besteht das Konkurrenzverhältnis zu der Vielzahl an konsumierten (Nebenher-)Medien. Hier kann z. B. der klassische CD-Kanal mit einer impactstarken Cover- bzw. Jewel-Box-Gestaltung für die notwendige Aufmerksamkeit sorgen, um den Audio-Content zu pushen und sichtbar werden zu lassen. Den Typus »Ohrwürmer« zu erreichen bedarf hingegen einer Gratwanderung: Die

Audiobook-Inhalte müssen so anspruchsvoll sein, dass sie allen Sub-Typen gefallen, ohne die »Lesebefreiten« abzuschrecken. Unternehmen empfiehlt sich hier, bekannte Klassiker, Chiffren der Popkultur und andere Zitate, die über einen hohen Wiedererkennungswert verfügen, als enigmatisches Bindungsinstrument zu verwenden. Das Tor zu den »Beziehungstätern« besteht in deren emotionaler Ansprache. Jedoch darf die Ansprache diesem Typus, vor allem wenn er starke Anteile des »Schlafwandlers« aufweist, wiederum nicht zu nahe treten, da für ihn der Content häufig austauschbar erscheint und das Risiko eines Aussteigens überwiegt.

Eine besondere Gratwanderung ist erforderlich, um die richtige Ansprache und Länge zu treffen. Gerät ein Corporate Audiobook z. B. zu lang, besteht das Risiko einer hohen Absprungrate. Ist es zu kurz, bleiben womöglich die Qualitäten des Eintauchens auf der Strecke (s. Abb. 1.6). Das richtige Timing ist also – ebenso wie die Kreation der Story – eine große strategische Herausforderung. Darüber hinaus sollten die akustischen Reize gut ausbalanciert werden. Die größte Aufmerksamkeit bekommen vermutlich Audiobook-Produktionen, die auf elegante Weise einige hinsichtlich Story, Musik oder Sprecher bekannte Versatzstücke mit neuen, wenig vorbelasteten Elementen kombinieren.

Fazit

Die nachweislichen Erfolge von Audiobooks in den letzten beiden Dekaden erschöpfen sich nicht in einem dem Musikkonsum abgekupferten Nebenher-Hören. Ähnlich wie Musikkonserven können Audiobooks zwar Stimmungserzeuger oder -wandler sein und u. a. für Spannung bzw. Entspannung sorgen. Aber über das Emotionsfeuerwerk hinaus, das Musik in der Lage zu kreieren ist, sorgen sie auch nachhaltig für Bindung oder eben für die Kultivierung einer selbst gewählten Isolation.

Im Kontext der vier Haupttypen »Double Timer«, »Volltanker & All-you-can-hearer«, »Ohrwürmer« und »Beziehungstäter« werden zwei grundlegende Strömungen in Bezug auf Hörverfassungen deutlich (s. Abb. 1.5).

Bei der »Audio-Grundierung« greift das kindliche Verlangen, Vertrautes über Stimmen, bekannte Figuren und Geschichten etc. herzustellen. Audiobooks erfüllen zahlreiche Bedürftigkeiten, indem sie Entlastungen versprechen – Entlastungen von Sorge, Stress und ganz allgemein Überforderung. Dann kann das x-te Hören einer Folge von »Die drei ???« Geborgenheit vermitteln, mit deren Hilfe ängstliche Zustände – z. B. in neuen, unbekannten Situationen, wie etwa nachts im Zelt an unwirtlichen Orten – überwunden werden, Aufregung, etwa während einer Autofahrt in den Urlaub, kompensiert wird oder man sich grundsätzlich in den Schlaf wiegen lassen kann. Es wird einem VOR-gelesen – man bekommt etwas, eine Art akustische »Traumpille«, die es leichter macht, sich in den Schlaf, also in potenziell bedrohliche Traumwelten fallen zu lassen.

Beim »Bewussten Hören« werden eher erwachsen-reife Verfassungen angesprochen. Hier ist die Nutzung von Audiobooks im Rahmen von Kompetenzgewinn oder grundsätzlich mit Blick auf die Erweiterung der eigenen Persönlichkeit zu verstehen. Man nimmt

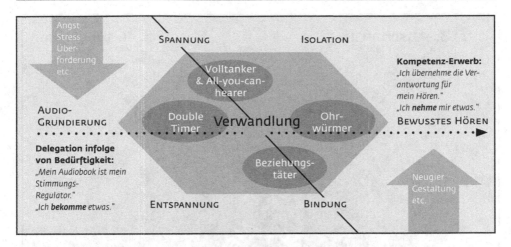

Abb. 1.5 Hörverfassungen

sich etwas – im Zweifel, wenn es gut für einen ist, wählt man eben auch Isolation – und übernimmt dafür und für die Folgen auch die Verantwortung fürs Einsam-Sein.

Beide Strömungen lassen sich im Rahmen von Corporate Audiobooks nutzen. Verfassungen des »bewussten Hörens« eignen sich für die Wissensvermittlung und für die Kommunikation komplexerer Zusammenhänge bspw. im Zuge von Veränderungsprozessen. Dagegen können Medien, die die »Audio-Grundierung« adressieren, zur Beruhigung beitragen, etwa bei sozialen Entsicherungsprozessen (Freisetzungen, Entlassungen etc.), Krisen, An- und Verkäufen oder Fusionen.

In beiden Fällen sind darüber hinaus zwei weitere wichtige Aspekte zu beachten: die Qualität des Involvements durch das Medium sowie die Grundstimmung beim Rezipienten selbst (s. Abb. 1.6). Ist die Grundstimmung »zu passiv«, führen Ermüdungserscheinungen zu Ausstiegen (z. B. durch Einschlafen). Ist sie aktiver, als es ein zugewandtes Zuhören, etwa bei »Double Timern«, zuließe, erhält die Primärtätigkeit, also das Putzen, Autofahren usw., eine derartige Dominanz, dass ebenso von einem Ausstieg aus dem Hören ausgegangen werden kann. Denn dann wird quasi »weggehört«. Eine identische Tendenz kommt der bindenden Qualität des Mediums zu. Wird ein Involvement nicht ausreichend aktiviert, kommt es zu Bindungsverlusten und das Hören reißt ab, indem man bspw. abschaltet. Umgekehrt besteht das Risiko des Abschaltens auch bei einer Überreizung, dann nämlich, wenn Geschichten oder die verwendeten Stilmittel als zu komplex, überhöht, fremd, zu »andersartig«, zu lang oder mühevoll wahrgenommen werden.

Abbildung 1.6 zeigt unter Einbindung der beiden o. g. Aspekte ein Gefüge, bei dem die idealen Verfassungen für Corporate Audiobooks relativ zentral zugeordnet werden können. Ein Audiobook sollte demnach nicht zu sehr entspannen, aber auch keine zu großen Aufreger erzeugen. Beim Nebenher-Hören darf die Primärtätigkeit nicht zu viel Energie abverlangen. Die Beteiligung muss demnach so reguliert werden, dass beides noch zu handhaben ist – das bunte Agieren jenseits des Hörens und das Audiomedium selbst, ohne dass dabei ein Konkurrenzverhältnis entsteht.

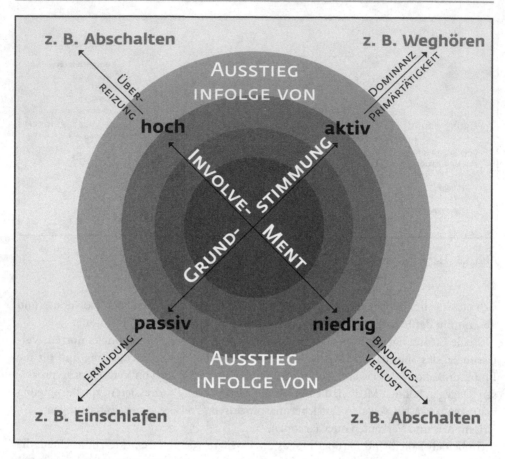

Abb. 1.6 Ausstiege aus Audiobooks

Als Learning für Unternehmen und vor allem deren interne Kommunikation kann mithin formuliert werden, dass populäre Versatzstücke Mitarbeiter eher dazu veranlassen, sich überhaupt erst auf eine Geschichte einzulassen. Solcherlei Vertrautes können durchaus (legendäre) Geschichten aus dem Unternehmen sein. Man kann sich als Corporate-Audiobook-Macher aber auch formal bei populären literarischen Gattungen wie Märchen oder bei der Popkultur bedienen und diese als Eintrittskarte in die Mitarbeiterwelt nutzen. Geeignet sind z. B. auch Anleihen bei typischen Groschenheftgenres, die häufig eine Vereinfachung der Darstellung von Welt und Alltag enthalten. Je vertrauter der Start eines Unternehmenshörspiels oder -features für den Hörer gestaltet wird, umso größer ist die Chance, ihn zu erreichen und auch bei der Stange zu halten. Vertrautheit gegenüber bekannten Stimmen kann ebenfalls als Instrument von Aufmerksamkeit und Bindung betrachtet werden. Jedoch besteht hier ebenfalls ein Ausstiegsrisiko, nämlich dann, wenn Stimmen als Auslöser ganz anderer Assoziationen wahrgenommen werden als ursprünglich intendiert. Meine persönliche Empfehlung geht daher in Bezug auf Stimmen eher in Richtung unbelasteter, unbekannter Sprecher (s. a. Abschn. 2.1).

Die Tiefeninterviews und die Auswertung der O-Töne haben zudem gezeigt, dass im Audiobook ein enormes Potenzial steckt, produktiv auf aktuelle »Baustellen« der Unternehmenskommunikation, vor allem nach innen, einzuwirken. Voraussetzung dafür ist allerdings, dass die Kommunikatoren sich darauf besinnen, dass nicht nur visuelle Medien Involvement und Bindung schaffen, dass AV-Kommunikation über Cliplänge hinaus möglich sein sollte und dass Hören nicht nur einem passiven Nichtstun gleicht, bei dem kein relevanter kommunikativer Umsatz erfolgt.

Auch in der externen Unternehmenskommunikation (s. dazu auch Abschn. 2.1 und 2.2) werden das Audio-Medium und sein Potenzial, was die Bindung an Kunden und potenzielle Mitarbeiter angeht, stark unterschätzt. Hier könnten die Verantwortlichen ebenfalls wertvolle Erkenntnisse aus den oben beschriebenen Hörgewohnheiten und -verfassungen ziehen. Um sämtliche Fragen der Nutzung von Audiobooks im Unternehmenskontext zu beantworten, ist allerdings eine Grundlagenforschung mit weiteren Tiefeninterviews und gegebenenfalls auch Gruppendiskussionen (s. a. Abschn. 2.4) notwendig.

Wo beziehungsweise wie hören wir Audiobooks?

Quellen

In Ergänzung zu den Tiefeninterviews wurden Online-Quellen in Bezug auf Audiobookverfassungen und -Verwendungslokationen ausgewertet (s. a. Abb. 1.7).

Amazon-Kundendiskussionsforum http://www.amazon.de/forum/h%C3%B6rb%C3%BCcher?_encoding=UTF8&cdForum=Fx1lWRL6ZAJ263R&cdThread=TxOB3W165RX831

http://www.horror-forum.com/

XING-Gruppe (Hörbücher & Hörspiele (https://www.xing.com/net/pridb06fax/hoerbuchclub/thema-des-monats312560/thema-des-monats-januar-wie-werden-horbucher-wahrgenommen-27033434/p0))

1. **Double-Timer**
   a) **Bewegungsbegleiter**
   - »Während der Arbeit. […] Ich verteile nachts Zeitungen und vormittags Post.«
   - »Im Auto – auch wenn die Fahrt nur 20 Minuten dauert, man schafft was.«
   - »Ich höre zwei Hörbücher gleichzeitig: eins ist im Auto-CD-Player, eins höre ich im Haus im CD-Teil vom Kofferradio.«
   - »… immer im Auto.«
   - »Autofahren, joggen, bei der Hausarbeit.«
   - »Bei […] der Runde mit den Hunden.«
   - »Meistens beim Autofahren (längere Strecken), da geht mir sonst das Radio auf'n Sack.«

WO BZW. WIE HÖREN WIR AUDIOBOOKS?

UNTERWEGS I IM BETT
BEIM JOGGEN I BEIM AUFRÄUMEN
WÄHREND DER ARBEIT I IM ZELT I AUF DEM SOFA
MIT KOPFHÖRERN I BEIM AUTOFAHREN
BEIM KINDERWAGEN SCHIEBEN IM ZELT I IN DER HÄNGEMATTE
MIT KINDERN I IM STAU I MIT DER FAMILIE
ALLEINE I BEIM KOCHEN
VOR EINEM KUNDENTERMIN I IM ZUG
AUF DEM FLUGHAFEN I BEIM PUTZEN
BEI DER HANDARBEIT I IN DER BADEWANNE
IM URLAUB I NACH DEM BUCH I VOR DEM BUCH
BEIM SPAZIERENGEHEN I IM WARTEZIMMER
IM LESESESSEL I IM FITNESS-STUDIO
BEIM WASCHEN I BEIM ABSPÜLEN
BEIM BÜGELN I BEIM GASSIGEHEN
ZUM EINSCHLAFEN

Abb. 1.7 Wo bzw. wie hören wir Audiobooks

- »Die Musikberieselung langweilt und nervt. Die viele Zeit fülle ich stattdessen lieber genussvoll. [...] Ich freue mich auf jede Autofahrt. Je länger, desto lieber.«
- »Manchmal setze ich mich einfach ins Auto und fahre los, damit ich in Ruhe zuhören kann.«
- »Bevor unsere Tochter da war, haben mein Mann und ich ›Die drei ???‹ vor allem auf Urlaubsfahrten im Auto gehört. Das ist amüsant, man kann im Auto sitzen, ohne sich unterhalten zu müssen, und die Zeit vergeht schneller.«

b) **Putzteufel und Stressabbauer**

- »Beim Aufräumen usw. sehr gerne.«
- »Ich hör die Hörbücher immer schon beim Bügeln und Putzen.«
- »Sobald ich mich in so ein Hörbuch hineinversetze fällt der Stress ab, da ich nicht nur an die Arbeit denke, sondern an die Geschichte. Da kommt es auch schon mal vor, dass ich beim nächsten Kunden stehe und noch ein paar Minuten sitzen bleibe, wenn das Hörbuch gerade an einer spannenden Stelle ist.«
- »Beim Abwaschen, Kochen, Wäschewaschen.«
- »Mithilfe dieses Tricks hatte ich dann die gesamte Bügelwäsche weggearbeitet.«

c) **Umsetzer und Unterforderte**

- »Höre, wenn ich Strümpfe stricke [...], die gestrickten Socken verkaufe ich dann auf dem Weihnachtsmarkt, da sind dann wieder 'ne ganze Menge Hörbücher drin.«
- »Durch meine Arbeit, Computerstickerei, habe ich die Möglichkeit, wenn ich alleine bin und stupide Arbeiten habe, den MP3-Player zu nutzen.«
- »... nur dann, wenn ich im Fitness-Studio bin, aber dann sehr fleißig, weil mich sonst die Monotonie des Trainings in den Irrsinn treibt.«

d) **Brain Trainer**

- »Man hält sich nicht nur körperlich fit, sondern auch geistig.« (radfahrender Verteiler).
- »Sachbücher können als CD sehr interessant sein. Das ist dann aufgepeppt durch die Stimme.«

2. **Volltanker und All-you-can-hearer**

- »Ich finde, dass Hörbücher süchtig machen können.«
- »Das Herunterladen ist super einfach und innerhalb von Minuten auf dem iPod. Für 9,95 Euro im Monat kann man sich ein Hörbuch seiner Wahl, egal zu welchem regulären Preis, herunterladen.«
- »Bei Audible nahm ich auch das Flexi-Abo. Spar ich mir 'ne Menge.«
- »Das mit den Hörbüchern ist oder kann zu einer wahren Sucht werden.«
- »... und lade alles auf den iPod.«
- »Also, auf meinem sind jetzt nebst Musik u. a. 5 Hörbücher drauf und ich hab noch 4 GB frei.«
- »160 GB – die kriege ich wohl nie voll.«
- »Man kann die ertauschten Artikel dann natürlich auch wieder weitertauschen.«
- »Auto fahren und Hörbuch hören geht allerdings ausgezeichnet, weil man im Gegensatz zum Handytelefonieren nicht agiert, sondern nur reinlaufen lässt.«

3. **Ohrwürmer**
   a) **Hin- und Weghörer**
   - »... gezielt, in meinem Lese-/Hörsessel versunken und bestenfalls mit etwas zu trinken und zu essen.«
   - »Wenn ich Hörbücher höre, dann mach ich's mir bequem und höre und genieße – sonst nichts.«
   - »Beim Spazierengehen ...«

   b) **Vorhörer und Nachhörer**
   - »... und dann doch das Buch auch noch gelesen habe, um die volle Geschichte in ihrer schönen Sprache im Ganzen genießen zu können.«
   - »Ich kaufe auch gern Bücher als Hörbuch, die ich schon gelesen habe, und die mir so gut gefallen haben, dass ich sie gerne noch mal lesen würde, wozu ich aber meistens nicht komme ...«
   - »Ich würde diese Hörbücher allerdings auf keinen Fall hören, bevor ich nicht das betreffende Buch gelesen habe. Ich glaube, Hörbücher bieten einen guten Weg, literarischen Welten einen zweiten Besuch abzustatten.«
   - »Ich habe z. B. Die Biografie von Steve Jobs beim Joggen gehört und konnte mich schlecht auf den Inhalt konzentrieren. Das Hörbuch ist ›zum Lesen‹ unbrauchbar.«

   c) **Lesebefreite**
   - »Ich höre eigentlich nur noch Hörbücher. Da mir auf Grund einer körperlichen Einschränkung das Lesen von Büchern schwer fällt, bin ich den Erfindern der Hörbücher dankbar.«
   - »Man hat solche Klassiker seit Ewigkeiten im Schrank stehen – nur niemals die Zeit gehabt, sie in Ruhe zu lesen. Mit Hörbüchern alles kein Problem mehr.«
   - »Es ist schon so, dass man aus Zeitgründen nicht dazu kommt, all die Bücher zu lesen, die man gerne möchte.«
   - »Eigentlich bin ich eine besessene Leseratte, aber seit meiner Selbständigkeit komme ich kaum dazu, ein Buch durchzulesen. Da bin ich durch meinen Freund auf die Hörbücher gekommen.«
   - »Ansonsten höre ich ganz viel im Sommer. [...] Zum Lesen ist es viel zu hell und viel zu anstrengend!«

4. **Beziehungstäter**
   a) **Stimm(ungs)volle**
   - »Was auch lustig ist: wenn man sich komische Hörbücher während der Fahrt anhört und laut mitlachen muss, da kann man schon mal beobachten, dass einen die Leute im Nachbarauto verdutzt ansehen.« (Kraftfahrer)
   - »Als jemand, der mit der deutschen Synchro aufgewachsen ist und sie über alles liebt, bin ich schnell ein großer Fan von Franziska Pigulla geworden. Ich schätze, so 85 % meiner Hörbücher werden von ihr gesprochen.«
   - »Wenn z. B. Der Sprecher von ›Hui Buh‹ heute ein Hörbuch machen würde, wäre das toll. Oder Christine Westermann, die ist mit Literatur verbunden und sym-

pathisch. Ein Hörbuch von Till Schweiger würde ich nicht kaufen: Ich will nicht, dass der mir ins Ohr nuschelt.«

- »Manche Bücher gewinnen allerdings auch durch das Vorlesen.«
- »Das war ein gemeinsames Erlebnis, statt die Kinder ›abzuschalten‹ per DVD. Da gibt es mehr Interaktion währenddessen.«

b) **Schlafwandler**

- »Gerne beim Einschlafen, via iPod 30–60 Minuten und AutoSleep-Funktion.«
- »Ich habe anfangen mit Hörbüchern, als ich meinen Sohn im letzten Jahr mit dem Kinderwagen durch die Gegend gefahren habe. Meine Spaziergänge dauerten manchmal bis zu drei Stunden, auch im Winter, und mein Kurzer schlief seelenruhig.«
- »Vornehmlich vor dem Einschlafen.«
- »Am liebsten im Bett und in der Badewanne.«
- »Ich konnte schlecht oder gar nicht schlafen und habe mir aus Spaß, um die Nacht um die Runden zu bekommen, alte Hörspiele von den ›Drei ???‹ angehört. Mittlerweile höre ich jeden Abend zum Einschlafen ein Hörbuch.«
- »Ohne gehe ich nicht mehr ins Bett.«
- »Hörspiele wirken so entspannend. Wenn ich alleine unterwegs bin, fühle ich mich nicht so alleine. Ich schmunzele über die Dinge, die da ablaufen, das ist so vertraut, das ist unsere Kindheit.«
- »Puzzeln und ein Hörspiel hören ist die totale Entspannung, so meditativ. Da kann ich meine Sortierung reinbringen, keiner funkt mir dazwischen, nicht reden müssen. Man hört gar nicht genau hin.«
- »Heute höre ich ausschließlich ›Die drei ???‹, die ich als Kind nicht kannte, und Sherlock Holmes zum Einschlafen. Ich höre selten eine Folge zu Ende, weil ich dabei schnell einschlafe. Deswegen ist das beim Autofahren schlecht.«
- »2008 habe ich zum ersten Mal wieder ein Hörspiel gehört. Das weiß ich genau, weil ich mit einer Freundin Urlaub gemacht habe, und wir waren auf einem Campingplatz und haben uns nachts gefürchtet. Da haben wir ›5 Freunde und der Dolch des Piraten‹ angemacht. Am Ende geht das immer gut aus. John Sinclair hatten wir auch dabei, aber das ist richtig gruselig.«
- »Stehe oft schon um 7 Uhr auf und lege mich in meine Hängematte auf dem Balkon und höre und höre und höre.«

Dietmar Pokoyski, Stefanie Pütz und Sven Görtz

2.1 Corporate Audiobooks in der Unternehmenskommunikation

Dietmar Pokoyski

In den inzwischen 11 Jahren des Bestehens von known_sense habe ich mit meinen Kollegen und Mitarbeitern an mehr als 40 internen Kommunikationskampagnen und noch mehr Einzelmaßnahmen in über 70 Ländern mitgewirkt. Medien, die wir konzipiert und produziert haben, wurden in 20 Sprachen ausgerollt. Mit den von uns kreierten und produzierten Kommunikationsverstärkern nutzen wir neben Klassiker-Kanälen wie Print, Online, Video, Giveaways oder Incentives auch Events, Plan- und Edutainmentspiele, Adgames, Moderationsinstrumente oder Tools zur paradoxen Intervention.

Bei aller privater Liebe zu Hörspielen erstaunt mich selbst allerdings, dass mich in all diesen Jahren auch auf Business-Ebene kaum ein Medium mehr berührt hat als unsere Corporate Audiobooks, die wir seit 2008 – dann, wenn sie strategisch passten – immer wieder erfolgreich im Rahmen von Kundenprojekten platzieren konnten, zumeist in Form von Hörspielen. Und das sind bis heute immerhin mehr als 10 Stunden Audiomedien in 6 Sprachen. Der Grund für diese besondere Beziehung dürfte sein, dass gerade Hörspiele im Kommunikationsbereich immer wieder für Überraschungen sorgen. Mich persönlich überrascht es, dass es in unserer visuell geprägten Medienwelt überhaupt Unternehmen gibt, die sich auf Audiobooks als Medium einlassen, und wie stark diese Partner mitgestal-

Dietmar Pokoyski ✉
Köln, Deutschland
e-mail: sense@known-sense.de

Stefanie Pütz
Köln, Deutschland

Sven Görtz
Gießen, Deutschland

D. Pokoyski und S. Pütz (Hrsg.), *Corporate Audiobooks*, X.media.press,
DOI 10.1007/978-3-658-00151-3_2, © Springer Fachmedien Wiesbaden 2014

ten und sich somit in den Produktionsprozess einbringen wollen – vielleicht mit Ausnahme von Corporate Games wesentlich stärker als bei anderen Medien, die ich begleiten durfte. Außerdem überrascht mich die starke Beteiligung der an einer solchen Produktion beteiligten Kreativen, ebenso wie die oftmals positive Reaktion vieler Hörer – bei unseren Projekten zur internen Kommunikation in der Regel Mitarbeiter unserer Kunden. Auf Nachfrage geben viele an, selbst überrascht zu sein, dass ihr Unternehmen sich des Audiokanals bedient. Dieser ungewöhnliche Kanal, noch nicht besetzt von – gerade was formale Aspekte wie die strikte Einhaltung von CD oder CI angeht – häufig sattgesehenen und -gehörten Standards – habe die meisten neugierig gemacht. Es wurde auch geäußert, dass es in akustischen Medien viel zu entdecken gebe, wenn man sich denn darauf einließe.

Diese Reaktionen zeigen, dass Mitarbeiter in Bezug auf Kommunikation »belastbarer« sind, als man ihnen gemeinhin zutraut. Noch in den 1990er-Jahren, als das Hamsterrad in vielen Unternehmen begann, sich schneller zu drehen, und gerade Mitarbeitermedien ähnlich wie Fingerfood oder Lebensmittelgebinde in City-Single-Märkten mit den Argumenten Zeitknappheit und zusätzlicher Belastung in immer kleineren, zurechtgemachten Häppchen angeboten wurden, dachte kaum jemand an Audiomedien als Kommunikationsinstrument. Diese Entwicklung zur Clipkultur wurde bei known_sense stets kritisch betrachtet. Mit auditiven, aber auch mit haptischen und spielerischen Tools und Formaten sowie unserem systemischen Kommunikationsansatz, der auf Kooperation, Aufmerksamkeit und eben auf den Faktor Zeit setzt, hatten wir uns zunächst antizyklisch positioniert. Die zunehmende Bereitschaft unserer Kunden, nun doch in derartige, vorwiegend systemische Tools zu investieren, die ihre Zielgruppen fordern, zeigt, dass sich Unternehmenskommunikation in der letzten Dekade in einem viel stärkeren Maße verändert hat als in den Jahrzehnten davor.

Aber was ist heute anders, was hat vormals Instrumente wie das Corporate Audiobook (beinahe) außen vor gelassen? Kommunikation wird heute mehr denn je als eine strategische Managementaufgabe mit hohem Wertschöpfungspotenzial angesehen. Dabei hat vor allem die Ergebniskommunikation, wie sie früher üblich war, Federn lassen müssen zugunsten einer offeneren Prozesskommunikation; Sender und Empfänger spielen dasselbe Spiel, Kommunikation findet mithin auf Augenhöhe statt. Was von den Empfängern goutiert wurde, hat andererseits zu einer großen Verunsicherung bei den Sendern, den klassischen Medien und ihren Protagonisten geführt. Gerade das Beispiel Social Media zeigt, was die Menschen von Kommunikation erwarten, auch wenn sich Social Media selbst noch in den Kinderschuhen befindet und sich die Verheißungen, die ihnen zugeschrieben wurden, gerade auf sozialer Ebene bis heute noch nicht einmal ansatzweise erfüllt haben. Digitale »Freunde« haben sich in der Regel nicht als wahre Freunde entpuppt, und immer mehr User realisieren, dass Facebook & Co. vornehmlich dem Sammeln persönlicher Daten seiner Nutzer dient. Dennoch lassen gerade die auf soziale Netzwerke projizierten prototypischen Kommunikations-Abziehbilder einer »Schöner Wohnen«-Traumwelt erkennen, in welchem Umfang authentische Kommunikation gewünscht wird – eine Kommunikation, die auf Werte abzielt und die Menschen in Fragen zu Ordnung bzw. Orientierung unterstützt.

Vor allem Kommunikationsexperten füllen aufgrund der bisherigen Veränderung ganz andere Rollen aus als noch vor 10 Jahren. Abgesehen von der Nutzung neuer Kanäle und Methoden, kooperieren sie – gerade wenn es um interne Kommunikation geht – mit neuen Bezugsgruppen, die es vor zwei Dekaden in der aktuellen Form noch gar nicht gab (HR, Employer Branding, Gruppen von »Gleichgesinnten« in den sozialen Netzwerken etc.). Sie sind heute in der internen Kommunikation mehr Strategen und Berater von Management und Führungskräften als operative Bezugspersonen der Medien. Als Mitarbeiter der Unternehmenskommunikation hat man heute auch die Qual der Wahl in Bezug auf Innovationen und der damit verbundenen Optionsvielfalt. Diese Vielfalt wird von zahlreichen Werbern allerdings beklagt. Zwar haben sich etliche damit arrangiert, sich auf die mit Prozessen einhergehenden Unsicherheiten einzulassen. Dennoch wird in den Unternehmen und Medien immer noch breit lamentiert, dass z. B. die Zielgruppen, so sie noch nach der klassischen Vorstellung vorhanden sein sollten, schwerer erreichbar seien als noch vor wenigen Jahren. Und das bei zunehmendem Verlust von u. a. Involvement, »zumal die Verbraucher in dieser Welt zu unberechenbaren oder multiplen Persönlichkeiten geworden sind«, konstatiert Stephan Grünewald, Psychologe und Geschäftsführer bei *rheingold* in seinem Artikel »Gehirn oder Seele« (Grünewald 2010).

Multisensorisches Marketing: Seelendoku oder Gehirnporno

In Grünewalds erwähntem Artikel wird auch deutlich, was die bereits oben genannte Wahlfreiheit in Bezug auf Kommunikationsstrategien bedeuten kann. Wer nicht den Erwartungen der Menschen folgt und nicht in der Lage ist, Unsicherheiten zuzulassen und Krisen zu bewältigen, neigt zur Abspaltung der Wirklichkeit und zur Delegation an Verheißungen, wie sie das Neuro-Marketing als Ablenkungsszenario von der Kommunikationswirklichkeit des Arbeitsalltags geschaffen hat. Grünewald nennt das Klammern des Neuro-Marketings an eine offenbar rückwärts gewandte Ordnung – mit einem ironischen Seitenhieb auf die von Neurowissenschaftlern angeführten Belege anschwellender Gehirnareale – »Gehirnporno«. So beschreibt er ein Szenario, bei dem die Neuroexperten vorgeben, dem Konsumenten live und direkt ins Gehirn blicken zu können, um diesem etwa mithilfe eines Kernspintomografen unmittelbar bei seinen alltäglichen Entscheidungsprozessen zuzuschauen. Den mit der Idee der Nachweisbarkeit aller menschlichen Regungen verbundenen Hype um Gehirnforschung und Neuromarketing – auch eine Art »Schöner Wohnen« – erklärt der Psychologe und Marktforscher Grünewald mit der zunehmenden Entideologisierung der Welt, die es auch dem Marketing schwer mache, eine klare Strategie zu entwickeln und (wenn man eine für sich gefunden hat) diese auch zu verantworten. »Die Agonie von Religion und Ideologie schafft eine neue Sehnsucht nach einer letzten Instanz, nach einer Art Gott, die alles bewirkt und alles verantwortet. [...] Das Leben gehorcht nicht einer offenen Entwicklungslogik, sondern einer neuronalen Supermatrix. Diese Supermatrix ist letztlich allwissend und allmächtig. Die Vergötterung des Gehirns ermöglicht es,

sich von der Verantwortung für sein Handeln oder seine Strategien freizusprechen. [...]
Der Mensch denkt, aber das Hirn lenkt« (Grünewald 2010).

Auch andere Experten wie Wolfgang Prinz, Direktor des Max-Planck-Instituts für
Kognitions- und Neurowissenschaften, oder Christian Elger, Direktor der Klinik für
Epileptologie am Uni-Klinikum Bochum bezweifeln die Erklärungsversuche der Hirnforschung, menschliches Verhalten zu systematisieren, bzw. generell die Belastbarkeit der
Kernspinbilder. Bei allen hier versammelten kritischen Einwürfen zur Gehirnforschung
bleibt am Ende wenigstens die Einsicht, dass wir uns im Kontext unseres Themas auf eine
wichtige These des Neuro-Marketing verlassen können: Nach einer langen Dominanz der
visuell orientierten Werbung sollten auch andere Sinne als nur die Augen an Kommunika-
tionsprozessen beteiligt und innerhalb von Werbung nutzbar sein.

Audio-Branding: der Klang der Tiefgarage

Auch das so genannte »multisensorische Marketing«, das sich ebenfalls an der Gehirn-
forschung orientiert, baut auf den Ansatz des Sendens von Signalen über sämtliche
Sinneskanäle – letztlich ein Remix altbekannter Marketingstrategien und daher unterm
Strich nicht mehr als alter Wein in neuen Schläuchen. Als Teil des multisensorischen
Marketings interessant dürfte hingegen das mit unserem Thema verwandte Genre des
»Audio-Marketing« sein, in dem es u. a. um akustische Identifikationselemente wie
Soundlogos oder Jingles zur Aktivierung von Aufmerksamkeit geht. Pate bei der Ent-
wicklung des Audio-Marketings »ist die Bedeutung von Klang bei der auditiv gestützten
Emotionalisierung moderner Branding-Strategien« (Barth 2009). Audio-Brandings funk-
tionierten auch ohne begleitende Bilder und könnten Werbewirkungsprozesse vor allem
im Unterbewusstsein – gemeint ist hier offenbar das »Unbewusste« – des Menschen ak-
tivierend unterstützen. Auf diese Weise entstünden beeindruckend gut funktionierende
Möglichkeiten des Kundendialogs – und zwar »in einer Zeit, in der Menschen in der
Regel ein zunehmend geringeres Involvement für Werbemaßnahmen entwickeln« (Barth
2009).

Barth nennt weiterhin Begeisterung, Bekanntheit und Bindung als Ziel von Audio-
Branding, während sich der Autor des bereits oben zitierten »Das 1 × 1 des Audio-
Marketings«, Stephan Vincent Nölke, ebenfalls schwelgend durch »crossmedial geprägte
Landschaften« des Audio-Marketings bewegt. Die sensorische Welt des Kunden werde
neu geordnet, anregende, fröhliche, wohlige Klänge rückten in den Vordergrund. »Marken, Produkte und Güter werden sympathisch, nah, unmittelbar, manchmal unverzichtbar
und führen zu einem emotionalen Mehrwert, der glücklich mache« (Nölke 2009). Einer
vertiefenden Erklärung hinsichtlich konkreter seelischer Prozesse verweigern sich jedoch
sowohl Barth und Nölke als auch andere Autoren von Fachbüchern übers Audio-Marketing
weitgehend. Nicht nur daher muss bezweifelt werden, ob vermeintlich positive Stimmungen auch tatsächlich auf die jeweiligen Absender der besagten Stimuli einzahlen oder ob

die ausgelösten Assoziationen nicht womöglich ganz andere, mit dem z. B. beworbenen Produkt selbst gar nicht verknüpfte Wirkungen auslösen.

Zwar ist es strategisch sinnvoll, typische Corporate Sound Module wie Voice Brand, Voice Claim, Sound Logo, Jingle, Earcatcher, Music, Song oder Hymn – soweit vorhanden – bei der Produktion von Corporate Audiobooks zu berücksichtigen. Notwendig sind diese Bausteine für die Produktion und Positionierung eines Corporate Audiobook jedoch nicht, da sie aus sich heraus kaum die thematische Valenz entwickeln, Prozesskommunikation bis zu jener tragenden Verfassung aufladen zu können, die Menschen über lediglich Stimuli eines diffusen Wohlbefindens hinaus auch tatsächlich nachhaltig bewegt. Bloße Wiedererkennbarkeit oder eine oberflächliche Vermittlung so genannter »fröhlich-wohliger« Gefühle sind, womöglich noch skaliert auf ein quantitatives Messsystem, letztlich typische generische Argumente einer oberflächlichen Marketing-Welt, die viel zu oft einem grobschlächtigen BWL-Handwerk mit seiner quantitativ ausgerichteten Erbsenzählerei anhängt, anstatt sich um diejenigen Qualitäten zu kümmern, nach denen die Menschen wirklich suchen. Werbung, die in Kontext dieser Suche nach Orientierung eine Entwicklungsleistung vollbringen will, muss vielmehr Bezüge herstellen zwischen sinnlichen, emotional berührenden Erlebnissen und einer tragenden, Werte vermittelnden Geschichte.

Werte, Wertvolles und systemische Kommunikation

Die Psychologin Ines Imdahl beschreibt in ihrem *rheingold*-Newsletter-Beitrag »Wertvolle Werbung« sehr anschaulich, dass der Erfolg von Werbung abhängig sei von ihrer thematischen Valenz im Dreiklang mit der doppelten Wirkmechanik professioneller Kommunikation und eben Stories.

Während auf kognitiver Ebene eine erzählbare, offizielle Geschichte, die Cover Story, im Vordergrund Informationen liefert, bildet gleichzeitig eine »geheime«, verdeckte Geschichte, die Impact Story, eine tragende Verfassung. Im Kontext mit Themen, die Menschen bewegen – auch jenseits von Motivansprache und Produktrelevanz, unbewusst bzw. im Hintergrund – entsteht erfolgreiche, mithin »wertvolle Werbung«, nämlich vor allem dann wenn Menschen

- die Kommunikationsmaßnahme als komplette Geschichte (nach-)erzählen können,
- spüren, wofür die Maßnahmen eintreten, welche Haltung sie verkörpern,
- eine Konsistenz in Bezug auf die Werte der Marke oder im Kontext interner Kommunikation ihres Unternehmens entdecken und wenn die Werbung eingebettet ist in ein erlebbares Verhältnis zur Unternehmenskultur, Werbung mithin weder die Menschen noch die Werte verrät, auf der sie aufgebaut ist. (Imdahl 2006)

Bei Geschichten, die Mitarbeitern über Corporate Audiobooks vermittelt werden, spielt gerade die Impact Story eine große Rolle. »Werte müssen […] indirekt, durch ›Anspielung‹ kommuniziert werden […]. Von besonderer Bedeutung für die Kommunikation von Wer-

Abb. 2.1 Wirkungsfeld Corporate Audiobook

ten ist ihre Implizität. [...] Damit stehen Geschichten vor der Herausforderung, etwas zu benennen, ohne es anzugeben. [...] Das Weglassen, Ausschmücken und Hinzudichten bestimmter Details im Dienste des Plots kommt einer Verdichtung gleich, die den Zuhörer den Wert erahnen lässt, ohne ihn benennen zu müssen« (Zwack 2011).

Mit diesen gestalttheoretischen Ansätzen von Werbung haben wir uns längst verabschiedet vom klassischen Marketing und stecken bereits inmitten der systemischen Kommunikation, die Entwicklungsarbeit am Menschen leistet, weil sie im Wesentlichen am Aufbau und der Erhaltung von Beziehungen beteiligt ist. Während das Marketing vor allem daran interessiert ist, Dritten eine Botschaft über definierte Kanäle zu senden, die im Endeffekt zu einem Kaufanreiz führt, soll die systemische Kommunikation die Kommunikation sowohl mit anderen, aber auch mit sich selbst verbessern. Die Qualität von Kommunikation besteht hierbei vor allem in der Reaktion, die ich als Sender erhalte. »Dabei handelt es sich um einen nicht zu unterschätzenden Erfolgsfaktor für Unternehmen, denn man will ja mit Maßnahmen der Mitarbeiterkommunikation nicht nur einen diffusen Corporate Space bespielen, sondern Interaktion – und im besten Fall – Verhaltensänderungen erzielen.« (Helisch und Pokoyski 2009).

Corporate Audiobooks adressieren in der externen Kommunikation vornehmlich

- erklärungsbedürftige Services und Produkte,
- Jubiläen als Anlass von u. a. History Marketing (Persönlichkeiten, Organisationen, Produkte und Marken),
- History Marketing allgemein,
- Employer Branding.

Die Einsatzmöglichkeiten nach Innen hingegen sind aufgrund der Qualität einer bestehenden Beziehung zwischen Arbeitgeber und Arbeitnehmer und der damit verbundenen Nähe des Absenders zur Zielgruppe (s. weiter unten und Abb. 2.1) wesentlich vielfältiger.

Intern versus extern

Allerdings zeigen gerade die Beispiele History Marketing und Employer Branding, dass externe und interne Kommunikation inzwischen schwieriger denn je von einander abzugrenzen sind, da sich deren Bezugsgruppen und auch die anderer Marketingformen nicht nur außerhalb von Unternehmen bewegen, sondern als Mitarbeitende eben auch selbst interne Zielgruppe sind. Überhaupt sind der externen Kommunikation Rückkoppelungseffekte nach innen inhärent, während umgekehrt interne Kommunikation stets auch nach außen wirkt. Künftig werden beide in Form integrierter Kommunikation noch stärker in ihrem Zusammenspiel gestaltet werden, um Synergien zu nutzen und Widersprüche zu vermeiden (Herbst 2011).

Auch die soeben dargelegte Cover Story der Austauschbeziehung von interner und externer Kommunikation umfasst wiederum eine Impact Story.

▶   Psychologisch betrachtet, erfüllen Medien, die sich innerhalb von Unternehmen
    an Mitarbeiter wenden, stets zwei Schlüsselfunktionen, die die zunehmende Dif-
    fusion interner und externer Kommunikation anschaulich werden lassen:

    1. Sie führen ins Unternehmen hinein.
    2. Sie führen aus dem Unternehmen heraus.

Mitarbeiter verbringen, wenn man neuesten Statistiken glauben schenken kann, rund ein Drittel ihrer wachen Phase, Nachbearbeitungen im Rahmen von Träumen nicht mitgezählt, mit Angelegenheiten rund um Beruf, Arbeit und ihrem Arbeitgeber – Tendenz: steigend. Ein gutes internes Kommunikationsinstrument, das auf Wirkung bedacht ist, muss den Spagat eines »Rein-und-raus« vollbringen. Es soll die Arbeitswirklichkeit im Unternehmen, Innovationen und andere Veränderungen thematisieren, jedoch auch Persönliches wie Wünsche und Visionen aufgreifen und in ein Bild rücken. Denn ein Medium der internen Kommunikation, das ausschließlich das eigene Unternehmen – in gesteigerter Form den Austausch von Leistung gegen Entlohnung – thematisiert und keinen Blick über den eigenen und rein betriebswirtschaftlich geprägten Tellerrand wagt, ist zum Scheitern verurteilt. Mitarbeiter brauchen den Blick nach draußen, um dem in vielen Unternehmen herrschenden »sachlichen Verschließen« ein »menschliches Eröffnen« entgegenzusetzen. Nur dann, wenn bei einer potenziellen Verkehrung die Versachlichung der eigenen Identität verhindert werden kann, werden typische »Entsicherungen« in Form unbewusster Tendenzen zur Öffnung gegenüber »Fremden« und anderen »Eindringlingen« minimiert. Diese Art der Öffnung lässt sich an der Oberfläche häufig in Form von Sicherheitsverstößen und Nichteinhaltung der Compliance belegen (known_sense 2006). Erst über temporäre und visionäre »Ausstiege« aus der Realität, über Vergleiche mit anderem, dem »Fremden«, und über das Thematisieren eines großen Ganzen, das die Vorstellung der jeweilig begrenzenden Organisation aufbricht, leistet ein Medium der Mitarbeiterkommunikation wie z. B. ein Corporate Audiobook seinen Beitrag, etwa in Form der so wichtigen traumanalogen Bearbeitung (s. Abschn. 1.3) der Arbeitswirklichkeit. Eine solche Bearbeitung referenziert u. a. auf die aus der Gestalttheorie abgeleiteten Buzzwords aktueller Unternehmensentwicklung, wie Wahlfreiheit, Verantwortung und Loyalität.

Corporate Audiobooks für die Mitarbeiter-Kommunikation

Unterm Strich gelten für Strategie, Produktion und Implementierung von Corporate Audiobooks selbstverständlich dieselben Gesetze wie für viele andere Medien und Kanäle auch – und hier vor allem für Narratives. »Jede Geschichte trägt die Stimme ihres Erzählers. Dieser lässt uns an einem Teil von ihm partizipieren. In Organisationen können die

Mitglieder als Stimme der Organisation für das Kollektiv sprechen, wenn Geschichten über das Unternehmen typisches Verhalten berichten. Darüber hinaus entsteht Identität durch die Einzigartigkeit, die den Erzählungen anhaftet. ›Das gibt es nur hier!‹ ist damit ein Teil der Botschaft, die signalisiert, was die Organisation von anderen unterscheidet und daher identitätsstiftend wirkt« (Zwack 2011).

Nachfolgend möchte ich auf einige Besonderheiten beim unternehmensinternen Einsatz von Corporate Audiobooks eingehen, die mir während meines bereits dargestellten, im Wesentlichen stärker auf die Mitarbeitenden Bezug nehmenden Kommunikations-Engagements aufgefallen sind. Andere Teile dieses Buchs, wie die Abschn. 3.1 bis 3.4 und auch 3.8, präsentieren Anwendungsbeispiele für Corporate Audiobooks, die eher in der externen Kommunikation anzusiedeln sind.

Strategie

Zu Beginn jeder Planung ist zu berücksichtigen, ob indikativ oder deduktiv vorgegangen wird, indem man sich etwa fragt: Will ich ein Corporate Audiobook produzieren, weil z. B. der Kanal in meinem Unternehmen noch nicht besetzt ist (Besonderung) bzw. weil ich ein Audiomedium (möglicherweise als Audiophiler?) grundsätzlich sexy finde und mir daher in meinem Kommunikationsfeld ein geeignetes Thema suchen möchte, das ich mit Hilfe eines Audiobooks bearbeiten kann (s. Interview in Abschn. 3.2)? Oder erscheint mir ein Audiobook grundsätzlich – unter Ausschluss anderer Kanäle – als das geeignete Medium, um ein Thema, das mir unter den Nägeln brennt, zu kommunizieren? Bei der ersten Frage ist zu berücksichtigen, dass ich zunächst die Kompatibilität der umzusetzenden Story und des mit ihr verfügbaren bzw. noch zu produzierenden Materials mit dem Audiomedium überprüfen muss (Realisierbarkeit). Demgegenüber ist bei der zweiten Frage ja in der Regel die Entscheidung bereits vorab auf Grundlage eines potenziellen, mit einem Audiobook verknüpften Benefits getroffen worden.

Darüber hinaus trifft auch für ein Corporate Audiobook das ungeschriebene Gesetz der integrierten Kommunikation zu, dass ein Hörbuch als Standalone, also ohne begleitende Kanäle, nicht die intendierte Wirkung erreichen wird. Daher gilt es herauszufinden, wie das geplante Corporate Audiobook in das bestehende bzw. geplante Kommunikationsportfolio eingebettet werden soll.

> **Fragen, die sich teils schon aus dem o. g. Kontext ergeben**
>
> - Welche anderen Tools sind mit dem Audiobook formal und inhaltlich so verknüpft, dass beide sich gegenseitig in puncto Wirkung verstärken?
>   - Zum Beispiel konkrete Botschaften einer Kampagne, wie etwa Leitsätze, Regeln etc., die das Audiobook behandelt und bestenfalls auch in Bezug auf

den Prozess und die Sinnhaftigkeit erklärt, bspw. auf Postern, Aufstellern, in Broschüren bzw. Flyern oder einhergehend mit Präsenzveranstaltungen oder Giveaways (s. Beispiel »Magic Cube« bzw. »Leitkeks« in Abschn. 3.5 und Abb. 3.14)

- Welche Instrumente promoten das Audiobook und – umgekehrt – welche weiteren Medien werden über das Audiobook angekündigt bzw. eingeführt und verstärkt, so dass die Sichtbarkeit aller beteiligten Medien gewährleistet ist?
  - Zum Beispiel Berichterstattung/Dokumentation der Audiobook-Produktion (etwa »Behind the scenes«, »Making of« o. Ä.) und von Success Stories (bspw. Auszeichnungen, s. Beispiel für einen Preis in Abschn. 3.6) im Kontext des Rollouts in Mitarbeitermagazinen, Intranet etc.
  - Zum Beispiel externe Öffentlichkeitsarbeit über Erfolge mit potenziellen Rückkoppelungseffekten nach Innen, etwa die Darstellung von Success Stories in externen Medien oder innerhalb eines Fachbuchs wie dem vorliegenden.

Konkrete Anwendungsbeispiele in Bezug auf eine zielführende Verknüpfung von Audiomedien mit verschiedenen anderen Kanälen und Medien finden Sie in den Success Stories des Kap. 3.

Intention und Ziele

Wie bei allen Medien der Unternehmenskommunikation ist selbstverständlich auch hier zu beachten, was mit welcher Absicht erreicht werden soll (s. Abb. 2.1).

Corporate Audiobooks sind vor allem typische Awareness-Tools: Sie sensibilisieren Menschen in Bezug auf ihr Verhalten im Kontext verschiedener Themenkreise und schaffen damit Aufmerksamkeit, z. B. für Informationssicherheit, Gesundheitsthemen, soziale und kulturelle (Unternehmens-)Belange. In der internen Kommunikation adressieren Corporate Audiobooks im besten Fall den von Michael Helisch beschworenen kommunikativen Awareness-Dreiklang »Wissen – Wollen – Können« (Helisch und Pokoyski 2009). Bezogen auf die interne Verwendung, bedeutet das

- wichtige Fakten benennen und Know-how adressieren (also Informationsvermittlung, z. B. im Rahmen der Personalentwicklung),
- emotional berühren und dadurch motivierend wirken (im Sinne von klassischem Marketing oder Employer Branding) sowie
- Entwicklungen anstoßen und Veränderungen einleiten (auf Basis von systemischer Kommunikation bzw. Change Management).

Daraus ergeben sich für die Mitarbeiterkommunikation drei mögliche, hier beispielhaft skizzierte Intentionen zur Umsetzung eines Corporate Audiobooks:

- Audiobook als Bekanntmacher und Erklärstück: Die Führung vermittelt Beschlüsse in Bezug auf ihre Strategie oder nutzt den Kanal allgemein hinsichtlich Informations- und/oder Wissensvermittlung.
- Audiobook als Instrument der Bindung: Die Führung fasst zusammen, was die Mitarbeiterschaft bewegt, und spiegelt Ihr Verständnis der Mitarbeiter-Realität zurück, indem sie deren Sorgen und Nöte, Wünsche und Visionen mit ihren unternehmerischen Strategien abgleicht.
- Audiobook als Dialog: Die Führung identifiziert für ihr Unternehmen den Austausch mit den Mitarbeitern als Treiber für nicht abgeschlossene bzw. anstehende Prozesse und Visionen und stellt Lösungsvorschläge zur Diskussion, fragt Meinungsbilder ab.

Typische Einsatzszenarien für Corporate Audiobooks in Unternehmen sind daher unter anderem:

- History Marketing (s. Abschn. 2.2)
- Employer Branding
- Wissensvermittlung bei der Aus- und Weiterbildung
- Knowledge Management (d. h. der Erhalt von Wissen im Unternehmen)
- Wertevermittlung, z. B. Implementierung von Leitsätzen
- Change Management: Steuerung von Veränderungsprozessen
- Compliance: Regel- bzw. Normen-Promotion
- Implizite Kommunikation von Tabus
- Security und Privacy Awareness, d. h. Sensibilisierung der Mitarbeiter
- Kooperation bzw. Teambuilding-Maßnahmen

Verfassungen und Zielgruppen

Darüber hinaus sind selbstverständlich auch die Hörverfassungen wichtig, die ich meinem Corporate Audiobook zuordne, inklusive der Hörertypen, für die ich das Medium vorsehe (s. Abb. 2.1 und vgl. auch Typologie und Verfassungen in Abschn. 1.3).

In Bezug auf die Hörerkreise, für die das Corporate Audiobook produziert wird, sind folgende Zielgruppen zu beachten:

- Alle Mitarbeiter, vor allem, um das Verständnis gegenüber ihren Führungskräften zu gewährleisten, stets verbunden mit der Frage, wo die Mitarbeiter-Grenze zwischen intern und extern verläuft, also ob auch sog. »freie Mitarbeiter«, »feste Freie« etc. auch zum Unternehmen und damit in die bevorzugte Zielgruppe gehören oder nicht
- Führungskräfte, etwa beim Hörbuch als Instrument der Führung, z. B. durch Wissensvorsprung, Enabling besonderer psycho-sozialer, kommunikativer, organisatorischer Fähigkeiten etc.
- Management, z. B. um die Sicht der Mitarbeiter auf die Führung zu vermitteln
- Angehörige und Freunde der Mitarbeiter – denn gerade, wenn das Audiobook auf einem physischen Träger wie einer CD vorliegt, ist davon auszugehen, dass es das Unternehmen »verlässt«
- Lieferanten, Partner, Kunden und weitere Institutionen des operativen Umfelds
- Medien im Falle einer systematischen Öffentlichkeitsarbeit auf Basis des Audiobooks
- Governance, Forschung, andere Institutionen, die mit dem Audiobook inhaltlich verknüpfbare Fördermittel vergeben, Preise ausloben o. Ä.

Wenn Zielgruppen außerhalb des eigenen Unternehmens vorgesehen sind, ist selbstverständlich darauf zu achten, dass das Corporate Audiobook auf einem Träger vorliegt, der es erlaubt, das Audiomedium auch weiterzugeben – es sei denn, das Audiofile ist öffentlich, z. B. via Internet, verfügbar.

Story, Skript und Übersetzungen

Basis für die Produktion eines jeden Corporate Audiobooks ist ein professionelles Skript, das in der Lage ist, die Story zu »verkaufen«. Während im klassischen Audiobook-Retailbereich in der Regel literarische Vorlagen die Grundlage für ein solches Drehbuch bilden, muss ich diese für Unternehmen erst »erfinden«. Hier kommen narrative Methoden wie das Storytelling ins Spiel, die Produzenten und Autor dabei unterstützen, ein erzählerisches Gerüst zu finden.

Das Storytelling betrachtet Geschichten als das soziale Gedächtnis ihrer Herkunftssysteme und – im kommunikativen Zusammenhang – (z. B. als ein Corporate Audiobook) in Umsatz gebrachte Beobachtungen. Dabei zielen Geschichten »auf eine Emotion als Reaktion beim Auditorium ab. Dies gelingt ihnen, indem sie Fakten nicht als Information, sondern als Erfahrung darstellen. Damit wird den Zuhörern die Möglichkeit des empathischen Nachempfindens ermöglicht« (Zwack 2011).

Bei known_sense haben wir die Erfahrung gemacht, dass die Nutzung der Storytelling-Methode ohne eine zusätzliche Tiefung – vor allem hinsichtlich der Interviews – häufig zu wenig Verwertbarem führt. Daher nutzen wir idealiter zusätzlich tiefenpsychologische Wirkungsanalysen, um das in Unternehmen Gedachte, oftmals aber nicht Ausgesprochene – mithin die geheime Logik von Unternehmenskulturen – zu evaluieren, um konkrete UND strategische Grundlagen für eine narrative Bearbeitung zu gewinnen. Der Morphologie, der wir uns bedienen, ist es eigen, Besonderheiten, etwa Widersprüche, Verdecktes, in Spaltung Befindliches, sehr bildhaft auszudrücken. So kommen bereits morphologische Gutachten über herrschende Kulturen in Unternehmen und ihrem Verhältnis zur Corporate Identity, der »gemachten« Wunschkultur, in der Regel wie Anleitungen zur kreativen Bearbeitung daher. Die grundlegenden Methoden dieser Wirkungsanalysen sowie Methoden des Storytelling werden in Abschn. 2.4 beschrieben.

> ▶ **Tipp** Übrigens: Ein noch so gutes Skript ist kaum umsetzbar, wenn es nicht »gesprochen« werden kann. Daher lohnt es sich für jeden Autor, das Drehbuch gemeinsam mit den vorgesehenen Sprechern auf Sprechbarkeit zu überprüfen. Dasselbe gilt selbstverständlich in einem noch größeren Maße für mehrsprachige Produktionen und die damit einhergehenden Übersetzungen. Gerade die Überarbeitung durch native Sprecher, die ich dringend empfehle, wenn Sie keine Bauchlandung im Land ihrer Wahl riskieren wollen, sind oft hilfreich, um schwierige Passagen zu glätten und Fehler von Übersetzungsbüros auszuschließen. Darüber hinaus können die Natives im Zweifelsfall auch dafür gewonnen werden, zusätzlich auf interkulturelle Fallstricke zu achten. Mit einem derartigen Controlling und möglichen Überarbeitungen kann nicht früh genug begonnen werden, denn im Studio geht jede zeitraubende Live-Korrektur, auch wenn man diese stets einplanen sollte, auf das Zeitbudget der gesamten Produktion. Beachten Sie bei mehrsprachigen Produktionen auch die potenziellen Schwierigkeiten, z. B. Liedtexte adäquat zu übersetzen. Hierfür brauchen Sie einen sehr musikalischen Übersetzer mit einer starken Beziehung zur Story und den zu übersetzenden Songs.

Produktion

In der Regel sind an der Produktion eines Audiobooks zahlreiche Professionals in unterschiedlichen Rollen direkt oder indirekt beteiligt (vgl. auch Abschn. 2.9):

Folgende Rollen sind in der Regel an einem Corporate Audiobook beteiligt:

- der Kunde, zumeist vertreten durch einen Projektmanager, der das Budget überwacht und die Produktion auch im Sinne der kommunikativen Gesamtstrategie begleitet
- ein Projektleiter bzw. Produzent auf Seiten der ausführenden Agentur, der Geschichtenentwicklung, das Drehbuch, Musik, Studio und Sprecher organisiert, überwacht, idealerweise die Kundenstrategie begleitet sowie die zielführende Implementierung inklusive Rollout des Corporate Audiobooks und möglichem De-Briefing realisiert
- der Autor von Treatments und Drehbuch
- ein Studio mit einem Toningenieur für die Aufnahmen und die Mischung im Rahmen der Postproduktion
- ein oder mehrere Sprecher, falls gesungen wird, mit passender Singstimme
- ein Regisseur

Darüber hinaus bei aufwendigeren Produktionen:

- ein Brand-Manager (falls beim Kunden Audio-Branding betrieben wird), der die Passung zu den definierten Brand-Elementen überwacht bzw. abnimmt
- ein Storytelling-Experte für die Gewinnung der grundlegenden Geschichte, die erzählt werden soll. idealerweise vereint mit der Rolle des Autors
- Wirkungsforscher bzw. Psychologen im Rahmen von Kulturanalysen zur Unterstützung des Story Telling (vgl. Abschn. 2.4)
- Übersetzer im Falle mehrsprachiger Produktionen
- ein Komponist bzw. Musiker, falls keine Tonkonserven für Sounds und/oder Musik gewünscht sind, idealerweise der Musiker auch als Geräuschemacher
- Grafiker für die Gestaltung von Cover und Booklet bei CDs bzw. entsprechender Artworks bei nicht physischer Umsetzung
- Supporter bei Implementierung und Rollout, also entweder ein Intranet-Administrator bei Streams und Downloads oder ein Copy-Dienstleister bei CDs
- Programmierer und weitere Designer, falls das Corporate Audiobook als Teil einer App oder über ähnliche Medien ausgerollt wird

Die vollständige Liste klingt aufgrund ihres Anspruchs auf Vollständigkeit möglicherweise abschreckend. In der Regel ist ein derart weit aufgefächerter Stab auch nicht nötig. Nach meiner Erfahrung sollte das Team so groß wie nötig sein, um die größtmögliche Professionalität zu gewährleisten, aber so klein wie möglich, um Budgetreue einhalten und möglichst flexibel agieren zu können. Denn allein der Kunde bringt aufgrund der häufig mangelnden Erfahrung hinsichtlich Audioproduktionen und des dialogischen Prinzips so viel – im besten Fall produktive – Unruhe in den Prozess, dass sich der Projektleiter resp. Produzent oftmals mit ständigen Änderungswünschen und der Ausdehnung geplanter Produktionszeiten konfrontiert sieht.

Bei den known_sense-Produktionen vereine ich aufgrund meiner Skills, Erfahrungen und der relativ geringen Skalierbarkeit von known_sense in der Regel mehrere Rollen – vom Projektleiter bzw. Produzent über Storytelling-Experte, Autor bis hin zum Regisseur. Dabei kaufe ich bei allen Produktionen neben der Unterstützung für die Wirkungsanalyse vor allem Experten für Regie bzw. Dramaturgie ein – in der Regel über mein Lieblingsstudio. Da ich mir zahlreiche Bausteine über meine Erfahrung aus zahlreichen Kommunikationsprojekten angeeignet habe, kann ich hier nicht als ausgewiesener Experte für Audio-Produktionen auftreten und verweise daher für Produktionsdetails gerne auf das Interview mit PER (s. Abschn. 2.9), hinsichtlich der Gewinnung von Story auf mein eigenes Abschn. 2.4 und im Kontext von Sprechern bzw. Musikproduktion für Hörspiel auf die Tipps von Sven Görtz (Abschn. 2.6) sowie das Interview mit Harald »Sack« Ziegler (Abschn. 2.7). Dennoch möchte ich nachfolgend gerne meine Erfahrungen mit einigen Besonderheiten ausgewählter Produktionsmodule und wichtiger strategischer Entscheidungen einbringen.

Sprecher – die Beziehungsschrauben

Bei einem klassischen, d. h. vorgelesenem Audiobook sind Sprecher der entscheidende Erfolgsfaktor. Aber auch in Formaten, in denen weitere Elemente, wie z. B. Geräusche, Musik oder Zitate aus Interviews, zur Unterstützung der Geschichte verwendet werden, prägen vor allem ein oder mehrere Sprecher das Medium Corporate Audiobook mit ihren Stimmen. Sprecher verleihen jeder Rolle eine unverwechselbare akustische Identität und haben aufgrund möglicher Wechsel der Stimmlagen auch auf die Dramaturgie großen Einfluss. Somit können sie also den unterschiedlichen Stimmungen der Geschichte gerecht werden und diesen den entscheidenden Drive verleihen. Bei der Produktion von Hörspielen ist zu entscheiden, ob ein oder mehrere Sprecher beteiligt bzw. ob männliche oder weibliche Sprecher eingesetzt werden und – bei mehreren – in welcher Rollenverteilung. Die Frage, ob ich für verschiedene Rollen stets einen jeweils eigenen Sprecher benötige, hat entscheidenden Einfluss auf das Budget. Gerade kleinere Rollen können bedenkenlos von ein und demselben Sprecher gedoppelt werden.

Darüber hinaus sind Sprachgefühl, emotionale Beteiligung und die Passung der Stimmlage wichtige Kriterien. So werden z. B. tiefe männliche Stimmen häufig mit »Märchenonkel« assoziiert und unterstützen eben vor allem Geschichten, die von »wundersamen« Begebenheiten und märchentypischen Verwandlungen erzählen. Hohe weibliche Stimmen – zudem aufgeladen über einen hysterischen Duktus – werden von Hörern häufig als Karikatur wahrgenommen und z. B. eher dem Comicgenre zugeordnet.

Auch die Wahl zwischen Laien, ausgebildeten Sprechern, mehr oder weniger bekannten Moderatoren aus Rundfunk oder TV oder Schauspielern unterliegt der Passung der zu vermittelnden Geschichte mit der dahinter liegenden Kommunikationsstrategie. Bekannte Stimmen, die u. a. durch Film-Synchronisationen bestimmten Star-Schauspielern zugeordnet werden, z. B. Christian Brückner, der als Synchronstimme von Robert de Niro aufgrund seiner charakteristischen, rauen Stimme häufig auch als »The Voice« bezeichnet wird, oder Manfred Lehmann, Synchronstimme von u. a. Bruce Willis bzw. Gérard Depardieu, können trotz eines potenziell zu erwartenden Imagegewinns über die Popularität zu einer großen Belastung eines Corporate Audiobooks werden. Da beide wie einige andere »Top of the Voices« über ihre Synchronarbeit hinaus auch bekannt als Sprecher von Dokumentationen oder TV- und Rundfunkspots sind, werden mit ihren Stimmen häufig bereits eingeführte Figuren, Produkte, Genres und damit auch ganz bestimmte Arten des Geschichtenerzählens assoziiert. Bekanntheit – vor allem bei »Fans« der synchronisierten Schauspieler – kann zu Vertrautheit führen und damit zu einer besonders starken Bindung. Wenn diese Beziehung jedoch ausschließlich über die Stimmlage erzielt wird, kann die Geschichte und ihre Intention hiervon so überlagert werden, dass vordergründig eben nur die Stimmen als »Kuschelfaktor« o. Ä. wahrgenommen werden und der Ausstieg aus der Story vorprogrammiert ist.

Weniger bekannte Stimmen gehen hingegen unbelasteter in eine Audiobook-Produktion. Daher besetze ich persönlich, sofern aus strategischen Gründen kein konkreter, beabsichtigter Benefit über Stars zu erwarten ist, lieber unbekannte und vor allem auch lokal verwurzelte Sprecher am Ort des Studios, mit denen ich dann auch am liebsten face-to-face arbeite, statt mir im Heimstudio eingesprochene Texte zusenden zu lassen. Denn erstens sind die Änderungsphasen bei Corporate Audiobooks trotz exzellenter Vorbereitung immer Teil des Prozesses und wesentlich häufiger anzutreffen als bei Produktionen für den Buchhandel. Deswegen ist es immer ein gutes Gefühl, wenn ein Sprecher bei einem Fallback noch mal schnell ins Studio kommen könnte, um kurzfristig aufkeimende Wünsche des Kunden zu erfüllen. Und zweitens bemerken selbst Audiolaien die oftmals unterschiedlichen Stimmungen bei Patchwork-Produktionen, bei denen »Haus- und Hofaufnahmen« verschiedener Sprecher aus dem eigenen Heimstudio mit verschiedenen Raumsituationen und Mikrophonen zusammengepuzzelt werden.

Geräusche und Musik – das Audiobook-Skelett

Geräusche dienen bei Audiobooks der Illustration bzw. der Vermittlung einer bestimmten, in der Regel strategisch im Sinne der Dramaturgie intendierten Atmosphäre. Sie sind demnach Träger von Verknüpfungen zwischen der gehörten Geschichte und bekannten Situationen, Ereignissen oder Lokationen, mithin auch Erlebnissen, die der Hörer assoziativ mit dem jeweiligen Geräusch verknüpft. Digital und – noch mehr – analog durch Geräuschemacher oder Musiker erzeugte Töne sind aufgrund ihres zu Simplifizierung oder Überhöhung neigenden Duktus' häufig besser zu identifizieren als Originalgeräusche. So wird z. B. ein imitiertes Telefonklingeln meist schneller erkannt als ein tatsächlicher Klingelton aus einer Sound-Datenbank. Das »gemachte« Geräusch wirkt quasi wie ein akustisches Icon (vgl. das Interview mit Harald »Sack« Ziegler in Abschn. 2.7).

Die Integration von Musik in Audiobooks dient Markierungen wie Anfang, Übergang oder Ende und schafft darüber hinaus die tragenden Verfassungen beim Hören. In der Regel wird somit zur Erkennung eines neuen Abschnittes beigetragen, und – wichtiger – Emotionen werden beim Hörer gehalten, ausgelöst oder verändert, sofern bei der Zielgruppe ein Bezug zum gewählten Genre besteht. Die eigentliche Kunst besteht allerdings darin, Musik so in die Geschichte zu integrieren, dass auch Nicht-Hörer nicht vergrault werden (also zugespitzt: dass ältere Zielgruppen Techno oder House akzeptieren und jüngere etwa klassische Volksmusik).

Design und Verpackung – das Audiobook als Gestalt

Mithilfe eines Hörbuchs im DAISY-Format (Digital Accessible Information System) können nicht nur Bilder und andere Grafiken integriert werden, sondern auch weitere interaktive Optionen genutzt werden, etwa die Mitlesefunktion, die Steuerung der Sprechgeschwindigkeit, die Platzierung von Buchzeichen zum Auffinden von Textstellen oder Fußnoten sowie die Integration von eigenen Notizen – unterstützt von einer hierarchischen Navigation (Kapitel, Seitenzahl etc.).

Wer nicht DAISY nutzt oder das Audiomedium im Rahmen einer App integrieren möchte, dem bleibt im Falle eines physischen Trägermediums bspw. ein beigefügtes Booklet zur Ergänzung visueller bzw. textueller Informationen, die das eigentliche Hörmedium erweitern (s. Abschn. 3.5 mit der Booklet-Darstellung der Audiobook-Entstehungsgeschichte und den in der Story behandelten Leitsätzen). Auch unsere Audiobook-Studie (known_sense 2013, s. Abschn. 1.3) macht deutlich, dass gerade eine attraktive Verpackung Involvement, Impact und Wert eines Audiobooks auf CD deutlich erhöhen. Im Gegensatz dazu kann die Nutzung von Audiomedien im Rahmen von Apps mit zahlreichen weiteren – gerade auch visuellen – Live-Benefits vom Hörmedium ablenken und die eigentliche Kernidee einer emotional starken, zugewandten Hörbeziehung kannibalisieren.

Abgesehen von einer wirkungsvollen Cover-Gestaltung und einem Booklet als Beileger, ist es natürlich auch möglich, eine CD-Umverpackung mithilfe haptischer Elemente in Richtung Objekt zu trimmen, um so die Impact Story zu erweitern und die Attraktivität des Mediums zu erhöhen. Bei bisherigen Kundenprojekten haben wir im Rahmen von Umverpackungen oder Dummies Holz, Metall, Schmirgelpapier, Wachs, Watte und anderen Materialien eingesetzt oder im Rahmen von Piloten vorgeschlagen. Stets handelte es sich dabei um Materialien, die einen Bezug zum Unternehmen, seinen Produkten bzw. Services und zur Intention der Audiobooks und seiner Story aufwiesen. Auch über Beilagen wie Giveaways, die Inhalte einer Audiobook-CD illustrierten oder in die beabsichtigte Hörverfassung einführten, lassen sich Zugänge zum Medium bzw. zur Story entsprechend der Zielsetzung steuern (s. Abschn. 3.5, »Glückkeks« als ergänzender Träger von Informationen sowie über die intendierte Knabberei als Objekt zur Erzeugung einer stimmigen Begleitverfassung). Audiobook, Verpackung und Beilagen bilden im Falle eines stimmigen Dreiklangs eine ganz eigene, das eigentliche Hörmedium erweiternde Geschichte.

Trägermedien

Ein entscheidender strategischer Vorteil eines Corporate Audiobook besteht sicher darin, dass ganz verschiedene Publikationsformen infrage kommen, deren Ausprägung letztlich von der Strategie abhängig ist. Auch hier gilt wie bei vielen anderen Medien: »Form follows function« (s. Abb. 2.1).

Analoge Trägermedien wie Vinyl, Tonband oder Kassette kommen sicherlich nur dann in die enge Auswahl, wenn das herausgebende Unternehmen einen Bezug zu den in diesen Medien verwendeten Materialien und gleichzeitig ein mit dem Verschwinden dieser Trägermedien verbundenen historischen Aspekt betonen will. Über den damit gekoppelten Liebhabernutzen hinaus ist bei der Wahl dieser Trägermedien allerdings mit einer geringen Reichweite zu rechnen, denn letztlich wird ein derartig publiziertes Corporate Audiobook allein aufgrund der mageren Verbreitung passender Abspielgeräte kaum mehr als ein Statement im Regal abgeben.

Bei digitalen Publikationsformen stehen mobile Datenträger wie die Audio-CD (permanent), Daten-CD bzw- DVD oder USB-Stick (ephemer) den gehosteten Medien (Podcasts o. Ä. in unterschiedlichen Formaten, bereitgestellt zum Download oder als Stream) bzw. stationären gegenüber. Während das Audiobook auf CD oder ähnlichen Trägermedien mit den o. g. Benefits visueller und haptischer Elemente verknüpft und von der Zielgruppe auch zuhause oder unterwegs goutiert werden kann, zielen stationäre auf eine begrenzte lokale Nutzung ab, z. B. als Hörstation im Rahmen einer Installation in Museen und ähnlichen Einrichtungen. Längere Formate, die über die oftmals zitierte 10-Minuten-Grenze hinausgehen und mit denen gerade auch die Intention einer persönlichen Weitergabe (an Kunden oder Partner) verbunden ist, sind sicherlich besser auf einer Audio-CD aufgehoben als im Rahmen digitaler Streams oder Downloads, die eher den pragmatisch ausgerichteten Wissensaspekt adressieren. (Streams zielen dabei auf ein unmittelbares Hören via Unternehmens-Intranet ab und Downloads eher auf den Nutzen als Wartezeiten verkürzendes Unterwegs-Füllmaterial für MP3-Player oder Smartphones, das auf Fahrten und Wegen sowie zwischendurch genutzt werden kann – s. a. Abb. 3.14 und 3.16).

Unsere Kunden haben die Publikationsformen ihrer Corporate Audiobooks häufig miteinander kombiniert, z. B. eine Audio-CD mit allen Folgen eines Podcasts vorab für Multiplikatoren, insbesondere Führungskräfte (s. Abschn. 3.6) oder – umgekehrt – eine Retrospektive sämtlicher Podcasts einer bestimmten Reihe (ggf. innerhalb des Publikations-Zyklus') auf einer Audio-CD – quasi als Sammlung, Abo-Verdichtung und Reminder.

Rollout

Die nach der Story-Erstellung spannendste Frage ist die Implementierung und operative Nutzung von Corporate Audiobooks. Wie bereits angedeutet, hängen Nutzen und Erfolg von einem wohltemperierten Zusammenspiel mit anderen Kommunikationsmedien ab – auch in Bezug auf die Dramaturgie des Rollouts aller beteiligten Instrumente. Innerhalb des von Dieter Georg Herbst in seinem Standardwerk »Rede mit mir« skizzierten Kontakt-prozesses interner Kommunikation, »Kontakt aufbauen – ausbauen – halten – abbauen« (Herbst 2011), erfüllt ein Corporate Audiobook als eine Art »Gedächtnis des Unterneh-mens« aufgrund der bereits betonten Beziehungsleistung vor allem die dritte Stufe, Kontakt halten.

Dabei kann eine vorgeschaltete Teaser-Kampagne (s. Abschn. 3.5 und 3.6) z. B. dazu bei-tragen, die Aufmerksamkeit auf den bevorstehenden Launch eines Podcasts, einer Audio-CD o. Ä. zu lenken (Kontakt aufbauen). Mitarbeiter erhalten so eine Gebrauchsanleitung für den Umgang mit dem (angekündigten) Audiomedium – gerade dann, wenn die Story die beabsichtigten Inhalte implizit kommuniziert. Der Teaser sagt: »Achtung, da kommt etwas, das dich interessieren sollte, etwas, was du in der vorliegenden Form noch nicht kennst, und das geht so … «

Im Rahmen eines Teasers können Plakate bzw. Aufsteller, Giveaways, weitere Audio-medien, Intranetbeiträge, Spiele, Rätsel u. v. a. m. eingesetzt werden. Ein Teaser, der ein Audiobook ankündigt, darf durchaus auch enigmatisch angelegt sein, um die Erwartung bis hin zur Neugier zu verstärken. Über die erwartete Auflösung via Hörmedium wird bei der Zielgruppe über diesen Aha-Effekt bereits ein erstes Wirkversprechen eingelöst (unter dem Motto »Bisher habe ich nicht verstanden, worum es geht – auch wenn es spannend war, aber jetzt erkenne ich den Sinn.«). Über die beabsichtigte Irritation bzw. das Weglas-sen von Informationen erhält ein Teaser quasi Elemente eines Spiels bzw. Rätsels und kann dann somit zusätzlich auch als Plattform für z. B. einen incentivierten Wettbewerb genutzt werden, der die Aufmerksamkeit der Zielgruppe über den beabsichtigten Zeitraum bin-det und den Kontakt aufrecht hält. Gerade dann, wenn es um die Vermittlung von Werten oder Regeln geht, ist es wichtig, dass die Mitarbeiterbeteiligung spielerische Züge umfasst, damit potenzielle Kritik an Unternehmen bzw. Führung das auszurollende Medium nicht bereits vorab kannibalisiert.

Aber auch ohne Teaser-Kampagne ist es wichtig,

- das Corporate Audiobook selbst über mit ihm verknüpfte Kanäle und Medien zu pro-moten,
- Bestands- oder andere, neue Kampagnenmedien über das Audiobook in den Fokus zu rücken,
- die Intention des Audiobooks bzw. die Verknüpfung zwischen allen genutzten Medien und Kanälen zu erklären und
- die Inhalte des Audiobooks über weitere Informationen zu unterfüttern.

Moderation

Neben den oben genannten klassischen Medien eignen sich als Verstärker vor allem mode-rierte Live-Kanäle wie Mitarbeiterveranstaltungen oder Social Media (extern wie intern).

Moderation kommt immer dann ins Spiel, wenn der Audiokanal als Standalone bzw. im Zuge einer klassischen, medienorientierten Kommunikationskampagne nicht ausreichend ist, um die potenziell beabsichtigte Strategie des Corporate Audiobooks als ein systemisches Arbeitsmittel bei den Mitarbeitern zu verankern.

Die Sicherung der systemischen Kommunikationsebene über Moderationsunterstützung erfolgt in der Regel durch:

- Verstärkung der Botschaft bzw. Wiederholung
- Bewertung der Mitarbeiter-Reaktionen und Abgleich mit den Erwartungen
- Begegnung mit Widerständen
- Rückübersetzung von Codes in die Wirklichkeit der Zielgruppe
- Identifikation potenzieller Deutungs- und Umsetzungsfehler
- Überprüfung des Grads der Aktivierung bei den Mitarbeitern sowie grundsätzliches Verständnis und Feedback

Eine Moderation, die die o. g. Aspekte sichert, ist face-to-face oder – in abgeschwächter Form – auch mithilfe digitaler Kanäle möglich.

Digitale Moderation:

- über Kommentierfunktion im Kontext des Intranet-Streams- oder Downloads,
- über weitere Kommentarfunktionen oder Möglichkeiten von Postings oder anderen Beitragen im Kontext der Publikation, z. B. via soziale Netzwerke

Moderation face-to-face u. a. mithilfe von Launch-Events, bestehenden Team-Meetings oder speziell anberaumten Workshops, z. B.

- »offiziell«: Launch-Events als »Verkündungsstrategie«, also anlässlich der Produktion eines Corporate Audiobooks produziert wurde, etwa
  - die Vorstellung neuer Leitsätze,
  - ein historisches Jubiläum,
  - eine Fusion,
  - ein neues Produkt,
  - eine Feier anlässlich einer Auszeichnung,
  - Verabschiedung oder Begrüßung von wichtigen Repräsentanten des Unternehmens,
  - oder aber das Audiobook selbst wird im Rahmen eines oder mehrerer Mitarbeiter-Events behandelt und ggf. gemeinsam gehört. Anmoderation und anschließende Diskussion begleiten das gemeinsame Erleben der Mitarbeiter und geben diesem ritualanalogen Format einen entsprechenden Rahmen.

- »Inoffiziell«:
  - Team-Meetings oder
  - Workshops.

Als »Flurfunk-Stabilisator«: Führungskräfte, freiwillige »Botschafter« und andere Multiplikatoren vertiefen das Erleben des o. g. Eventformats im geschützten Rahmen überschaubarer Teams und reden über das Audiobook und die damit adressierten Inhalte. Hierbei spielt gerade die Rückübersetzung der innerhalb des Audiomediums verwendeten Codes in den Arbeitsalltag der Teilnehmer eine große Rolle. Wichtig ist, dass die Rolle des Moderators in derartigen Settings eindeutig geklärt sein muss: er allein definiert und kommuniziert die Umgangsformen in Bezug auf das Feedback und die Team-Dynamik. Hier sind jedoch zahlreiche Spielarten mit vielfältigen Übergängen möglich, z. B.: Ist der Moderator als Sprachrohr der Führung auch eine Art Vermittler, etwa als »Ritualizer« oder »Protokollführer«? Oder begibt er sich auf die Ebene der Mitarbeiter und füllt die Rolle eines Kommunikationsbeschleunigers aus?

Bei einer Nutzung von Corporate Audiobooks als Arbeitsmittel im Rahmen von Teamprozessen ist es strategisch sinnvoll, dass Führungskräften folgende Materialien verfügbar gemacht werden:

- Corporate Audiobook vorab, inklusive Hintergrundinformationen über Intention, Entstehungsprozesse, Produktion etc.
- Train-the-trainer-Konzept als Gebrauchsanleitung, inklusive Ziele, mögliche Vorgehensweisen, Umgang mit Widerständen etc. Ein solches Konzept kann auch als FAQ zur Verfügung gestellt werden. Wichtig ist in diesem Zusammenhang die Exklusivität der Informationen, denn im Idealfall will ich als Unternehmen ein Enabling der Führung im Sinne meiner Strategien erreichen und hierdurch Multiplikationseffekte in Gang setzen.

Voraussetzung für eine systemische Arbeit auf Grundlage eines Corporate Audiobooks ist das Vertrauen in das Unternehmen und die Führungskräfte. Denn ohne Vertrauen gelingt maximal ein Kontaktaufbau, nicht aber der Ausbau und das Halten von Kontakten.

Gemeinsam herstellen – gemeinsam hören

Ein weiterer Aspekt im Zusammenhang der Teamorientierung besteht in der Mitwirkung von Mitarbeitern an der Produktion des Corporate Audiobooks selbst. Hierbei wird statt des Ergebnisses der Entstehungsprozess betont. Seit der Demokratisierung der Produktionsprozesse sind Podcast- bzw. Radio-Workshops beliebte »Socializer« geworden – gerade im Umfeld der klassischen Sozialarbeit von Streetworkern, z. B. mit Jugendlichen. Als Team-Building-Prozess ist u. a. die Story-Entwicklung für ein Corporate Audiobook bis hin zur Idee eines (incentivierten) Wettbewerbs mit verschiedenen Teams ein Ansatz, der vor allem in KMU in Bezug auf soziale und kulturelle Aspekte produktiv genutzt werden kann, um Faktoren wie Werte, Bindung und Loyalität (aus Mitarbeiter-Sicht) zu thematisieren. Auch die Mitwirkung von Mitarbeitern bei der Produktion selbst als Sprecher, Kommentator, Geräuschemacher etc. kennt zahlreiche Vorbilder aus dem sozio-kulturellen Umfeld und ist bei einer entsprechenden Mindesteignung und professioneller Begleitung nicht abwegig und für interessierte Mitarbeiter sogar ein besonderes Erlebnis. Allerdings erstrecken sich meine Kenntnisse in Bezug auf Medien-Wettbewerbe, bei denen Mitarbeiter auch verwertbaren Content entwickeln, fast ausschließlich auf das Videoformat, das bei einigen unserer Kunden im Rahmen von Security Awareness (z. B. der Videoclip zur Sicherheitsregel) oder Verbesserungen in Bezug auf die IT-Prozesse eingesetzt wird.

Ritualanaloge Hörformate

Neben dem »Gemeinsamen Herstellen« ist auch das »Gemeinsame Hören« ein wichtiger Aspekt im Kontext Corporate Audiobook. Wir alle kennen Rituale wie Weihnachts- oder Betriebsfeiern als Anlässe, an denen Stories aus der Unternehmensgeschichte erzählt werden – insbesondere bei Familienunternehmen (Zwack 2011) – z. B. »um an gemeinsame historische Wurzeln zu erinnern und die Erfolge und Errungenschaften der Vergangenheit in die Zukunft zu projizieren« (Ruegg-Sturm und Gritsch 2003). In seiner eindrucksvollen Dissertation »Die Macht der Geschichten – Erzählungen als Form der Wertevermittlung in Familienunternehmen« stellt Mirko Zwack die orale Kommunikation in Familienunternehmen als Enabler einer unbürokratischen Arbeitsweise und Maximierfaktor von Flexibilität dar (Zwack 2011). »Sie erlaubt es ihnen, vertrauter und [...] effizienter Informationen auszutauschen« (Habbershon und Williams 1999), denn man weiß, was man im Gedächtnis trägt. Diese Effizienz kennen beinahe alle, die Routinearbeiten delegieren wollen, sie dann aber zwischendurch selber erledigen, weil ein Briefing als potenziell aufwendiger eingeschätzt wird als die unmittelbare Umsetzung. Der amerikanische Literaturwissenschaftler und Medientheoretiker Walter J. Ong unterscheidet eine solche primäre Oralität, die ausschließlich durch die mündliche Kommunikation gebildet wird, von der sekundären Oralität, bei der Kanäle wie Radio, Fernsehen oder Telefon zur Übermittlung von Sprache genutzt werden und konstatiert einen Werteverlust der Kommunikation aufgrund der Schriftlichkeit (Raible 1994). Diesen Umstand beklagte bereits Sokrates in Platons Dialog Phaidros: »Denn dies Bedenkliche, Phaidros, haftet doch an der Schrift, und darin gleicht sie in Wahrheit der Malerei. Auch deren Werke stehen doch da wie lebendige, wenn du sie aber fragst, um das Gesagte zu begreifen, so zeigen sie immer nur ein und dasselbe an. Jede Rede aber, wenn sie nur einmal geschrieben, treibt sich allerorts umher, gleicherweise bei denen, die sie verstehen, wie auch bei denen, für die sie nicht passt [...].«

Gerade in Deutschland hat Oralität eine lange Tradition. Die Märchen der Gebrüder Grimm sind wie viele andere Texte der deutschen Romantik zunächst mündlich überliefert worden. Und dennoch kennt beinahe jeder Deutsche – ob Kind oder Erwachsener – die Top 20 dieser Geschichten. Die Grimm'schen Top-Märchen sind sogar so sehr verbreitet dass bspw. die morphologische Markt- und Medienforschung Märchen als Prototypen für die Behandlung von Wirklichkeit betrachtet. In der Morphologie funktionieren Märchen auch deshalb so gut, weil Fällen bzw. Forschungsgegenständen strukturelle Entsprechungen aus Märchenkonstruktionen zugeschrieben werden können, die aufgrund der großen Verbreitung von Märchen wirksame Analogien schaffen (vgl. auch Abschn. 2.4).

So überdauern selbst in unserer, auf Schriftlichkeit, Bildwelten und sekundäre Oralität fixierten Gesellschaft mündliche Formen der Überlieferung. Überlieferungen, bei denen bisweilen auch gemeinsam gehört wird. Gibt man in Suchmaschinen die Phrase »miteinander Hören« ein, steht man zunächst einmal vor der Qual der Wahl, für welchen der dort angebotenen Gottesdienste man sich entscheiden soll. In der Kirche (Predigt), in Familien – vor allem in der Zeit vor Feiertagen wie z. B. Weihnachten (Weihnachtsgeschichte) – findet man noch Reste primärer Oralität, bei der vor allem die Bezüge zu einer ritualisierten Gemeinschaft eine große Rolle spielen. In Köln, wo 2012 der einzige Hörbuchladen der Stadt geschlossen wurde, war bis vor wenigen Jahren – wie bereits vorher in Berlin oder Hamburg – eine Kneipe, die »Hörbar«, bekannt für regelmäßige Live-Aufführung von Hörspielen, insbesondere von Kultreihen wie »Die drei ???« oder Geschichten aus der Edgar-Wallace-Reihe. Die wichtigste Regel für das Zuhören wurde – natürlich – oral kommuniziert: »Wer quatscht, fliegt raus.« Dieser Ansatz ist nicht neu. Er bedient sich bei den wenigen überdauernden Gemeinschaftserlebnissen unserer Gesellschaft, wie dem »Public Viewing«, bekannt von Fußballspielen und hier insbesondere von Turnieren wie EM oder WM, sowie bei Hörspiel-Roadshow-Formaten. Letztere haben die ARD-Anstalten bereits in den 1970er- und 1980er-Jahren gemeinsam u. a. mit öffentlichen Einrichtungen wie Stadtbüchereien durchgeführt, um Hörspiele auch außerhalb des Radios zu promoten (z. B. in der WDR-Hörspielgalerie).

Auch Unternehmen interessieren sich wieder zunehmend für Rituale, offensichtlich um das Gefühl der Mitarbeiter zu betonen, »als Mensch und nicht als Organisationsmodul wahrgenommen zu werden« (Zwack 2011). In den letzten Jahren gab es bei known_sense gleich mehrere Anfragen, in denen es darum ging, die Gemeinschaft der Mitarbeiter als einen wichtigen Wert anzuerkennen und diesen so herauszuarbeiten, dass auf dieser Grundlage ein erlebbares Format als effizientes Führungsinstrument entstehen sollte. »Versteht man Rituale nicht als erstarrte Strukturen und Verfahren, die keinen Platz für Flexibilität und Wandel lassen, als Beharrlichkeit und Sturheit, sondern als offenes System mit lockeren Strukturen, das auf Traditionelles und Bewährtes zurückgreift, als Interaktion mit sich und den Mitmenschen, so können Rituale zu einer Gemeinsamkeit werden und als Identitätsstifter zwischen den Unternehmensmitgliedern für Vertrauen, Halt und Orientierung sorgen. Sie stehen für eine Einheit, für ein sichtbares oder unsichtbares Gemeinschaftsgefüge, das die Personen einander näher bringen und Vertrautheit schaffen kann« (Unionis 2010). Gerade das (gemeinsame) Hören kann als Chance begriffen werden, Halt und Orientierung, Kooperationen, soziale Unterstützung, Wohlbefinden, Zufriedenheit und Motivation, Konfliktregelung, Knowledge Management, Wandel und Wirkung

(Herbst 2011) zu fördern und regelbasierte, verbindliche Strukturen jenseits der kalten Welt von Policies und Compliance herzustellen. Corporate Audiobooks unterstützen die Unternehmenskommunikation darin, den Mitarbeitern ein lebendiges, beziehungsstarkes und auf Argumenten aufgebautes Vorstellungsbild (Herbst 2011) zu vermitteln, damit diese sich entscheiden können, wie sie sich gegenüber dem Unternehmen und ihren Kollegen verhalten.

2.2 History Marketing: Unternehmensgeschichte(n) zum Hören

Stefanie Pütz

Was haben ein Buch über den Staubsauger Kobold und eine Karstadt-Tüte mit dem Aufdruck »seit 1881« gemeinsam? Es handelt sich um zwei Beispiele für History Marketing-Maßnahmen. Die Reihe ließe sich ergänzen um eine Persil-Blechdose im Retro-Design, das historische Oktoberfest auf der »Jubiläums-Wiesn«, einen animierten Zeitstrahl über die Maggi-Geschichte im Internet, das Unternehmensmuseum der Deutschen Bahn, den Oldtimerclub von Mercedes, die Jubiläumsschokolade zum 100. Geburtstag von Ritter Sport und vieles mehr.

Wieso History Marketing?

Fast alle Unternehmen kommunizieren heute aktiv ihre Historie. Dafür gibt es eine Reihe guter Gründe:

- Unternehmen mit einer langen Geschichte wirken auf Kunden glaubwürdig, beständig, solide und verlässlich. In Zeiten von Globalisierung und grassierendem Fusionsfieber wirkt ein Unternehmen mit Tradition wie ein Fels in der Brandung. Vor allem Familienunternehmen stehen für alte Werte, die heute zunehmend verloren gehen.
- Die übliche Imagewerbung stellt Unternehmen ohne Vergangenheit dar. Dadurch werden sie austauschbar. Erst die Geschichte macht ein Unternehmen unverwechselbar. Sie kann von keinem Wettbewerber kopiert werden und ist deshalb Alleinstellungsmerkmal und Basis der Corporate Identity.
- Historische Tatsachen untermauern Werbeaussagen und schaffen dadurch Vertrauen.
- Die Aufarbeitung der Unternehmensgeschichte gilt heute als Bestandteil der Corporate Social Responsibility.

- Alter und Tradition haben in anderen Kulturen einen großen Stellenwert. In China zum Beispiel gibt es nichts Besseres als behaupten zu können, der eigene Großvater habe die Firma gegründet.
- Seit einigen Jahren gibt es in der Bevölkerung ein großes Interesse an historischen Themen, einen regelrechten Geschichtsboom (s. dazu Hockerts 2001).
- Geschichten von Unternehmen sind immer Geschichten von Menschen. Fast jeder Gründer fängt mit einer spontanen Idee, kleinen Mitteln und großer Begeisterung an. Menschen sind stets neugierig auf solche Geschichten, z. B. wie aus einem Sack Zucker die Firma Haribo entstand.

Wer ist zuständig?

Doch obwohl fast alle Unternehmen ihre Geschichte kommunizieren, gehen sie in vielen Fällen nicht strategisch vor. Oftmals entstehen eher unkoordinierte Einzelaktionen, zum Beispiel wenn ein Firmenjubiläum ansteht und man den Druck verspürt, nun irgendetwas Öffentlichkeitswirksames tun zu müssen. Die mangelnde Verankerung des Themas im Unternehmen geht meistens auf unklare Zuständigkeiten zurück. Große Konzerne wie Volkswagen (s. Abschn. 3.3) oder Siemens (s. Abschn. 3.2) haben eigene historische Abteilungen. Ansonsten ist man sich unsicher: Gehört die Historie in die PR-Abteilung, ins Marketing, in die Werbeabteilung, oder liegt die Verantwortung – vor allem in Familienunternehmen – bei der Geschäftsführung? Wer sammelt das historisch bedeutsame Material? Und wer soll die History Marketing-Aktionen planen und umsetzen? Hat das Unternehmen dafür eigene Ressourcen oder beauftragt man externe Dienstleister? Wenn ja, welche: Geschichtsbüros, Kommunikationsagenturen oder Einzelunternehmer aus der Kreativbranche? Hier herrscht nach wie vor ein großes Durcheinander.

▸   Häufig muss erst einmal geklärt werden, wie viel historisches Wissen bereits in einem Unternehmen vorhanden ist. Wenn das Unternehmen wenig über seine eigene Geschichte weiß, lässt es am besten zunächst grundlegende Recherchen anstellen. Damit sollte man einen Historiker beauftragen, der zum Beispiel eine Unternehmenschronik erstellt. Auf Grundlage dieses Wissens lassen sich dann zu gegebenem Anlass weitere History Marketing-Maßnahmen entwickeln. Ob dies intern oder extern geschieht, ob man damit wiederum Historiker beauftragt oder lieber Kommunikationsexperten und andere Kreative, muss jedes Unternehmen für sich entscheiden.

Darstellungsformen

Der wohl beliebteste Anlass für History-Marketing-Maßnahmen ist das Jubiläum eines Unternehmens. Große Unternehmen wählen bei runden Geburtstagen oft einen Medienmix aus Jubiläumsbuch, Ausstellung und Geburtstagsevent – gerne mit Gewinnspielen und Merchandising-Artikeln. Mittelständische Betriebe beschränken sich häufig auf die klassische Festschrift, die bereits seit dem 19. Jahrhundert beliebt ist (vgl. Schug 2003) und die sie an Kunden und Geschäftspartner verschenken. Unabhängig von konkreten Anlässen präsentieren fast alle Unternehmen ihre Geschichte im Internet, und zwar meistens als Zeitstrahl. Die User klicken eine Jahreszahl an und erfahren in einem kurzen oder längeren Text, was in diesem Jahr im Unternehmen geschah. Manchmal gibt es auch Bildergalerien oder kleine Filme zur Geschichte zu sehen.

Was im History Marketing so gut wie gar nicht in Erscheinung tritt, ist das Audio-Medium. Offenbar ist es weder den Verantwortlichen in den Unternehmen noch den externen Dienstleistern präsent. Es wird auch in keinem der durchaus hilfreichen Ratgeber (z. B. Brendel 2012) erwähnt. Dabei bietet sich gerade die Geschichte eines Unternehmens zur akustischen Aufbereitung an. Denn es geht dabei nicht in erster Linie um Daten und Fakten, die sicherlich besser in einer Tabelle oder einem Schaubild aufgehoben wären.

> ▸ Was eine Unternehmensgeschichte besonders spannend und unterhaltsam macht, sind die erlebten Geschichten der Gründer und Mitarbeiter. Diese Geschichten wirken am eindringlichsten, wenn sie von menschlichen Stimmen erzählt werden, die die Zuhörer emotional berühren und das berühmte »Kino im Kopf« erzeugen.

Unternehmensgeschichte als Corporate Audiobook

Die in diesem Buch vorgestellten Unternehmen, die historische Themen als Audiobook aufbereiten, können also – neben wenigen anderen – als einsame und mutige Vorreiter gelten. Sie haben sich für sehr unterschiedliche Audio-Formate entschieden: für die inszenierte Lesung einer eigens für diesen Zweck verfassten, halbfiktiven Geschichte (Hevert, s. Abschn. 3.4), ein dokumentarisches Hörspiel (Siemens, s. Abschn. 3.2), eine Lesung schriftlicher Selbstzeugnisse, eine O-Ton-Dokumentation und zwei Features (Volkswagen, s. Abschn. 3.3). Alle Audiobooks sind eigenständige Publikationen. Denkbar wäre zum Beispiel aber auch, eine Hör-CD einer Festschrift beizulegen.

Wer seine Zielgruppe gut kennt, sollte das Format eines Audiobooks möglichst ihren Vorlieben oder vermuteten Hörverfassungen anpassen (s. Abschn. 1.3). Oft spielen aber auch die Hörgewohnheiten des Auftraggebers eine Rolle. Ein passionierter Hörspiel-Fan möchte die Geschichte seines Unternehmens vielleicht am liebsten als Hörspiel aufbereiten lassen. Ein begeisterter Radiohörer bevorzugt womöglich ein Audio-Feature, und wer gerne klassische Hörbucher hört, denkt vielleicht am ehesten an eine inszenierte Einzelsprecherlesung. In erster Linie hängt die Wahl eines Audio-Formates aber von der Materiallage ab.

> **Grundsätzlich findet man Unternehmensgeschichte:**
>
> - extern in Presse- und Gemeindearchiven, Heimatvereinen und Fanclubs
> - intern in Akten und anderen archivierten Unterlagen (Texte, Fotos, Filme, Tonbänder, Werbematerialien, Verpackungen)
> - in den Köpfen der (ehemaligen) Mitarbeiter, Kunden, Lieferanten etc.

Aus welcher Epoche man welches Material findet, hängt natürlich auch von den jeweils zeitgenössischen Medien ab. Zu den schriftlichen Quellen gesellten sich nach und nach Fotografien, dann Ton- und schließlich Filmaufnahmen. Seit einigen Jahren werden auch Webseiten archiviert, so dass sie inzwischen ebenfalls als historische Quellen dienen können. Das Gleiche mag schon bald für die Timeline auf Facebook gelten. Für ein Corporate Audiobook lassen sich grundsätzlich alle Tondokumente inklusive Musikaufnahmen verwenden. Hinzu kommen Texte aller Art, die dann von Sprechern eingelesen werden. Fotos und sonstige Bildmaterialien lassen sich gut im dazugehörigen CD-Booklet unterbringen. Fiktionalen Formaten wie dem Hörspiel liegt meist kein Archivmaterial, sondern ein geschriebenes Drehbuch zugrunde, das mit verteilten Sprecherrollen, Musik und Geräuschen inszeniert wird.

Seit einiger Zeit wird auch historischen Geräuschen große Aufmerksamkeit geschenkt. So legen Sammler Online-Archive mit verschwundenen oder kaum noch hörbaren Geräuschen an (z. B. www.conservethesound.de, www.savethesounds.info). Für History Marketing-Zwecke ist es natürlich hilfreich, wenn Unternehmen ihre eigenen Geräusche aufzeichnen und archivieren, wie es zum Beispiel die Firma Vorwerk mit Staubsaugergeräuschen tut (s. Abschn. 3.1). In der Geschichtswissenschaft entwickelt sich derzeit sogar ein eigener Zweig zum Thema »Sound History« (s. Historikertag 2012). Zum »Sound« der Geschichte werden dort auch die Stimmen von Zeitzeugen gezählt.

Zeitzeugeninterviews

Nur wenige Unternehmen bewahren Tondokumente in ihren Archiven auf, so dass man meist nicht auf historische Originaltöne zurückgreifen kann (anders z. B. Volkswagen, s. Abschn. 3.3). Bei der Bearbeitung jüngerer Geschichte hat man aber häufig das Glück, dass die Protagonisten noch leben. In diesem Fall kann man einen Teil des Archivmaterials selbst herstellen, nämlich indem man Interviews mit den Zeitzeugen führt. O-Töne aus diesen Interviews können zum Beispiel wertvolles Material für Audio-Features sein (s. Abschn. 2.3). Besonders interessant sind die Erinnerungen von Mitarbeitern, die von Anfang an im Unternehmen sind oder waren und das Unternehmen (mit) aufgebaut haben. Hier drängt manchmal die Zeit, weil die Mitarbeiter schon sehr betagt sind. Ihre schwindenden Kräfte sind übrigens auch ein Grund dafür, dass sie ihre Erinnerungen nur äußerst selten aufschreiben und sich auch nicht gerne filmen lassen (zu den Vorteilen von Audio gegenüber Film s. Abschn. 2.3). Ein Gespräch mit einer Einzelperson zu führen, ist ihnen aber meist noch möglich. So kann man viele spannende und anrührende Geschichten retten, bevor sie unwiederbringlich verloren gehen (s. Abschn. 3.1).

▶   Natürlich reichen Zeitzeugeninterviews nicht aus, um sich ein umfassendes Bild über historische Geschehnisse zu machen. Denn der Zeitzeuge ist, wie ein geflügeltes Wort besagt, »der größte Feind des Zeithistorikers« (s. dazu Hockerts 2001). Seine womöglich ungenauen Erinnerungen sollten auf jeden Fall mit fundiertem Geschichtswissen über das Unternehmen abgeglichen werden.

Was mir persönlich schleierhaft ist: Fast immer werden für Unternehmensfestschriften Zeitzeugeninterviews geführt und sogar mit einem Aufnahmegerät mitgeschnitten. Leider scheint dabei niemand auf die Klangqualität zu achten, so dass sie für Audio-Zwecke unbrauchbar sind. Dabei könnte man die Interviews genauso gut mit professionellem Equipment aufnehmen. Die Interviewer müssten dann nur noch einige Regeln beachten – zum Beispiel, dass sie sich zustimmende Geräusche wie »hm, hm« verkneifen und stattdessen einfach freundlich nicken. So entstünde ein reichhaltiges Archiv an Tonmaterial, aus dem man bei zukünftigen History Marketing-Maßnahmen immer wieder schöpfen könnte (zur Mehrfachverwertung von Interviews s. Abschn. 2.3).

Wirkung nach innen

Viele Unternehmen kommunizieren ihre Geschichte nach außen, aber nicht nach innen (anders z. B. Siemens, s. Abschn. 3.2). Laut einer unveröffentlichten Studie des Frankfurter Soziologen Prof. Ulrich Oevermann profitieren aber gerade die Mitarbeiter enorm davon, wenn sie die Geschichte ihres Unternehmens kennen. Grundsätzlich sei die Unternehmensgeschichte in ihrer lebendigen Erinnerung sehr wichtig für das Betriebsklima (s. dazu auch Abschn. 3.1), vorausgesetzt, die Unternehmensführung betrachte die Mitarbeiter als lebendige Arbeitskräfte und nicht als Schräubchen in einer Maschine (vgl. Pütz 2006).

Das Wissen um die Vergangenheit führt laut Oevermann dazu, dass die Mitarbeiter sich stärker mit dem Unternehmen identifizieren und neue Mitarbeiter schneller ein Zugehörigkeitsgefühl entwickeln. Außerdem fühlen die Mitarbeiter sich sicherer, wenn sie wissen, dass ihr Unternehmen in der Vergangenheit erfolgreich Krisen gemeistert hat, so Oevermann: »Das ist zum Beispiel ein ganz wichtiger Punkt gewesen, dass Unternehmensgeschichte auch Krisengeschichte sein muss. Dass das sofort unglaubwürdig ist, wenn sozusagen Unternehmensgeschichte nur geglättet ist und nur sozusagen eine Erfolgsanreihung konstruiert, das glaubt eh niemand, und das kommt bei den Mitarbeitern überhaupt nicht an.« (Pütz 2006) Hier ist also Offenheit über vergangene Misserfolge gefragt und sogar ausdrücklich erwünscht.

Historische Wahrheit

Eigentlich ist unumstritten, dass ein ehrlicher und offener Umgang mit der eigenen Geschichte, auch in der externen Kommunikation, letztlich besser ist, als irgendetwas zu vertuschen oder zurechtzubiegen. Denn meist kommen die Geschichten doch irgendwann – zufällig oder durch gezielte journalistische Recherchen – heraus. Dann ist der Imageschaden um ein Vielfaches größer, als wenn das Unternehmen von vornherein selbst darüber gesprochen und gezeigt hätte, dass es etwas aus der Geschichte gelernt hat. Eine offene Kommunikation über die Geschichte ist also immer auch »präventive Krisenkommunikation« (Brendel 2012). Im Übrigen handelt es sich bei den kritischen Aspekten in der Unternehmensgeschichte heute nicht mehr in erster Linie um Verstrickungen mit dem NS-Regime oder die Einbindung in die Wirtschaftspolitik der DDR. Bei jüngeren Unternehmen geraten zunehmend Umweltsünden, schlechte Arbeitsbedingungen und wirtschaftskriminelle Aktivitäten einzelner Mitarbeiter in den Fokus des öffentlichen Interesses. Auch diese Aspekte sollten die History Marketing-Akteure im Blick haben.

▸　　Wie weit die Offenheit im Hinblick auf die eigene Vergangenheit geht, ist eine Frage der Unternehmenspolitik. Dieser Politik müssen sich die internen und externen Akteure im History Marketing beugen. Ob und wie weit sie sich dabei verbiegen, muss jeder für sich selbst wissen (s. dazu Leikauf 2008).

Generell gibt es in Deutschland, anders als etwa in den USA, eine große Skepsis gegenüber Geschichtsdarstellungen, die nicht aus der Feder von Hochschulprofessoren stammen. Angestellte Unternehmenshistoriker und freiberufliche Dienstleister gelten als abhängig und stehen generell unter Verdacht, Geschichtsklitterung im Sinne des Arbeit- oder Auftraggebers zu betreiben. »Wes Brot ich ess, des Lied ich sing«, lautet die übliche Unterstellung (vgl. Pütz 2006). Meinem Eindruck nach liegt es jedoch nicht an der beruflichen Position, wie genau es jemand mit der historischen Wahrheit nimmt, sondern in erster Linie an der Gewissenhaftigkeit der handelnden Person – sei es nun ein Historiker oder jemand aus der Kommunikations- oder Kreativbranche.

Problematisch sind aus meiner Sicht allerdings bestimmte Formate der Geschichtsdarstellung, und zwar diejenigen, die Dokumentation und Reinszenierung miteinander vermischen. Solange dies offengelegt wird – im Film zum Beispiel durch die Einblendung »nachgestellte Szene« – ist daran nichts auszusetzen. Aus ästhetischen Gründen wird darauf aber häufig verzichtet. Bei Fernsehfilmen merkt man manchmal erst, dass die Szene aus den fünfziger Jahren nicht authentisch ist, wenn man plötzlich ein Gesicht entdeckt, das man neulich noch im »Tatort« gesehen hat. Für meinen Geschmack sind derartige Reinszenierungen auch häufig überdramatisiert. Beim (Fernseh-)Publikum kommen sie aber offenbar gut an. Mir persönlich gefallen die rein dokumentarischen Formate wie etwa das Audio-Feature besser (s. Abschn. 2.3).

Was man allerdings auf keinen Fall darf: Daten fälschen. Mit Urteil vom 8.7.2009 hat das OLG Jena entschieden, dass ein Unternehmen nicht mit einem falschen Gründungsjahr werben darf – was immerhin darauf hinweist, wie attraktiv das Thema History Marketing mittlerweile für Unternehmen geworden ist.

2.3   Das Audio-Feature: Die Königsdisziplin des dokumentarischen Radios

Stefanie Pütz

Wenn ich Menschen von meiner Arbeit als Feature-Autorin berichte, fragen die meisten erst einmal: »Was ist das denn – ein Feature?« Kein Wunder, denn der Begriff erklärt sich nicht von selbst. Das englische Substantiv »feature« bedeutet so viel wie »Charakteristikum« oder »besonderes Merkmal« und wird im deutschsprachigen Raum vor allem im Zusammenhang mit der Ausstattung technischer Geräte verwendet. Das Verb »to feature« bedeutet unter anderem »darstellen«, »(in einem Film) mitspielen«, aber auch ganz allgemein »gestalten«. Feature ist also ein sehr unscharfer Begriff.

Manchmal frage ich meine ahnungslosen Gesprächspartner, ob sie Radio hören, und wenn ja, welche Sender. Denn das Feature ist nicht leicht zu finden. Genauer gesagt: Es existiert ausschließlich im öffentlich-rechtlichen Hörfunk, und zwar in den Kulturprogrammen (z. B. Deutschlandradio, SWR 2, WDR 3 und WDR 5, HR 2, BR 2, RBB Kulturradio). Am Wochenende strahlen auch manche Info-Radios Features aus (z. B. NDR Info). Wer diese Programme nicht hört, weiß in der Regel auch nicht, was ein Feature ist.

Die Unbekanntheit des Features könnte aber auch auf einer Theorielücke und einem daraus folgenden Mangel an öffentlichem Diskurs basieren: Bis heute gibt es keine allgemeingültige Definition der Gattung, obwohl sie sich bereits kurz nach dem Zweiten Weltkrieg etablierte.

> ▸   Erst in den letzten Jahren haben einige Feature-Autoren angefangen, etwas lauter über das Genre und seine Ästhetik zu sprechen (vgl. Lissek 2012a und 2013). Ihre derzeit konsensfähige Minimaldefinition lautet: Das Feature ist eine »künstlerisch gestaltete Dokumentation« (Lissek 2012b).

Weder Reportage noch Hörspiel

Am einfachsten lässt sich das Feature in Abgrenzung zu anderen Genres erklären. Das Feature ist zum Beispiel keine Reportage. Die Reportage versucht, ein Stück Wirklichkeit eins zu eins akustisch abzubilden. Sie schildert ein einzelnes Ereignis (z. B. Streik, Fußballspiel,

Naturkatastrophe) oder berichtet über das Schicksal einer Einzelperson (z. B. Obdachloser, Lottogewinner, Mutter im Teenageralter). Der Reporter begleitet die Protagonisten über einen gewissen Zeitraum, lässt sie und die Menschen in ihrer nächsten Umgebung zu Wort kommen und beschreibt ausführlich ihre Lebensumstände.

> ▶ Das Feature hingegen neigt zur Abstraktion. Es will keine beobachtbaren Vor-
>   gänge im Detail beschreiben, sondern sucht nach dem Typischen, dem Allge-
>   meingültigen (vgl. Bleher 2011). Es durchbricht also die Oberfläche eines Themas
>   und konzentriert sich auf die Hintergründe, es entwickelt aus dem Detail das
>   Ganze, stellt das Allgemeine am Konkreten dar (vgl. Zindel und Rein 2007).

Ausgangspunkt ist kein Ereignis oder ein Einzelschicksal, sondern eher ein Thema (z. B. Armut, Glück, Mutterschaft), das dann aus verschiedenen Perspektiven beleuchtet wird. In einem Feature über Armut zum Beispiel könnte ein Obdachloser über seine Erfahrungen berichten, außerdem eine politische Konsumverweigerin, ein Mönch, eine Armutsforscherin, ein Sozialarbeiter aus einem so genannten Brennpunktviertel, eine Mitarbeiterin einer Wohltätigkeitsorganisation, ein Künstler, der sich mit Armut befasst, ein Mittelschichtbürger, der als Experiment von Hartz IV lebt, usw. Auch ein Porträt (einer Person, einer Gruppe, eines Ortes) lässt sich als Feature realisieren, wenn man es vielstimmig anlegt und Hintergrundinformationen einflechtet.

Auf der anderen Seite ist das Feature auch kein Hörspiel. Das Hörspiel (in seiner Reinform) ist ein fiktionales, also ausgedachtes Werk, das mit verteilten Sprecherrollen, Geräuschen und Musik inszeniert wird. In manchen Fällen handelt es sich um die Bearbeitung eines literarischen Textes.

> ▶ Müsste man das Hörspiel mit einem Film vergleichen, käme es dem Spielfilm
>   am nächsten, wohingegen das Feature am ehesten mit einem Dokumentarfilm
>   vergleichbar wäre.

»Nicht Schwarzbrot, sondern Torte«

Das Feature ist also eine akustische Erzählung, die reale Themen bearbeitet und dies auf unterhaltsame und spannende Weise tut. Man könnte sagen: In der Recherche ist das Feature journalistisch, in der Darstellung künstlerisch (vgl. Jarisch 2012). Bei der Gestaltung kann der Feature-Autor aus dem Vollen schöpfen und alle radiophonen Möglichkeiten nutzen. Denn das Feature ist »nicht Schwarzbrot, sondern Torte« (Kopetzky 2012). Deshalb gilt es – neben dem Hörspiel – als Königsdisziplin des Radios.

Folgende Materialien stehen dem Feature-Autor zur Verfügung:

- Originaltöne, oder kurz: O-Töne (Ausschnitte aus Interviews)
- Autoren- oder Sprechertext (eigener Text, der vom Autor oder einem Sprecher eingesprochen wird)
- literarische oder sonstige Zitate aus schriftlichen Quellen
- Audio-Archivmaterial (historische O-Töne, Radiosendungen, Radiowerbung, Tonspuren aus Werbespots oder Filmen)
- Geräusche, Sounds, Atmosphären
- Musik

Der Autor kann von jedem etwas verwenden, er kann sich aber auch auf wenige Zutaten beschränken. Darüber hinaus darf er sogar in den benachbarten Genres wildern, also zum Beispiel Reportage-Elemente oder Hörspiel-Szenen in sein Feature einbauen. Ein Feature zum Thema »Eier« könnte zum Beispiel eine kurze Küchenreportage enthalten, in der jemand ein Ei kocht. Oder der Autor könnte eine Fortsetzung des bekannten Loriotschen Ehezwistes um das perfekte Frühstücksei schreiben und diese fiktive Szene in sein Feature einbauen. Auch Geräusche und Musik bieten unbegrenzte Möglichkeiten, dem Feature weitere Klangdimensionen zu verleihen. Um es kurz zu sagen: Im Feature ist alles erlaubt. Deshalb sind die Grenzen zu seinen Nachbargattungen fließend.

Der Originalton

▷ Spannung bezieht das Feature aus seiner Stimmenvielfalt. Das Feature ist gewissermaßen »die Durchführung eines Themas in mehreren Stimmen« (Runow 2012).

Diese Stimmen können aus Texten stammen und vorgelesen werden, sie können als Archivmaterial oder als Musik daherkommen oder auch – wenn man Spielszenen einbaut – allein der Phantasie des Autors entspringen. Mein persönliches Lieblingsmaterial sind O-Töne, also Ausschnitte aus Interviews, die ich selbst geführt habe, und zwar face to face. Meine Erfahrung ist, dass nichts über diese intime Zweiersituation geht, wenn man persönliche Dinge von Menschen erfahren möchte.

Ein Telefoninterview lässt sich schon aus klangästhetischen Gründen nicht im Feature verwenden. Im Hörfunk werden, um Reisekosten zu sparen, zunehmend Interviews per »Studioschalte« aufgenommen. Dann sitzt die Interviewerin zum Beispiel in einem WDR-Studio in Köln, der Interviewpartner in einem SWR-Studio in Stuttgart. Die beiden Gesprächspartner hören, aber sehen sich nicht. Blickkontakt, und zwar durch eine Glasscheibe, haben beide nur zu jeweils einem Tontechniker, der das Gespräch im Nachbarraum aufzeichnet und zwangsläufig mithört. Es sind also vier einander unbekannte Personen in vier verschiedenen Räumen im Spiel, von denen sich jeweils nur zwei sehen können – eine irritierende Situation. Die Klangqualität dieser Interviews ist zwar sehr gut, doch ist den O-Tönen immer eine gewisse Befangenheit anzuhören, es sei denn, es handelt sich um Politiker oder andere Medienprofis.

Ganz anders verhält es sich im persönlichen Gespräch, bei dem man gemeinsam am Tisch sitzt und sich in die Augen blickt. Selbst nach sechzehn Jahren Hörfunk-Tätigkeit bin ich immer wieder erstaunt, wie weit die Interviewpartner sich mir öffnen. Oft gehen die Gespräche auch in eine unvorhersehbare Richtung. Ich habe zwar immer einen Interviewleitfaden dabei, lasse meinen Gesprächspartnern aber auch viel Raum, Dinge zu erzählen, die ihnen selbst wichtig sind – und die ich gar nicht hätte abfragen können, weil sie mir nicht in den Sinn kamen. Das heißt einerseits, dass ich mir viel Zeit für die Interviews nehme. Andererseits bedeutet eine solche Methode der Materialerzeugung auch den »Mut zum Kontrollverlust«, weil sie immer Momente der Unberechenbarkeit und Überraschung enthält (vgl. Runow 2012). Hier zeigt sich auch der journalistische Ansatz des Feature-Autors: Journalistische Recherchen haben qua Definition ergebnisoffen zu sein.

▸ Besonders spannend ist es, von mehreren Personen ihre ganz persönliche Sichtweise auf denselben Sachverhalt zu erfahren. Bei der Verwendung von O-Tönen kommt zu dieser geistigen Spannung zwischen den verschiedenen Positionen noch eine sprachliche hinzu. Denn »Versprecher, sprachliche Devianzen, dialektale Färbungen bleiben als Authentizitäts- und Wesensmerkmale im verwendeten Tonmaterial hörbar« (Lissek 2012b). Auch das Sprechtempo, der Tonfall, Denkpausen, Heiterkeitsausbrüche und der sprichwörtliche Kloß oder Frosch im Hals verraten mehr über den Interviewpartner als der reine Inhalt seines gesprochenen Wortes. Deshalb haben O-Töne häufig eine bewegende und anrührende Wirkung.

Dramaturgie

Diese Wirkung macht der Feature-Autor sich dramaturgisch zunutze. Reine Fakten und zum Verständnis notwendige Informationen bringt er am besten in seinen eigenen Zwischentexten unter. Aus den O-Tönen wählt er diejenigen aus, die besonders emotional, bildhaft oder originell sind. Würde man das Feature mit einer Oper vergleichen, dann wären die Zwischentexte des Autors die Rezitative und die O-Töne die Arien (vgl. Zindel und Rein 2007). Weitere Zutaten wie Geräusche, Musik und Archivmaterial bringen das Bedeutungsgefüge zusätzlich zum Klingen.

▸ Das Feature ist also kein schnelles Produkt eines rasenden Reporters, sondern ein langes, durchdachtes und mehr oder weniger aufwändig gestaltetes Hörstück eines Autors.

Mir kommt diese Arbeit manchmal vor wie Bildhauerei: Ich habe einen großen Berg an Material zusammengetragen, muss am Anfang sehr große Stücke und später nur noch Kleinzeug abklopfen, die Einzelteile hin und her schieben, sie vielleicht neu miteinander verkleben, die Fugen glätten, und am Ende kommt eine ansehnliche Skulptur zum Vorschein.

Dabei ist klar: Diese Skulptur hätte auch ganz anders aussehen können. Ich hätte aus demselben Material eine völlig andere Figur herausschälen können. Und jemand anders hätte zum selben Thema ganz anderes Ausgangsmaterial angesammelt. Deshalb beansprucht das Feature trotz seiner Vielstimmigkeit keine Objektivität. »Das Radio-Feature ist also zwar dem Dokumentarischen und der Realität verpflichtet, aber es vermag mit Wahrheits- und Wahrnehmungsebenen zu spielen.« (Lissek 2012b)

Das Feature als Corporate Audiobook

Aus diesem Grund ist das Feature ein hervorragendes Format für ein Corporate Audiobook. Jedem Interviewpartner im Unternehmen – vom Pförtner über den Sekretär bis hin zum Vorstandsvorsitzenden – wird seine eigene Perspektive zugestanden. Auch ehemalige Mitarbeiter, Kunden, Lieferanten oder Wissenschaftler können zu Wort kommen.

▶ Das Besondere am Audio-Medium ist: Anders als in einem Film werden hier keine Machtgefälle zementiert. Man sieht nicht den Geschäftsführer im teuren Anzug in seinem repräsentativen Büro sitzen und in der nächsten Szene den Hausmeister im ölverschmierten Blaumann eine Heizung reparieren. Im Feature wirkt jeder einzig und allein durch seine Stimme, egal auf welcher Hierarchie-Ebene er oder sie sich befindet. Dabei werden alle Stimmen gleich ernst genommen, keine Stimme dominiert die anderen (vgl. Runow 2012), und alle dürfen ausreden.

Diese Haltung macht das Feature für externe Kommunikationszwecke so spannend. Es verkündet keine Wahrheiten aus den oberen Etagen, sondern malt ein vielschichtiges Bild, das Informationen enthält und gleichzeitig emotional berührt. Das heißt: Die Hörer bekommen ein Gefühl für das Unternehmen und die Menschen, die es prägen. Denn sie erfahren mehr als reine Zahlen und Fakten. Die erzählten Geschichten geben Auskunft über die Unternehmenskultur in ihren verschiedenen Facetten, manchmal auch in ihren Widersprüchlichkeiten. Doch gerade dadurch wirkt ein Unternehmen glaubwürdig und anziehend. Ein Feature eignet sich also gut dazu, die Beziehung zu Kunden und potenziellen Mitarbeitern zu stärken – vermutlich sogar besser als die oftmals glatten Image-Broschüren oder -Filme.

▶ Unternehmensintern kann ein Feature stark gemeinschafts- und identitätsstiftend wirken. Aufgrund seiner Vielstimmigkeit bietet es für die meisten Hörer im Unternehmen ein hohes Identifikationspotenzial.

Die Mitarbeiter erleben es als Wertschätzung, wenn sie selbst oder ihre nächsten Kollegen zur Kenntnis genommen und angehört werden. Außerdem sind sie neugierig, was die Beteiligten aus anderen Unternehmensbereichen zum Thema sagen. Denn manchmal bringt das Feature auch Mitarbeiter miteinander »ins Gespräch«, die ihre Meinungen im realen Unternehmensalltag nicht austauschen. Gleichzeitig erleben sich die Hörer als Teil einer Gemeinschaft, die das gleiche Ziel verfolgt oder auf eine gemeinsame Geschichte zurückblickt. Das Gehörte animiert sie außerdem, im Kollegenkreis weiter über das Thema zu sprechen und ihre eigenen Erfahrungen oder Meinungen preiszugeben. Das Hör-Erlebnis setzt also Kommunikationsprozesse in Gang und kann so durchaus die Stimmung in einem Unternehmen heben (s. Abschn. 3.1).

Themen für Corporate Features

Bislang setzen Unternehmen Audio-Formate in erster Linie im History Marketing ein, also um Kunden, Geschäftspartnern und Mitarbeitern ihre Geschichte nahezubringen (s. Abschn. 2.2). Darüber hinaus hört man wenig aus Unternehmen, was angesichts ihrer aktuellen Entwicklungen sehr verwunderlich ist (s. Abschn. 1.2).

> ▶ Vor allem im Bereich Employer Branding scheint das Potenzial des Audio-Mediums noch nicht ansatzweise erkannt worden zu sein. Dabei könnten Unternehmen im Wettbewerb um die interessantesten Bewerber zumindest mit einer unkonventionellen Selbstdarstellung im Audio-Format punkten, die darüber hinaus ein hohes Bindungspotenzial hat.

Da das Feature zur Abstraktion neigt, könnte es das unternehmerische Handeln in einen größeren Zusammenhang stellen und damit vom üblichen Selbstdarstellungsschema abweichen. Eine Firma, die Reinigungsgeräte herstellt, könnte zum Beispiel ein philosophisch angehauchtes oder leicht verspieltes Feature zum Thema »Dreck« oder »Staub« erstellen lassen, ein Hersteller von Bürobedarf eines zum Thema »Ordnung«, eine Firma für Lautsprecherboxen zum Thema »Zuhören« etc. pp.

Um Bewerber für konkrete Positionen in größeren Unternehmen zu interessieren, könnte man die suchenden Abteilungen akustisch porträtieren. Ein Feature mit dem Titel »Die IT-Freaks aus der vierten Etage« – zum Download auf der Karriereseite – würde vermutlich die Attraktivität der dazugehörigen Stellenanzeige »Software-Entwickler m/w« erheblich erhöhen. Oder man stellt in einem Feature »Chillen und grillen« den alljährlichen Grillwettbewerb, den betriebseigenen Chor, den Fußballclub oder sonstige Freizeitaktivitäten vor. Darüber hinaus könnte ein Unternehmen allgegenwärtige Begriffe wie »Nachhaltigkeit«, »Corporate Social Responsibility« und »Familienfreundlichkeit« mit hörbarem Leben füllen und Mitarbeiter über ihre Erfahrungen berichten lassen. Selbst die Unternehmensphilosophie oder das Leitbild ließen sich auf unterhaltsame Weise vertonen.

Vorteile des Audio-Features gegenüber dem Film

Viele Menschen, auch Kommunikationsexperten, halten den Film grundsätzlich für das bessere, weil modernere Medium. Außerdem ist es weiter verbreitet und womöglich leichter zu konsumieren.

> ▶ Natürlich haben Unternehmensfilme ihre Berechtigung, vor allem wenn sie erklärungsbedürftige Produkte vorführen oder andere Themen behandeln, die unbedingt auf Bilder angewiesen sind. Um zwischenmenschliche Beziehungen zu fördern, eignet sich das Audio-Medium aber sehr viel besser.

Hinzu kommt die produktionstechnische Seite, vor allem wenn man Interviews verwenden möchte. Viele Menschen lassen sich nicht ohne Weiteres filmen, geben aber bereitwillig Audio-Interviews. Denn der Vorteil ist: Man wird nicht gesehen. Grundsätzlich sind die Interviewpartner in der intimen Zweiersituation einer Audio-Aufnahme entspannter, als wenn ein komplettes Film-Team anrückt. Sie werden nicht abgelenkt durch eine einschüchternde Kamera und lästige Überlegungen: »Sitzt meine Frisur? Wie sehe ich überhaupt aus?«, sondern können sich voll und ganz auf das Thema konzentrieren. Sie fassen schneller Vertrauen und geben mehr von sich preis, auch weil sie nicht gesehen und ggf. von Zuschauern wiedererkannt werden. Die Aufnahmesituation erhöht übrigens auch die Intimität des Produktes: Die Interviewpartner sind näher am Mikrofon und ihre Stimmen dadurch präsenter als im Film.

Die Interviewpartner wissen darüber hinaus, dass sie nicht druckreif sprechen müssen und reden deshalb frei weg von der Leber. Denn durch geschicktes Schneiden des Tonmaterials lassen sich auch schlechte Redner in gute oder zumindest passable Erzähler verwandeln. Selbst mit kleinen Ton-Schnipseln lassen sich dichte Klangbilder erstellen, ohne dass man wie im Film einen Eindruck von Hektik bekäme. Filmszenen müssen dagegen bei Versprechern neu gedreht werden, was bei Ungeübten zu dem bekannten Loriot-Effekt »Ich heiße Erwin Lottemann« führt. Wenn es gar nicht anders geht, werden Filmschnitte mit unschönen Lichtblitzen kaschiert oder man dreht – aufwändiger – mit mehreren Kameras.

> ▶ Insgesamt ist ein Audio-Interview unaufwändiger als ein Film-Interview und deshalb preiswerter: Man braucht weniger Dienstleister (Kameraleute, Beleuchter, Maskenbildner, Location Scout, Raumausstatter), keine vorzeigbaren Räume und Kulissen, weniger technisches Equipment, kein Transportfahrzeug. Auch die Nachbearbeitung von Tonaufnahmen geht schneller als die von Filmmaterial.

Zuhörzeit

Im Radio hat das Feature eigene Sendeplätze, die sich fast immer in das klassische Sendeschema einfügen müssen. Das heißt: Das Feature darf nicht mit den fünfminütigen Nachrichten zu jeder vollen Stunde kollidieren. Deshalb dauert das sogenannte Stundenfeature maximal 55 Minuten. 25- oder 30-minütige Features belegen entweder die erste oder die zweite Hälfte einer Radiostunde. In moderierten Magazinsendungen werden zuweilen Features von 12 bis 20 Minuten Länge ausgestrahlt.

Dieses Raster gilt natürlich nicht für Unternehmen. Ein Corporate Audiobook kann so kurz oder lang sein, wie es möchte. Allenfalls die Laufzeit oder Speicherkapazität einer CD könnte eine Beschränkung darstellen, wobei man in diesem Fall auf eine Doppel-CD ausweichen kann. Wenn das Feature im Internet als Download bereitgestellt wird, gibt es keinerlei Einschränkungen, solange die Benutzerfreundlichkeit gewährleistet ist. Die An- und Abmoderation kann ebenfalls flexibel gehandhabt werden. Entweder ein Sprecher übernimmt diese Aufgabe oder aber ein Mitarbeiter oder Geschäftsführer des Unternehmens (s. Abschn. 3.4) – vorausgesetzt, er beherrscht die Kunst des Vorlesens (s. Abschn. 2.6).

Zusatznutzen: crossmediale Mehrfachverwertung

▶ Auch wenn akustische Erzählungen sich schnell verflüchtigen: Das Material ist vorhanden und liegt in aller Regel auch verschriftlicht vor. Bei einem Feature kann es – anders als beim Hörspiel – zusätzlich für viele andere Zwecke verwendet werden. Vor allem Interviews eignen sich hervorragend für crossmediale Nutzungen.

Für ein 25- bis 30-minütiges Feature führe ich etwa vier bis acht Interviews. Aus jedem Interview kann ich letztlich aber nur wenige Minuten O-Ton verwenden. Das heißt, von jedem Interviewpartner gibt es viel mehr Material, als ich für diesen einen Zweck benötige. Für Unternehmen ist es deshalb sinnvoll, die kompletten Interviews (als Tondokument und in transkribierter Form) zu archivieren, um sie für weitere Veröffentlichungen zu verwenden. Die Interviewmitschnitte können darüber hinaus als »Footage-Material« für Journalisten bereitgehalten werden.

Aus dem Interview-Tonmaterial lassen sich zum Beispiel erstellen:

- O-Ton-Collagen (2 bis 4 Stimmen abwechselnd, ca. 2 bis 7 min.)
- Audio-Kurzbeiträge (O-Töne von einem oder mehreren Interviewpartnern plus erklärender Sprechertext, ca. 3 bis 7 min.)
- Kurz-Interviews (Fragen der Interviewerin plus O-Töne von einem Interviewpartner, ca. 3 bis 8 min.)

Diese Hörstücke – und natürlich die O-Töne aus dem Audiobook – können in diversen audiovisuellen Medien zum Einsatz kommen:

- als Audio-Clip in Online-Audiomagazinen im Inter- oder Intranet
- als Podcast zum Download
- als Tonspur für Audio-Slideshows (vertonte Bildergalerie)
- als Tonspur für Multimediaproduktionen
- als Audio-Clip für Hörstationen, z. B. in Ausstellungen/Unternehmensmuseen
- als Corporate Audiobook zu einem anderen Thema

Hinzu kommt der komplette Printbereich der internen und externen Unternehmenskommunikation. In Textform lassen sich die O-Töne und Interviews für Mitarbeiter- und Kundenzeitschriften, Webseiten, Geschäftsberichte, Festschriften und viele andere Veröffentlichungen eines Unternehmens nutzen.

Manchmal sind solche Nutzungen zum Zeitpunkt der Feature-Entstehung noch nicht absehbar. Doch auch Jahre später kann das Tonmaterial noch wertvolle Dienste leisten, nämlich dann, wenn es um die Darstellung der Unternehmensgeschichte geht (s. Abschn. 2.2). Die Erzählung eines Mitarbeiters von heute kann schon bald als historischer O-Ton in einem neuen Feature auftauchen.

2.4 Storytelling und Wirkungsanalysen. Über das Tiefeninterview zur Narration

Dietmar Pokoyski

▶ Bei diesem Kapitel handelt es sich um eine gekürzte, ergänzte und damit aktualisierte Bearbeitung der von Ankha Haucke und/oder Dietmar Pokoyski verfassten Abschn. 5.2, 5.7, 5.8 und 6.4.1 aus Helisch, M., Pokoyski, D. (Hg. 2009): Security Awareness. Neue Wege zur erfolgreichen Mitarbeiter-Sensibilisierung. Wiesbaden, Vieweg + Teubner.

Wer von Audiobooks spricht, denkt an Geschichten, unabhängig davon ob die Geschichten belletristisch, journalistisch oder über andere Ansätze hergeleitet und aufbereitet wurden. Unbestritten ist, dass eine fesselnd erzählte Geschichte mehr Aufmerksamkeit und Bindung erzeugt, als nüchtern-sachliche Formen von Ansprache und Corporate Audiobooks. Aufgrund der Dominanz visueller Medien hätte das Audiobook ohne eine aufmerksamkeitsstarke Geschichte im Wettbewerb des Kommunikationsmixes mit erheblichen Barrieren hinsichtlich ihrer Wirksamkeit zu kämpfen. Jedes Corporate Audiobook lebt also von einer guten Story. Wie aber komme ich zu einer Geschichte, die auch als

Hörmedium extern, intern und im besten Fall auch als systemisches Arbeitsinstrument funktioniert?

In Abschn. 2.1 wurden Geschichten nach Zwack (2011) als das soziale Gedächtnis ihrer Herkunftssysteme definiert und als in Umsatz gebrachte Beobachtungen, die auf Emotion als Reaktion bei ihren Empfängern setzen, indem sie nicht nur informieren, sondern gerade auch Erfahrungswissen vermitteln, mithin die Empathie meiner Zielgruppe adressieren. Die aktuell vermeintlich wichtigste Methode, die auf Erfahrung und emphatisches Nachempfinden abzielt und daher zur Gewinnung von Geschichten für Corporate Audiobooks eingesetzt werden kann, ist das Storytelling.

Storytelling

Noch vor wenigen Jahren wäre es undenkbar gewesen, das Storytelling oder andere narrative Ansätze als Managementmethode strategisch zu nutzen. Aufgrund der zunehmenden Wirkungslosigkeit traditioneller Ansätze der Organisationslehre vor dem Hintergrund sich rasant ändernder Systeme wurde in Unternehmen auch »neuen«, emotionaleren Qualitäten Beachtung geschenkt – zusammengefasst unter dem Begriff der sog. »Soft Skills«. Der Politikwissenschaftler Herfried Münkler sagt: »Der Weg der Entzauberung führt zum reinen Administrieren [...] Dagegen gibt es zwei Bedenken: dass Administrieren angesichts der Größe und Neuheit der Herausforderungen überfordert [...]. Und dass den Menschen auf Dauer bloße Verwaltung nicht genügt, sondern sie die Dinge umgestalten wollen [...] Man braucht Erzählungen als Orientierung, solche von der Vergangenheit, solche über die Zukunft« (Münkler 2009).

Dabei sind narrative Methoden gar nicht so neu. Denn das Erzählen von Geschichten gehört zu den ältesten Gewinn versprechenden Kommunikationsansätzen. Auf dem Erzählen beruhte vor der Erfindung der Schrift die Weitergabe von Know-how von Generation zu Generation. Wenn Sie sich – weltweit – umschauen, werden Sie auf keinem unserer Kontinente auch nur eine Kultur finden, in der nicht Legenden und Märchen erzählt werden – häufig ausgerichtet auf einen systemischen Benefit. Gerade Märchen stellen, nicht zuletzt weil Ihr Bekanntheitsgrad sehr hoch ist, anschauliche Prototypen für die Behandlung von Wirklichkeit dar. Selbst moderne Markenführung setzt in einem nicht unerheblichen Maß auf den Einsatz von Legenden und Geschichten jeder Art. So verrät man kein Geheimnis, wenn man behauptet, dass Marken nichts anderes als die Summe derjenigen Geschichten sind, die über sie erzählt werden.

Dabei ist gerade Storytelling weder belangloses Lagerfeuergeplapper noch beschönigende PR-Kosmetik. Storytelling (deutsch: Geschichten erzählen) ist vielmehr eine Methode des narrativen (lateinisch: narrare = erzählen) Managements, mit der vor allem sogenanntes implizites Wissen in Form von Metaphern tradiert wird. Implizites Wissen – oder auch »Stilles Wissen« (englisch: tacit knowledge) – bezeichnet im Grunde nichts anderes als Alltags-Know-how und Informationen, deren wir uns nicht bewusst sind (vgl. Definition von Impact Story in Abschn. 2.1). Dabei geht es vor allem um nicht formalisiertes Wissen, das schwer erklärbar ist und sich in der Regel eher non-verbal artikulieren lässt, indem man z. B. ganz praktisch demonstriert, was man weiß oder kann. Im Zusammenhang mit anschaulichen Beispielen verweisen zahlreiche Quellen etwa auf die Fähigkeit, das Gleichgewicht beim Fahrradfahren zu halten. Wer Rad fahren kann, ohne zur Seite zu kippen, weiß implizit um komplexe physikalische Gesetze, die die aktuelle Geschwindigkeit, die Lenkhaltung und den Neigungswinkel des Zweirads berücksichtigen.

Solche oder ähnliche Regeln lassen sich besonders produktiv durch Geschichten vermitteln. Die Zuhörer werden beim Storytelling darüber hinaus idealiter über eine fesselnde Dramaturgie in die Geschichte eingebunden, damit sie ihre Inhalte leichter verstehen. Durch die Berücksichtigung verschiedener Kommunikationskanäle – beim Sprechen bzw. Hören mithilfe paraverbaler Elemente, bei zusätzlicher visueller Aufbereitung auch unter Berücksichtigung nonverbaler Elemente – werden Inhalt und Intention eben häufig nicht nur akustisch wahrgenommen, also »gehört«, sondern auch »erlebt«. Das zu vermittelnde Wissen wird auf diese Weise besser strukturiert, verstanden und verarbeitet. So vereinen Geschichten – gerade auch, weil sie über eine strukturelle Mechanik funktionieren, die lehrreich wie anregend zugleich wirken – so vielfältige Ansätze wie kaum andere Instrumente des modernen Managements.

Karin Thier, die ein sehr anschauliches, weil leicht verständliches und doch sehr umfängliches Buch über diesen Ansatz geschrieben hat, definiert Storytelling als eine Methode, »mit der (Erfahrungs-)Wissen von Mitarbeitern über einschneidende Ereignisse im Unternehmen […] aus unterschiedlichen Perspektiven der Beteiligten erfasst, ausgewertet, und in Form einer gemeinsamen Erfahrungsgeschichte aufbereitet wird. Ziel ist, die gemachten Erfahrungen, Tipps und Tricks zu dokumentieren und damit für das gesamte Unternehmen übertragbar und nutzbar zu machen« (Thier 2006).

Impact und Identifikation

»Gute« Geschichten vermitteln also nicht nur Spaß, sie erzeugen auch einen hohen Impact und Identifikation mit dem Gegenstand ihrer Handlung. Mit einer Geschichte kann man sich in den Mittelpunkt des Geschehens hieven. Man fesselt die Zuhörer und ringt ihnen gerade über die involvierenden Qualitäten Aufmerksamkeit ab. »Zugleich eignen sich Geschichten besonders gut dazu, Werte in einem Unternehmen indirekt kontinuierlich zu thematisieren« (von Schlippe 2011), die mit einem Kleber verglichen werden können, »der das Unternehmen zusammenhält« (Koiranen 2002). Denn Werte »sind das Ergebnis eines Lernprozesses im Umgang mit Problemen, helfen der Organisation, Unsicherheit zu absorbieren und Komplexität zu reduzieren und besitzen einen implizierten Aufforderungscharakter, es dem Praktizierendem gleichzutun« (Zwack 2011). Geschichten sind auch deshalb gute Prozesskommunikationsbeschleuniger, weil sie vom Zuhörer eben auch Reaktionen fordern – z. B. indem diese über die Geschichte dazu aufgerufen werden, sich selbst zu artikulieren und zu positionieren, und über den Vergleich weitere Orientierungshilfen vermittelt werden. Ein derartiges Enabling von Orientierung ist in der

Regel Aufgabe von Management und Führung. Nach Schein sind für Unternehmen organisatorisch vor allem »die Vorbildfunktion der Führungskraft, der Fokus ihrer Aufmerksamkeit und ihre Reaktionen auf kritische Ereignisse [...] am wichtigsten und kraftvollsten« (Zwack 2011). »Führung in sozialen Systemen erfolgt deshalb meist weniger durch die Proklamation offizieller Ziele, sondern durch die Kommunikation von Geschichten« (Simon 2006b).

Soziales Gedächtnis

Derartige Geschichten über Werte bzw. die Unternehmenskultur existieren in jedem Unternehmen – ganz unabhängig davon, ob sie über Storytelling oder andere Methoden identifiziert, transformiert und publiziert werden oder nicht. Ohne eine Modellierung der Geschichten wirken diese quasi unbearbeitet, von sich aus, nur eben implizit. Der amerikanische Wissenschaftler David M. Boje, der mehr als zehn Bücher zum Thema »Narratives Management« und auch über die Belebung des »sozialen Gedächtnisses« durch Geschichten geschrieben hat, behauptet, dass vermehrt auftauchende Geschichten Anzeichen dafür sind, dass in Unternehmen Veränderungsprozesse stattfinden oder bevorstehen (Boje 1991). Allein aus dem Wissen, dass eine solche inoffizielle Kultur ohne bewusste Identifikation und Behandlung ein strategisch in der Regel weniger nutzbares Eigenleben entwickeln würde, ergibt sich eine eindeutige Verpflichtung der Unternehmen, sich mit Ihrer Kultur auseinanderzusetzen, daraus resultierende Veränderungsprozesse zu steuern und die in diesem Rahmen bedeutenden Ressourcen – auch Geschichten – gewinnbringend einzusetzen.

Leider kehren gerade diejenigen Unternehmen, die behaupten, es gebe »eigentlich nichts Interessantes« zu berichten, ihre narrativen Schätze, die ihnen u. a. ihre eigene Historie wohlwollend zugespielt hat, unter den Teppich. Geschichten aus dem Inneren der Unternehmen werden offiziell oft »klein« gemacht, weil man ihren Wert nie schätzen gelernt hat oder man sich etwa für »Ecken und Kanten« oder für den emotionalen Anteil schämt. Die kulturelle Realität wird mithin als störend und als mit Makeln behaftet wahrgenommen. So wird dann die Unternehmenskommunikation nicht selten angewiesen, Unerwünschtes, z. B. Emotionales, glatt zu bügeln um das erstrebte Abziehbild dieser Kultur, eine geschönte, quasi »gemachte« CI, aufrechtzuerhalten. Oft sind es aber gerade die »grauen«, scheinbar »unbelebten« Unternehmen oder Unternehmensbereiche, die fesselnde Geschichten über Gründung, zahlreiche Kriseninterventionen oder grundsätzlich Stoffe zu erzählen haben, die eng mit den emotionalen Qualitäten ihrer Hauptdarsteller, den Menschen, verknüpft sind. Nikolas Luhmann beschreibt Geschichten in derartigen Situationen als »Paradoxie auflösende Kommunikationsform, die in der Lage sein müssen, mehrere Werte gleichzeitig zu beinhalten, wobei die Auflösung dieser konkurrierenden Spannung (Anm. z. B. Krisenkommunikation) am Ende als versöhnender Orientierungswert wahrgenommen wird« (Zwack 2011).

Um darzustellen, wie Storytelling methodisch im Rahmen von Unternehmenskommunikation respektive unserem Thema, Corporate Audiobooks, genutzt werden kann, ist eine
Typologie von Geschichten aus Unternehmen hilfreich. Joanne Martin, die in den 1980er-
und 1990er-Jahren organisationale Geschichten in den USA sammelte, unterscheidet folgende Typen (Martin und Powers 1985):

- Geschichten zu Statusunterschieden
- Geschichten über bestehende Unsicherheit und Sicherheit
- Geschichten über den Grad der vorhandenen Kontrolle.

Geschichte zu Statusunterschieden

Hier spielen vorwiegend Regelverstöße und deren Ahndung auf den verschiedenen Hierar-
chieebenen eine große Rolle. Interessant im Hinblick auf die Kultur ist es, zu identifizieren,
ob und wie Verstöße in Unternehmen geahndet werden und wie etwa potenzielle »Be-
strafungen« (inoffiziell und offiziell) kommuniziert werden. Zu einer Geschichte werden
Fälle aus dem Compliance-Bereich jedoch erst, »wenn etwas ›Dramatisches‹ passiert«. Dieses Dramatische bezeichnet den Verstoß gegen geltende Konventionen. Einer Geschichte
kann es dann gelingen, den Vorstoß gegen diese Kultur auf kulturell anschlussfähige Art
und Weise, d. h. auf Basis eines noch zu handhabenden Widerstands, zu thematisieren.
Dabei verfügt sie u. a. aufgrund von eigenem Anfang und eigenem Ende über eine implizite Theorie der Transformation, die ihr die Beinhaltung mehrerer, auch widersprüchlicher
Werte erlaubt – die berühmten zwei Seiten einer Medaille (Figurationen, dazu s. u.). Daraus
kann geschlossen werden, dass aus jeder Situation, in der Werte offengelegt werden, eine Geschichte entstehen kann (Zwack 2011). Über die reine Compliance hinaus lässt sich
via Storytellling aber auch identifizieren, ob und wie »menschlich« sich Führungskräfte
im Unternehmen verhalten. Gerade in Familienunternehmen wird »das zukünftige Füh-
rungspersonal bereits früh mit Geschichten sozialisiert und damit ihr zukünftiges Handeln
instruiert« (Zwack 2011).

Geschichten über bestehende Unsicherheit und Sicherheit

»Wie schnell wird man gefeuert?«, »Was muss ich getan haben, damit sich mein Vorgesetz-
ter nicht mehr loyal hinter mich stellt?« etc. gehören zu den zentralen Fragen, mit denen
Mitarbeiter sich im Unternehmen beschäftigen. Mitarbeiter, denen die Führung auch Fehler zugesteht und die darüber hinaus die Loyalität ihrer Vorgesetzten spüren, werden sich
auch gegenüber diesen und dem Unternehmen als Ganzes eher loyal verhalten als andere,
die eine permanente Unsicherheit verspüren. Während allerdings »Personen [...] nur einmal entlassen werden können, haben Geschichten darüber einen für die Wertevermittlung
unabdingbaren Vorteil. Sie können unendlich oft wiederholt werden« (Zwack 2011).

Geschichten über den Grad der vorhandenen Kontrolle

Die hier zu beantwortende zentrale Frage ist, wie ein Unternehmen grundsätzlich mit Problemen umgeht, z. B. wie restriktiv Sicherheitsbereiche den Kontakt der Mitarbeiter nach außen regulieren und welche gestalterischen Freiräume bzw. wie viel Selbstverantwortung Mitarbeitern grundsätzlich eingeräumt werden. Denn Kontrollen – das haben vor allem unsere zahlreichen Sicherheitsstudien (vgl. known_sense 2006) belegt – bergen zahlreiche Risiken und führen in zugespitzter Form am Ende stets zu drastischen Entsicherungsszenarien.

Storytelling-Methoden und Durchführung

Auf Basis der obigen Typologie können Unternehmen mithilfe von Geschichten u. a. folgende Wirkungsfelder bearbeiten:

▶ **Tipp**

- Storytelling als Analysemethode und zur Wissensdokumentation: Implizites Wissen wird in Form essenzieller Ereignisse erhoben, in Form einer Erfahrungsgeschichte aufbereitet und im Rahmen von Workshops o. Ä. reflektiert (z. B. Learning History, entwickelt von Forschern des MIT in Harvard und Managern aus verschiedenen US-Unternehmen).
- Storytelling als Kommunikationsinstrument und Transfer-Tool: Geschichten, in denen es um heikle Themen geht, werden über Analogien bzw. Metaphern »entschärft« und über einen fiktiven oder quasi-fiktiven Kanal verbreitet, über den sich leichter sprechen lässt als über die Wirklichkeit.
- Storytelling als aufbereitete Change-Tools: Geschichten werden identifiziert und bezüglich ihrer Wirkung auf einen geplanten Wandel bearbeitet, z. B. Springboard-Stories von Steve Denning (2001).

Weitere Einsatzszenarien für Geschichten und insbesondere Corporate Audiobooks sind in Abschn. 2.1 und in den Success Stories des Kap. 3 beschrieben.

▶ Bei der konkreten Durchführung von Storytelling-Maßnahmen werden in der Regel folgende Prozessschritte durchlaufen, die eng mit den bereits im Kontext der Produktion eines Corporate Audiobooks benannten Prozessen in Abschn. 2.1 verknüpft sind (s. a. Abb. 2.3):

- Strategische Planung inkl. Kick-off
  - Definition von Einsatzfeld, Zielsetzung und -gruppen, Methoden
  - Vorab-Identifikation von herausragenden Geschichten des Unternehmens

- Leitfadenerstellung und Organisation der Feldarbeit
  - Umsetzung der Planung in einen lernenden Leitfaden (s. u. Wirkungsana-
    lysen) mit Zieldefintion
  - Definition, mit wem, wo, wie viele, innerhalb welcher Settings Interviews
    (und/oder Gruppendiskussionen) welcher Dauer und auf Basis welcher In-
    centives durchgeführt werden (in der Regel 10–30 Interviews, wobei eine
    hohe Diversifikation der Perspektive entscheidend ist, d. h., es sollten im
    Idealfall Probanden aus allen Hierarchieebenen und sämtlichen Bereichen
    zum Zuge kommen).
  - Organisation der Interviews bzw. Gruppendiskussionen
- Durchführung von Interviews und/oder Gruppendiskussionen
- Analyse und Gutachten-Erstellung
  - Anpassung der strategischen Schritte aus Step 1 auf Basis der Analyse
  - Transformation der Learnings in eine Erfahrungsgeschichte bzw. in ein
    Treatment (eine Story) für ein Corporate Audiobook
- Schreiben des Drehbuchs
- Validierung bzw. Abnahme
  - Quasi ein Debriefing in Bezug auf Story bzw. Drehbuch (idealerweise
    mehrstufig, vom Gutachten über das Treatment bis zur finalen Version
    des Drehbuchs)
- Veröffentlichung, Produktion (s. Abschn. 2.1) bzw. Rollout/Implementierung
  als Corporate Audiobook

Wirkungsanalysen

Es ist vor allem der spannende Bereich der Evaluation, auf dessen Basis überhaupt gute Geschichten gewonnen werden.

Wie bereits in Abschn. 2.1 erwähnt, ist dem Storytelling eine große Schwäche inhärent: die diffuse methodische Darstellung der – vor allem seelischen – Prozesse bei den Probanden in Bezug auf die Erhebungsphase und die (in den Standardwerken zu Storytelling lediglich) oberflächlich beschriebene Vorgehensweise während der Analyse. Denn gerade die erforderliche Tiefe bei der Beschreibung und Bewertung von Tabus und impliziten Geschichten – also die hier oftmals zitierte »geheime Logik« – die im Wirkungsfeld jedes Unternehmens identifizierbar sind, wird mithilfe der klassischen Storytelling-Methoden selten erreicht.

Wie bereits dargestellt, eignen sich Geschichten »besonders gut, Werte in einem Unternehmen indirekt kontinuierlich zu thematisieren und damit mit dem Paradox umzugehen, dass ein Wert einerseits kontinuierlich im ›Unternehmensgedächtnis‹ präsent gehalten werden muss, um lebendig zu bleiben, dass er aber zugleich nicht zu explizit werden darf, dass er den Charakter einer ›Vorschrift‹ bekommt und damit Gegenstand einer Kontroverse mit der Gefahr einer möglichen Ablehnung wäre« (von Schlippe 2011). Gerade »Tabus […], Probleme, von denen im Unternehmen alle wissen, über die jedoch nicht im entscheidungsrelevanten Kontext gesprochen werden darf, […] beinhalten Werte« (Zwack 2011).

Diese »Werte müssen [...] indirekt, durch ›Anspielung‹ kommuniziert werden [...]. Von besonderer Bedeutung für die Kommunikation [...] ist ihre Implizität. [...] Damit stehen Geschichten vor der Herausforderung, etwas zu benennen, ohne es anzugeben. [...] Das Weglassen, Ausschmücken und Hinzudichten bestimmter Details im Dienste des Plots kommt einer Verdichtung gleich, die den Zuhörer den Wert erahnen lässt, ohne ihn benennen zu müssen« (Zwack 2011). Das heißt, dass bei der Identifikation von Geschichten, ein Modell benötigt wird, mit dem wir veranschaulichen können, wie wir, wie Unternehmen und deren Mitarbeiter seelisch »funktionieren«. Dieses Modell muss eine Vereinfachung beinhalten, mit der man sämtliche Alltagsphänomene beschreiben und Bewusstes und Unbewusstes, Cover und Impact Story, Hauptbild und Nebenbild in einen Übergang und in produktiven Umsatz bringen kann. Die morphologische Psychologie kennt in diesem Zusammenhang den Begriff der Figurationen, der sämtliche Anforderungen an ein Modell von Bilder- und Geschichtengenese erfüllt. Figurationen (s. Kasten unten) können als eine bewegliche Ordnung des Anderswerdens verstanden werden. Oder – mit anderen Worten – als zwei Aspekte einer Gestalt in Verwandlung, auf der exakt die Kreation jener (Schöpfungs-)Geschichten beruht, wie sie im Kontext von Corporate Audiobooks als Entwicklungshelfer oben bzw. in den Abschn. 1.3 und 2.1 beschrieben werden.

Es sind diese Tabus und impliziten Anteile, die uns bei known_sense dazu veranlassen, uns in Bezug auf Geschichtenerhebung und -analyse in Unternehmen weder ausschließlich auf die klassische Storytelling-Methode, noch auf Historiker, Soziologen oder Journalisten als Interviewer oder Projektleiter zu verlassen. Wer anstelle eines Psychologen wäre besser dazu geeignet, ein Unternehmen auf die Couch zu legen? Daher setzen wir in der Evaluationsphase ausschließlich auf Tiefenpsychologen und Medienforscher, die über eine fundierte Ausbildung und ausgiebige Erfahrungen in morphologischer Psychologie mit ihren qualitativen Tiefeninterviews und Wirkungsanalysen verfügen.

Figurationen – Seelisches steht nie still

Wichtiger Bestandteil von Morphologie und Wirkungsanalysen sind auch die so genannten Figurationen, deren Identifikation und Beschreibung dafür sorgen, Verborgenes über Kommunikation, z. B. durch die Transformation in Bilder und Geschichten, erlebbar werden zu lassen.

Da Seelisches nie stillsteht, sondern immer in Verwandlung begriffen ist, ist es insofern auch schwer zu »fassen«. Die Morphologische Psychologie versucht, dieser Bewegung gerecht zu werden, indem sie insbesondere die Übergänge zwischen mehr oder weniger konturierten Gestalten fokussiert und beschreibt. Zugleich betont sie immer wieder, dass auch diese heraushebbaren Gestalten nie »endgültig« in sich abgeschlossen sind, sondern ineinander übergehen. Der Begriff »Figuration« bezeichnet somit ein Modell seelischer Verwandlung, eine Art Einheit, die beschreibbar ist und mit deren Hilfe man verstehen und erklären kann, wie Verhalten und Erleben zusammenhängen und sich entwickeln.

Wie die Gestalttherapie ist auch die Morphologie u. a. in der Gestaltpsychologie verwurzelt und geht davon aus, dass sich das Seelische in bildhaften Einheiten strukturiert. Die Figurationen bezeichnen hierin die beiden Seiten einer seelischen Gestalt, die man sich als Haupt- und Nebenbild vorstellen kann, durch welche Impact oder Cover Story geprägt werden. Dabei ist mit dem Hauptbild das relativ bewusstseinsnahe bzw. im Vordergrund stehende Verhalten und Erleben gemeint, das schon fast vergangen ist. Das Nebenbild umfasst dagegen eher unbewusste und (aus verschiedenen Gründen) oft schwerlich erzählbare Tendenzen sowie all das, was noch werden kann.

Gerade auch Märchen erzählen von Verwandlungen und vor allem davon, wie verschiedene Verwandlungsarten ablaufen können. Insofern bringen sie Transfigurationen in ein erzählbares Bild bzw. eine Geschichte, die über den großen Vorteil verfügen, dass sie den meisten Menschen vertraut sind. Und durch das Nacheinander des Geschehens wird zugleich auch die Zeitgebundenheit seelischer Prozesse abgebildet.

Das Märchen Schneewittchen beinhaltet etwa eine Spiegelfiguration: Beim Sichspiegeln geht es nicht nur um unser Abbild und darum, wie und wer wir sind oder sein wollen (Hauptbild), sondern auch um den vermeintlichen Blick eines anderen auf uns und wer bzw. wie wir noch sein könnten. Der »sprechende« Spiegel verbildlicht gewissermaßen, wie wir vor dem Spiegel ein Bild von uns entwerfen, das weit über das tatsächlich Sichtbare hinausgeht. »In dem, was sich jetzt spiegelt, ist der Gesichtspunkt einer Entwicklung immer dabei – Spiegeln ist ein doppelläufiger Prozess, wie das menschliche Erleben und Handeln überhaupt« (Salber 1989). Ähnlich der Situation des Briefeschreibens denken wir beim Blick in den Spiegel unsere vermuteten bzw. möglichen Wirkungen mit und verwandeln uns dabei.

Als anschauliches Beispiel für eine mit bestimmten Audiobookverfassungen verwandte Figuration mag auch das Angeln dienen. Die Figuration des Angelns hat ihren Drehpunkt in der Hoffnung auf den »Fisch des Lebens«. Das Hauptbild ist die Dramatik eines stillen Kampfes mit einem Freund/Feind. Ergänzt wird es um das Nebenbild einer Berechtigung fürs Nichtstun, innerhalb dessen man »nach anderem fischen« kann.

Widersprüche, Übergänge, Zwischentöne – die morphologische Psychologie

Mithilfe der morphologischen Psychologie, die an der Universität Köln entwickelt worden ist, analysieren erfahrene Markt- und Medienforscher die unbewussten psychologischen Faktoren und Sinnzusammenhänge, die das Wirken eines Individuums oder von Organisationen bestimmen. Auch die in Abschn. 1.3 dargestellten Ergebnisse in Bezug auf Audiobook-Verwender sind auf Grundlage dieser Methode generiert worden. Dabei ist die morphologische Markt- und Medienforschung »… das Resultat einer jahrelangen, beharrlichen Suche nach einem wissenschaftlichem Konzept, mit dem sich die Qualitäten komplexer psychologischer Wirkungszusammenhänge erfassen und analysieren lassen. Der Motor für die Suche war die Unzufriedenheit mit bestehenden Forschungskonzepten, die sich oft allein auf Teilaspekte des Seelenlebens konzentrieren oder aber die qualitative und ganzheitliche Eigenart psychischer Phänomene nicht genügend zu berücksichtigen schien« (Lönneker 2007).

Prägend für die morphologische Psychologie sind u. a.:

- die Ganzheitspsychologie von Friedrich Sander, Mitbegründer der Leipziger Schule der Gestaltpsychologie
- Willhem Dilthey und die Phänomenologie
- Sigmund Freud und die Psychoanalyse
- die »Morphologischen Schriften« von Johann Wolfgang von Goethe
- das Wirken von Wilhelm Salber, ehemaliger Direktor des Psychologischen Instituts an der Universität zu Köln
- die Forschung des *rheingold*-Instituts für qualitative Markt- und Medienforschung.

Der Psychologe Stephan Grünewald vom Kölner Marktforschungsinstitut rheingold schreibt in seinem Buch »Deutschland auf der Couch«, dass die psychologische Perspektive in der Forschung einen unkonventionellen, einen intensiveren, teilnahmsvollen und tieferen Zugang zu den Sehnsüchten und Ängsten der Menschen erfordern würde. »Konventionelle Forschungsinstrumente wie Fragebögen oder standardisierte Interviews leisten diesen Zugang zum Menschen nicht. Sie sind Teil der gesellschaftlichen Stilllegung. Sie pressen die Menschen in vorgegebene Fragen und Antwortkategorien. Sie dienen dazu, möglichst schnell und effizient Meinungen oder Präferenzen in harten, aber nackten Zahlen auszudrücken. Dadurch beschränken sie aber den lebendigen Ausdruckspielraum der Menschen. Das wirkliche Leben ist nicht so klar, eindimensional und glatt, wie es die Daten und Statistiken suggerieren. Es ist vielmehr bestimmt durch Widersprüche, durch Übergänge und Zwischentöne, und durch paradoxe Verhältnisse« (Grünewald 2006).

Handlungs- und Wirkungseinheit – Gliedern von Erlebtem

Aus der morphologischen Forschung wissen wir auch, dass Alltag dadurch charakterisiert wird, dass wir Menschen ständig Handlungen vollführen. Handlungen, die unser Verhalten und Erleben gliedern – eine nach der anderen. In jeder Minute. In jeder Stunde. Den ganzen

Tag lang. Das ganze Leben lang. Unser Tageslauf ist eingeteilt in Handlungseinheiten wie Aufwachen, Morgentoilette, Ankleiden, der in der Regel ersten geschlossenen Einheit nach einer weiteren ausgesprochen wichtigen, dem Schlafen (Böhmer und Melchers 1996).

Auch bei der Arbeit sind wir stets mit Ritualen beschäftigt. Wir begrüßen die Kollegen, fahren unseren Rechner hoch, geben das Passwort ein und sind dann »drin« in der Arbeit, die bei nicht wenigen mit dem Ausloggen bzw. Runterfahren des Rechners abgeschlossen wird. Dazwischen wechseln wir in immer schnelleren Rhythmen zwischen unterschiedlichen Verrichtungen, die zu unserm Job gehören: zwischen den einzelnen Computerprogrammen, die wir brauchen, um unser Pensum erfüllen zu können, zwischen den unterschiedlichen Kommunikationsformen wie E-Mail, Telefon oder face-to-face mit Kunden, Partnern, Kollegen, Vorgesetzten etc. Wir arbeiten, spielen und lernen zugleich und trennen uns vielleicht gleichzeitig per SMS oder E-Mail von unserem Partner – selbstverständlich nicht ohne hierbei eine Zigarette zu rauchen und möglicherweise einem potenziell neuen Partner Blicke zuzuwerfen.

Die Morphologie sagt auch: Jede Handlung verfolgt einen Sinn – aber mit Handlungen verfolgen Menschen auch weiter greifende Ziele. Der originäre Eigen-Sinn einer Handlung ist nie bereits ALLES. Außer den aktuellen Handlungseinheiten gibt es z. B. übergeordnete und dauerhafte Einheiten. Das Leben etwa ist als eine Verkettung von Handlungseinheiten kaum mehr zu überblicken. Wenn überhaupt, dann eher in Teilen wie bspw. Kindheit, Jugend, Studium, Kinderkriegen und -erziehen etc. Entsprechend gibt es auch andere, den Alltag »begleitende« Einheiten, die kleiner sind als Handlungseinheiten, die Wirkungseinheiten (Böhmer und Melchers 1996). Auch auf der Arbeit stecken wir ständig und gleichzeitig in zahlreichen umfassenden Wirkungseinheiten wie dem wöchentlichen Meeting, Onlinesurfen, Kaffeepausen, kleine Spielchen am PC etc.

Die einzelnen Handlungs- und Wirkungseinheiten sind aber nicht nur Selbstzweck, sie leisten etwas für die großen, umfassenden Einheiten, und sie helfen auch zu verstehen, welche »geheime Logik« oftmals hinter scheinbar banalen Alltagsverrichtungen und ihren Brüchen, etwa den Fehlern von Mitarbeitern, steckt.

Wie aber kommt man zu den »unsichtbaren« Dingen in den Betrieben? Indem man fragt, was dort, gerade in Tabus oder sog. Fehlleistungen, zum Ausdruck kommt, was die Dinge »sagen«. Denn nach der Morphologie steckt in allem noch »etwas anderes«. Um die Dinge zum »Sprechen« zu bringen, muss man den Zusammenhang sehen. Nur im Kontext ist verständlich, wie etwas funktioniert. Die Morphologie gibt keine Ruhe, bis sie verstanden hat, was zusammenwirkt, bis ein Form-Bild entwickelt ist – eine Art Bauplan als Funktionsschema der Wirklichkeit, bei der sich Alternativen, Chancen und Grenzen von Entwicklungen auftun (Böhmer und Melchers 1996).

Das geschilderte Prinzip funktioniert mit Markenprodukten ebenso wie mit Blick auf Unternehmenskultur. Eine Wirkungsanalyse von Werten oder Tabus in einem Unternehmen heißt also: das Unternehmen »anders« sehen und mehr von ihm verstehen. Eine Wirkungsanalyse in einem Unternehmen unterstützt somit nicht nur den Prozess der Narration, um eine Story, z. B. für ein Corporate Audiobook, zu generieren, sondern liefert darüber hinaus auch der Führung weitere wertvolle Erkenntnisse in Bezug auf das Wir-

Abb. 2.2 Ausgewählte Instrumente der Toolbox »askit«: Aus exemplarischen Landschaftsbildern, Icon-Sammlungen und Magazinfotos werden Bilder der Arbeitswirklichkeit – Probanden-Collagen ihrer Arbeitsplätze im Rahmen einer Wirkungsanalyse (*links*); Mitarbeiter kämpfen einsam oder kuscheln gemeinsam – Aufstellungen mit Spielfiguren, bei denen sich die Probanden im Gefüge ihrer Kollegen verorten, ermöglichen einen tiefen Blick in die Unternehmenswirklichkeit (*rechts oben*); Moderationskarten askitMeta bilden Bausteine für eine Unternehmenskulturlandkarte (*rechts unten*)

kungsfeld des Unternehmens – eine Win-Win-Situation für jede strategisch operierende Unternehmenskommunikation!

Wie werden die Kultur-Wirkungsanalysen durchgeführt?

Das psychologische Tiefeninterview, das gegebenenfalls um psychologische Gruppendiskussionen ergänzt werden kann, verbindet Bedeutungstiefe mit Erkenntnispragmatik – auch im Kontext verschiedener Fragestellungen zu sämtlichen Aspekten des Wirkens innerhalb eines Unternehmens. In den zweistündigen Einzelinterviews oder Gruppendiskussionen decken die Psychologen die unbewussten seelischen Wirkungen und Einflussfaktoren auf, die in Bezug zu den durch die Kommunikationsstrategie verfolgten Zielen das Verhalten aller von der Unternehmenskultur betroffenen Personen bestimmen. Diese werden motiviert, in ihrer eigenen Sprache alles zu beschreiben, was ihnen im Zusammenhang mit Ihrer Arbeit, ihrem Wirken und der Unternehmenskultur durch Kopf und Bauch geht. So geraten diese Explorationen immer wieder zu Forschungsreisen, auf denen Probanden und Interviewer Tabus und bisher unverstandene Phänomene gemeinsam erkunden. Dabei werden vor allem die geheimen bzw. nicht bewusst wahrgenommenen Bedeutungszusammenhänge erforscht und nachvollziehbar gemacht. »Ein gutes und produktives Tiefeninterview zeichnet sich dadurch aus, dass sich der Psychologe anschließend ein anschauliches Bild [...] seines Interviewpartners machen kann – ein Bild, das man beinahe riechen, schmecken und tasten kann ...« (Grünewald 2006).

Leitfaden: flexibel und mitlernend

Vor Beginn der Interviews wird ein Leitfaden erstellt, der die untersuchungsrelevanten Themen beinhaltet. Die Besonderheit dieses »lernenden« Leitfadens besteht in seiner Flexibilität; er ist eben *nicht* statisch – vorbereitete Fragen etwa müssen keinesfalls in einem Nacheinander oder vollständig abgehandelt werden. Als Interviewer folgt man weitgehend den Schilderungen der Probanden. Man nimmt also wahr, was den Menschen persönlich wichtig ist, was diese zu dem jeweils behandelten Thema zu sagen haben – und eben auch das, worüber sie möglicherweise bisher noch nicht bewusst nachgedacht haben, aber dennoch, unter Umständen auch non-verbal, thematisieren können. Insofern erfahren im Idealfall beide Beteiligte im Verlauf des Interviews etwas Neues. Und das bedeutet, dass in Tiefeninterviews überraschend auftretende Aspekte in nachfolgenden Interviews berücksichtigt werden können. Damit liefert eine Kulturstudie in Unternehmen intensive und wissenschaftlich abgesicherte Werteanalysen auf Basis von kleinen, aber aussagefähigen Stichproben.

Kreative Verfahren bzw. Methoden

Aufgrund potenzieller Widerstände oder möglicher Probleme der Probanden, sich rein verbal auszudrücken, kommen im Rahmen unserer Tiefeninterviews, Gruppendiskussionen und Workshops zahlreiche projektive Verfahren zum Zuge, die das Setting über kreative, vorwiegend visuelle Methoden qualifizieren, weil diese sozusagen die Menschen zum »Sprechen« bringen und so als »Kommunikationskrücken« fungieren. Ähnlich wie bei einer Psychotherapie, bei der z. B. einer Gesprächstherapie aufgrund der Beschränkung auf wenige Kommunikationskanäle die Tiefung fehlt, um eine nachhaltige Wirkung zu erzielen, werden auch hierbei Methoden aus dem Umfeld der Gestaltpsychologie angewendet. Zu den projektiven Verfahren zählen u. a. die Erstellung von Zeichnungen mit Erinnerungen, Vorstellungsbildern und anderen Imaginationen, Collagen oder weitere Aufgaben, in denen die Probanden Vergleiche anstellen und ihr persönliches Bild im Kontext dieser Vergleiche beschreiben oder skribbeln sollen (z. B. das Unternehmen als Tier, Pflanze, Landschaft, Stadt, Film, Musikstück, Theater, Buch, Auto, Farbe etc.).

Da Probanden-Barrieren und also Anforderungen an die Interviewer bei vielen unserer Projekte Überschneidungen aufweisen, haben wir bei known_sense die bereits 2007 mit dem IT-Sicherheitspreis NRW ausgezeichnete Toolbox »askit« entwickelt. Nachdem »askit« ursprünglich auf das Thema Sicherheitskultur beschränkt war, sind die zugehörigen Instrumente in den letzten Jahren auf Einsätze hinsichtlich der Erfassung einer umfassenden Unternehmenskultur ausgeweitet worden. Es besteht aus verschiedenen Tools (Abb. 2.2), die kreative Settings einleiten oder es, z. B. bei der Verdichtung von Ergebnissen aus Analysen in den anschließenden Workshops mit den Kunden ermöglichen, Priorisierungen vorzunehmen.

Beispiele für die Tools sind:

- Diverse Spielfiguren-Sets zum Aufstellen der Arbeitsumgebung, um Beziehungen in ein Bild zu rücken.
- askitMood: Verschiedene Tafeln mit klassischen Landschafsbildern wie z. B. Wüste, Berge, Wald, Regenwald, Meer sowie diverse DIN-A-4-Bögen mit zahlreichen Icons und Silhouetten-Bildern aus der Arbeitswirklichkeit, die auf den Moodboards aufgeklebt werden können. Hinzugefügt wird – je nach Setting – eine aktuelle, stark visuell aufgebaute und mit zahlreichen Anzeigenseiten flankierte Publikumszeitschrift wie FOCUS oder stern, aus denen die Probanden ebenfalls Details ausschneiden und für Collagen verwenden können, die ihre Arbeitswirklichkeit repräsentieren. Neben dem Ergebnis und der jeweils eigenen Interpretation des Probanden ist vor allem die Kommunikation mit dem Interviewer während der kreativen Aufgabe von hoher Wichtigkeit.
- askitSound ist ein Baukasten mit diversen Soundboards, bestehend aus Musikfragmenten und Geräuschen, die vom Probanden mithilfe eines intuitiv zu bedienenden Controllers zu einer Klangcollage geskribbelt werden können.

- askitMeta ist ein Kartenset mit über 100 DIN-A-6-Karten, die sich u. a. in Kategorien wie »Unternehmensschmerzpunkte«, »Kommunikationskanäle« und »Zielgruppen« aufteilen. Mithilfe der Karten können Learning Maps im Kontext von Unternehmenskultur, Change-Prozessen, Sicherheitskultur und interner Kommunikation erstellt werden, mittels derer die Strategien und Storytellingprozesse als eine Art Ergebniskommunikation visualisiert und dokumentiert werden.

  Über diese und weitere Hilfsmittel können gerade auch unbewusste Zusammenhänge geskribbelt und bereits Übergänge in die Kreation, hier insbesondere in die Storyentwicklung und -ausgestaltung, geschaffen werden.

Ist psychologische Markt- und Medienforschung repräsentativ?

Tiefenpsychologische Wirkungsanalysen sind im psychologisch-funktionalen Sinne repräsentativ, da Aufbau und Stichprobengrößen dazu führen, dass sämtliche für die Wahrnehmung des Themas relevanten Bedeutungen und Faktoren, Facetten und Variationen repräsentiert werden. Gleichzeitig wird das für tiefer führende Erkenntnisse so entscheidende ganzheitliche Zusammenwirken der verschiedenen Teile dargestellt. Auf diese Weise lässt sich ein Verständnis erzielen, nach welchen Prinzipien z. B. kulturelle Phänomene in den Unternehmen in ihrer Gesamtheit funktionieren. Erst auf Basis dieses Verständnisses werden Entwicklungsprobleme und -potenziale deutlich, aber auch potenzielle Wirkungen von Medien, Kampagnen und damit auch eines potenziellen Corporate Audiobooks.

Da vor allem bei Marktforschungslaien immer wieder Zweifel bezüglich der Repräsentativität aufkommen, wollen wir gerne auf die Argumente von Ingo Dammer und Frank Szymkowiak in ihrem Buch »Gruppendiskussionen in der Marktforschung« hinweisen: »Statische Repräsentativität ist [...] ausschließlich ein Problem quantitativer Methodik.« Und weiter: »Es fällt [...] auf, dass die Zweifel an der Validität [...] oft genug dann auftauchen, wenn das anschauliche Profil der Zielgruppe den geliebten, gehegten und gepflegten Klischees über die Zielgruppe widerspricht. Man sollte sich im Klaren darüber sein, dass anschauliche Einblicke in die Lebenswelt [...] nicht nur positiv erlebt werden, sondern mit einer Angst-Faszination verbunden sind. Bergen sie doch immer auch die Gefahr, dass das Bild empfindlich gestört wird, das sich Verantwortliche [...] von ihrer Zielgruppe machen« (Dammer und Szymkowiak 2008).

Dammer und Szymkowiak glauben, dass es nur dann sinnvoll sein kann, statistische Repräsentativität zu fordern, wenn nicht das Funktionieren eines Gegenstandes zu erklären, sondern die (statistische) Häufigkeit des Verhaltens im Rahmen einer Grundgesamtheit deutlich benannt werden muss, so dass statistische Repräsentativität lediglich als ein »Kontrollapparat« dienen kann. »Aber was soll mit ihrer Hilfe kontrolliert werden? Ganz einfach. Das zentrale Problem quantitativer Forschung im Bereich der Sozialwissenschaften, nämlich die bange Frage danach, ob das Ergebnis der doppelten Übersetzung – von konkreten menschlichen Aussagen in die Mathematik und wieder zurück in konkrete Aussagen – denn schließlich noch etwas mit dem zu tun hat, wonach ursprünglich gefragt wurde« (Dammer und Szymkowiak 2008).

Die beiden Psychologen stellen auch dar, dass qualitative Methoden im Gegensatz zu quantitativen das Problem der Mathematisierung nicht kennen würden. Sie könnten während des ganzen Forschungsprozesses »am Gegenstand bleiben und sich funktional repräsentativ ausweisen, ohne statistisch repräsentativ vorgehen zu müssen« (Dammer und Szymkowiak 2008).

So könnte die »Psycho-Logik« eines Gegenstandes potenziell bereits in einem idealen Interview komplett verständlich werden, auch wenn wir stets von einem Mindestumsatz von 15 Interviews ausgehen. Aufgrund dieser relativ geringen Fallzahl bei exakter Beschreibung einer grundlegend wirkenden Logik sind qualitative Wirkungsanalysen einer Unternehmenskultur gerade auch interessant für kleine und mittlere Unternehmen (KMU).

Bierautomat als Spender eines gärenden Veränderungssafts

Bei einem unserer Kunden wurde über eine Wirkungsanalyse, die auch als Grundlage eines Hörspiels Material für das Storytelling geliefert hatte, das Mitleiden der Mitarbeiter an sehr einschneidenden Veränderungsprozessen offenbar. Auf die Frage nach zeitlichen Komponenten für das Einsetzen dieser Veränderungen konnten keine konkreten Datumsangaben gemacht werden. Jedoch wurde in knapp zwei Drittel sämtlicher Interviews der Abbau eines Bierautomaten im Unternehmen als Symbol für das Einsetzen spürbarer Änderungen (und eben auch für den Verlust von sinnlichen Qualitäten) angegeben – und dies nicht nur von gestandenen Mitarbeitern mit langer Bindung, sondern auch von jüngeren, die diesen Automaten aufgrund ihrer kurzen Betriebszugehörigkeit gar nicht persönlich erlebt haben konnten. Vor allem der Verlust eines unbeschwerten Hinausstrebens aus dem Unternehmen wurde gemeinsam mit den anderen erlebten, konkreteren Begleiterscheinungen beklagt. Das Objekt bzw. die mit dem Automaten erlebten sinnlichen Qualitäten, Tagträume, die mit einem kühlen, sprudelnden Bier verknüpft sind, und ebenso andere vitalisierende Tätigkeiten jenseits der eigentlichen Arbeit, wie etwa die selbstverständliche Unterstützung, einem Kollegen nach der Arbeit beim Umzug zu helfen, konnten sehr produktiv in die für das Hörspiel genutzte Geschichte integriert werden. Und dies aus dem Grund, dass der Automat, ein typischer Kommunikationsbeschleuniger, und die Geschichte um ihn herum bei allen Mitarbeitern bekannt waren. »Produktiv« heißt in diesem Kontext aber auch, dass der Bierautomat von den Mitarbeitern als Stellvertreter für die im Unternehmen tabuisierten Klagen hinsichtlich der Positionierungsreife des Unternehmens benutzt wurde. Eine offene Kommunikation wäre aufgrund der aktuellen emotionalen Gemütslage von Mitarbeitern und Führung nicht akzeptiert worden. In dieser Phase des Umbruchs ging es u. a. um neue Produkte, die das bisherige, viele Jahrzehnte wettbewerbsfähige Kernportfolio abzulösen begann, verbunden mit der Unsicherheit, ob diese Innovationen auch markttauglich sein und so den eigenen Job bewahren würden. Hierfür wurde auch die Begrenzung einer regionalen Positionierung zugunsten einer wettbewerbstauglichen offeneren Ausrichtung aufgegeben – was auch die Einstellung zahlreicher neuer Mitarbeiter aus anderen Regionen mit einschloss. Dies führte unausweichlich zu einer Neubewertung und zwangsweisen Öffnung der innerhalb des Unternehmens verankerten lokalen Kultur. Es kam zu Konflikten im Rahmen eines schwierigen Change-Prozesses, der mit dem Bierautomaten – gerade dann, wenn man Bier psychologisch als Saft der »Heimat« betrachten mag – in ein lebhaft sprudelndes, aber noch unausgegorenes Bild gesetzt wurde.

Besonderheiten einer internen Wirkungsanalyse

Eine qualitative Wirkungsanalyse eines so komplexen Gefüges wie der Unternehmenskultur ergibt jedoch nur dann Sinn, wenn die Interviews und Analysen ausschließlich von Psychologen durchgeführt werden, die über langjährige Erfahrung im Einsatz der tiefenpsychologischen morphologischen Methode verfügen. Auch erfordert die Methodik – vor allem dann, wenn sie intern durchgeführt wird – eine vollständige Anonymisierung der Probanden. Beobachtungsinterviews etwa, die im Marketingkontext sinnvoll sind, um Auftraggeber stärker zu involvieren, sind dann keinesfalls zugelassen. Auch konsultierte Teststudios müssen Interviewtermine mit Mitarbeitern so koordinieren, dass sich Kollegen zwischen den Interviews nicht begegnen. Eine Tiefung der Interviews gelingt übrigens in der Tat deutlich besser, wenn diese nicht im Unternehmen selbst stattfinden, sondern an einem »neutralem« Ort, bspw. im oben erwähnten Teststudio.

Bei der Durchführung von etwa 10–30 Tiefeninterviews sollten im Rahmen der Feldarbeit mindestens drei Psychologen eingesetzt werden. Von der Erstellung eines Konzepts mit Leitfaden über Teambriefing, Feldarbeit, Interviewauswertung, Analyse und der Erstellung des Chartbandes bis hin zur Ergebnispräsentation müssen von den Psychologen bei z. B. 30 Interviews in der Regel mehr als 200 Stunden aufgewendet werden. Für alle Aufgaben, von der Erstellung des Leitfadens über das Briefing, die Feldarbeit bis zur Auswertung und Gutachtenerstellung ist ein Zeitrahmen von circa sechs Wochen zu kalkulieren. In einigen Fällen ist die Durchführung einer tiefenpsychologischen Studie aber auch innerhalb von circa drei Kalenderwochen realisierbar (s. Abb. 2.3).

Fazit

▸ Storytelling

- zeigt Konflikte, Alternativen und Lösungen,
- dient u. a. der Identifizierung von Erfahrungswissen sowie der Bewusstmachung bisher ungenügend präsenter Themen und gibt so Denkanstöße,

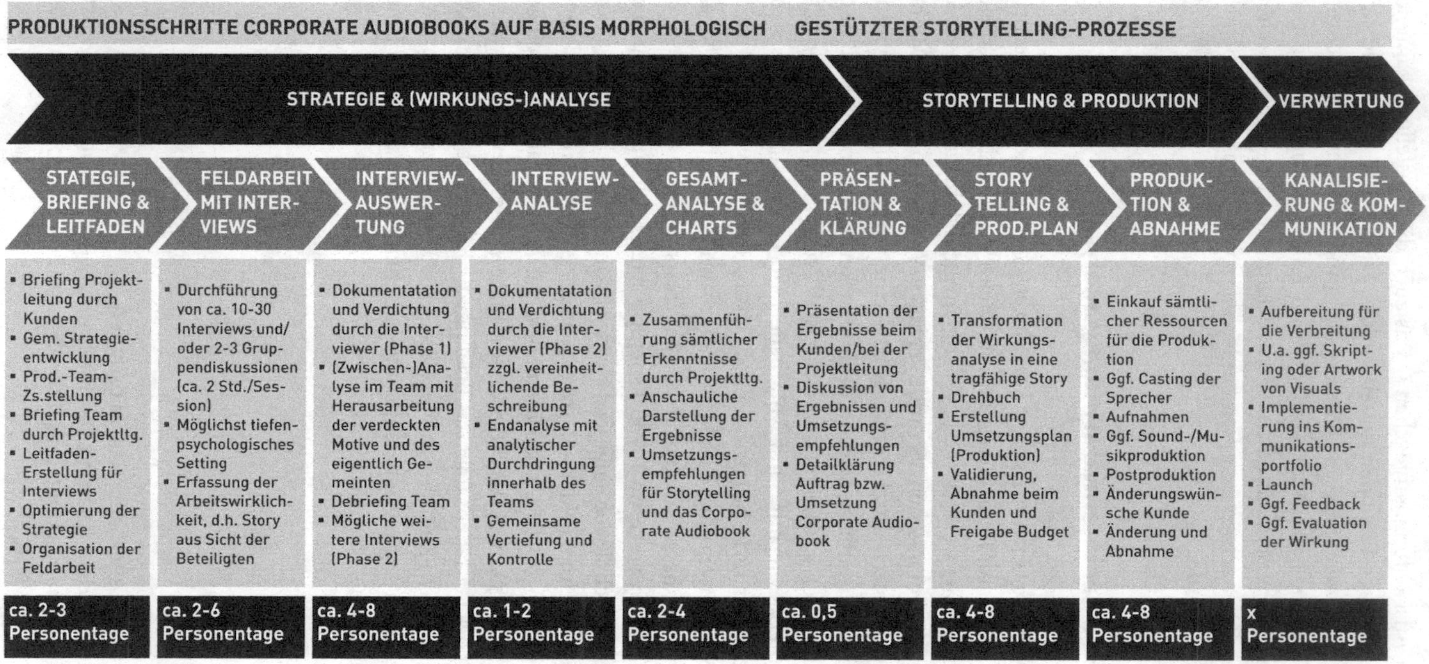

PRODUKTIONSSCHRITTE CORPORATE AUDIOBOOKS AUF BASIS MORPHOLOGISCH GESTÜTZTER STORYTELLING-PROZESSE

STRATEGIE & (WIRKUNGS-)ANALYSE						STORYTELLING & PRODUKTION		VERWERTUNG
STATEGIE, BRIEFING & LEITFADEN	FELDARBEIT MIT INTERVIEWS	INTERVIEW-AUSWERTUNG	INTERVIEW-ANALYSE	GESAMT-ANALYSE & CHARTS	PRÄSENTATION & KLÄRUNG	STORY TELLING & PROD.PLAN	PRODUKTION & ABNAHME	KANALISIERUNG & KOMMUNIKATION
• Briefing Projektleitung durch Kunden • Gem. Strategieentwicklung • Prod.-Team-Zs.stellung • Briefing Team durch Projektkttg. • Leitfaden-Erstellung für Interviews • Optimierung der Strategie • Organisation der Feldarbeit	• Durchführung von ca. 10-30 Interviews und/oder 2-3 Gruppendiskussionen (ca. 2 Std./Session) • Möglichst tiefenpsychologisches Setting • Erfassung der Arbeitswirklichkeit, d.h. Story aus Sicht der Beteiligten	• Dokumentatation und Verdichtung durch die Interviewer (Phase 1) [Zwischen-]Analyse im Team mit Herausarbeitung der verdeckten Motive und des eigentlich Gemeinten • Debriefing Team • Mögliche weitere Interviews (Phase 2)	• Dokumentatation und Verdichtung durch die Interviewer (Phase 2) zzgl. vereinheitlichende Beschreibung • Endanalyse mit analytischer Durchdringung innerhalb des Teams • Gemeinsame Vertiefung und Kontrolle	• Zusammenführung sämtlicher Erkenntnisse durch Projektktg. • Anschauliche Darstellung der Ergebnisse • Umsetzungsempfehlungen für Storytelling und das Corporate Audiobook	• Präsentation der Ergebnisse beim Kunden/bei der Projektleitung • Diskussion von Ergebnissen und Umsetzungsempfehlungen • Detailklärung Auftrag bzw. Umsetzung Corporate Audiobook	• Transformation der Wirkungsanalyse in eine tragfähige Story • Drehbuch Erstellung • Umsetzungsplan (Produktion) • Validierung, Abnahme beim Kunden und Freigabe Budget	• Einkauf sämtlicher Ressourcen für die Produktion • Ggf. Casting der Sprecher • Aufnahmen • Ggf. Sound-/Musikproduktion • Postproduktion • Änderungswünsche Kunde • Änderung und Abnahme	• Aufbereitung für die Verbreitung • U.a. ggf. Skripting oder Artwork von Visuals • Implementierung ins Kommunikationsportfolio • Launch • Ggf. Feedback • Ggf. Evaluation der Wirkung
ca. 2-3 Personentage	ca. 2-6 Personentage	ca. 4-8 Personentage	ca. 1-2 Personentage	ca. 2-4 Personentage	ca. 0,5 Personentage	ca. 4-8 Personentage	ca. 4-8 Personentage	x Personentage

Abb. 2.3 Produktionsschritte Corporate Audiobooks

- schafft Sensibilisierung gegenüber Werten und Unternehmenskultur, besonders in alltagsrelevanten Themen, so dass vor allem auch Toleranz gegenüber abweichendem Verhalten anderer erwirkt werden kann,
- fördert die Kommunikation – gerade auch im Rahmen sensibler, weil unerwünschter Themenfelder – und führt so zu einem Austausch, zur Kritikfähigkeit und damit zu einem bewussten Umgang mit anderen und sich selbst.
- demonstriert den Mitarbeitern, woher das Unternehmen stammt, wo es aktuell steht und wohin es sich entwickeln soll.

Als eine der am häufigsten angewandten narrativen Methode eignet sich Storytelling im Kontext von Corporate Audiobooks vor allem dann als »Geschichten-Figurator« für Hörspiele, Features & Co., wenn die Geschichte als ein systemisch ausgerichtetes Instrument der internen Kommunikation eingesetzt werden soll. Eine besonders starke Tiefung mit der Identifikation von impliziten bzw. »geheimen«, tabuanalogen Werten und Geschichten gelingt hingegen über die Integration der morphologischen Psychologie in die Interview- und Analysephase des narrativen Prozesses. Die erreichte Tiefung bleibt in der anschließenden Transformation in tragende Treatments erhalten, so dass kulturell anschlussfähige Drehbücher entstehen, die ein empathisches Nachempfinden ermöglichen. Schließlich verkürzen die Figurationen und anderen Bebilderungen der mit ihr assoziierten qualitativen Analysen den Transformationsprozess in Stories erheblich und liefern den Kreativen, die die Endfassungen der Drehbücher verantworten, authentische, stimmungsvolle, überraschende und passende Figurationen und Wirkungsmodule für involvierende Erzählungen und Dialoge.

2.5   Schreiben fürs Hören. Eine Anleitung zum ohrenfreundlichen Texten

Stefanie Pütz

Jeder Autor eines Hörspiels oder Features möchte seine Hörer in den Bann ziehen. Das funktioniert aber nur, wenn er seine Texte auch fürs Hören schreibt. Das heißt: Seine Sprache muss prägnant und klar sein, so dass sie jeder sofort versteht. Sobald das Gehörte nebulös oder kompliziert wird, steigen die Hörer aus.

Im Grunde gibt es nur eine einzige Regel für gute Hörtexte:
Schreiben Sie so, wie Sie sprechen! Das klingt einfacher, als es ist. Denn die meisten Menschen verfallen beim Schreiben automatisch in einen formalen und etwas hölzernen Stil. Fürs Hören sollten Sie jedoch möglichst einfach schreiben.

Am besten lesen Sie sich zur Kontrolle Ihren eigenen Text selbst laut vor. Wenn Sie dabei über irgendetwas stolpern, formulieren Sie den Satz um. Fragen Sie sich immer wieder, ob jemand tatsächlich so sprechen würde, wie Sie gerade schreiben – vor allem, wenn Ihr Text später von einer anderen Person gesprochen wird. Jeder professionelle Sprecher freut sich über gut geschriebene Hörtexte, die ihm leicht von den Lippen gehen.

1. Schreiben Sie kurze und verständliche Sätze

Vermeiden Sie Schachtelsätze. Hauptsätze sollten maximal einen Nebensatz haben.

Beispiel

Während Frau Müller die Sprecherkarteien im Netz durchforstete, hörte Herr Meier einen Stapel Demo-CDs ab, die er nach einem Aufruf auf einer Internet-Plattform nicht nur von professionellen, sondern auch von Hobby-Sprechern zugeschickt bekommen hatte, so dass er sich nun ärgerte, dass er seine Anfrage nicht genauer formuliert hatte, weil er sehr viel Zeit, die er für andere Aufgaben dringender gebraucht hätte, für das Aussortieren opfern musste.

besser:

Frau Müller durchforstete die Sprecherkarteien im Netz. Währenddessen hörte Herr Meier einen Stapel Demo-CDs ab. Er hatte sie nach einem Aufruf auf einer Internet-Plattform zugeschickt bekommen – leider nicht nur von professionellen, sondern auch von Hobby-Sprechern. Jetzt ärgerte er sich, dass er seine Anfrage nicht genauer formuliert hatte. Denn für das Aussortieren musste er sehr viel Zeit opfern, die er dringender für andere Aufgaben gebraucht hätte.

2. Verwenden Sie möglichst wenige Substantive

Denken Sie daran, dass Sie Bilder im Kopf erzeugen möchten. Wenn Sie im Nominalstil schreiben, galoppiert am geistigen Auge der Hörer höchstens ein Amtsschimmel vorbei. Denn zu viele Substantive erinnern an Behördendeutsch und blockieren die Phantasie.

Beispiel

Nach der Absage einer Regieassistentin bestand die Notwendigkeit einer Änderung der Aufgabenverteilung.

besser:

Nachdem eine Regieassistentin abgesagt hatte, mussten die Aufgaben neu verteilt werden.

Beispiel

Die Sprechtrainerin riet ihr zum täglichen Konsum einer Tasse Ingwertee.

besser:

Die Sprechtrainerin riet ihr, jeden Tag eine Tasse Ingwertee zu trinken.

Beispiel

Ihre größte Wirkung entfalten Geräusche bei sparsamem Einsatz.

besser:

Geräusche wirken am besten, wenn man sie sparsam einsetzt.

3. Verzichten Sie auf Passivkonstruktionen

In einem Passivsatz tritt die handelnde Person in den Hintergrund. Eine Aussage kann dadurch objektiver erscheinen. Deshalb sind Passivsätze – ebenso wie der o. g. Nominalstil – vor allem in der Behörden- und Wissenschaftssprache beliebt. Ein Geschichtenerzähler, der seine Zuhörer fesseln möchte, würde hingegen niemals Passivsätze verwenden. Aktivsätze sind in der Regel lebendiger, verständlicher und erzeugen mehr Nähe zum Geschehen.

Beispiel

Es wird nur wenig Zeit gebraucht, um ein Aufnahmegerät in Gang zu setzen.

besser:

Die Interviewerin braucht nur wenig Zeit, um ihr Aufnahmegerät in Gang zu setzen.

Beispiel

Der Sprecher wurde häufig gelobt, aber auch für seine nachlässige Aussprache an einigen Stellen getadelt.

besser:

Die Regisseurin lobte den Sprecher häufig, tadelte ihn aber auch für seine nachlässige Aussprache an einigen Stellen.

Es wird davon ausgegangen, dass nach einer langen Studioproduktion viele Plätze im gegenüber liegenden Bistro belegt werden.

besser:

Nach einer langen Studioproduktion geht vermutlich die gesamte Crew zum Essen ins Bistro gegenüber.

4. **Kommen Sie gleich zur Sache**

Lassen Sie die Hörer nicht zu lange auf das Verb warten. Denn bis dahin verstehen sie den Kern der Aussage nicht.

Sie hat inzwischen das Studio, einen Raum mit neuer Technik und angenehmer Atmosphäre, an den sie sich noch gut erinnern kann, betreten.
Das letzte Wort könnte auch heißen: »verlassen«, »weiterempfohlen«, »angerufen«, »verklagt«. Die Hörer bleiben bis zuletzt im Unklaren, was passiert ist.

besser:

Sie hat inzwischen das Studio betreten. Es ist ein Raum mit neuer Technik und angenehmer Atmosphäre. Sie kann sich noch gut an ihn erinnern.

5. **Vergessen Sie hin und wieder die Satzbauregeln**

Gesprochene Sätze müssen nicht immer vollständig sein.

Der Toningenieur hörte weder eine Stimme noch Papierrascheln oder Musik. Er fragte sich, was geschehen war.

besser:

Der Toningenieur hörte nichts. Keine Stimme, kein Papierrascheln, keine Musik. Was war geschehen?

6. Seien Sie sparsam mit Zahlen und Abkürzungen

Beispiel

Der Autor hat 34,4 Prozent seines Materials genutzt.

besser:

Der Autor hat ein gutes Drittel seines Materials genutzt.

Bei flüchtigem Hören oder Störgeräuschen könnte im ersten Satz nur die letzte »Vier« zum Ohr durchdringen (»vier Prozent«). Beugen Sie derartigen Missverständnissen vor. Strapazieren Sie Ihre Hörer auch nicht mit unnötigen Denkaufgaben: Verwenden Sie keine Abkürzungen, die womöglich nicht jedem geläufig sind.

Beispiel

Die FAZ berichtete, dass zur Präsentation des Corporate Audiobooks sogar der OB erschienen war.

besser:

Die Frankfurter Allgemeine Zeitung berichtete, dass zur Präsentation des Corporate Audiobooks sogar der Oberbürgermeister erschienen war.

7. Seien Sie redundant

Denken Sie daran, dass Ihre Hörer nicht zurückblättern können. Vielleicht haben sie nach einer Weile einen Namen oder einen Zusammenhang vergessen. Streuen Sie diese Informationen immer wieder ein.

Beispiel

Frank Müller sitzt inzwischen im Zug.

besser:

Frank Müller, der Toningenieur aus München, sitzt inzwischen im Zug.

Bei komplexen Geschichten können Sie wichtige Ereignisse zwischendurch kurz zusammenfassen.

8. Vermeiden Sie zu viel Abwechslung

Bei geschriebenen Texten gehört es zum guten Stil, Begriffe nicht ständig zu wiederholen. Deshalb weicht man auf Synonyme oder Umschreibungen aus. In Hörtexten sollten Sie genau das nicht tun. Denn zu viele verschiedene Begriffe stiften Verwirrung – vor allem bei Hörern, die nicht genau hinhören.

Beispiel

Der Hörbuch-Produzent betrat den Raum. Der 53-Jährige hielt Ausschau nach einer Sitzgelegenheit. Sein Blick wanderte prüfend über alle Stühle. Dann setzte sich der vierfache Vater auf einen Chefsessel. Er zog ein Manuskript aus seiner Tasche und blätterte darin herum. Der gebürtige Berliner schnaufte.

besser:

Der Hörbuch-Produzent betrat den Raum. Er hielt Ausschau nach einer Sitzgelegenheit. Sein Blick wanderte prüfend über alle Stühle. Dann setzte er sich auf einen Chefsessel. Der Produzent zog ein Manuskript aus seiner Tasche und blätterte darin herum. Er schnaufte.

9. Denken Sie an alle Sinne

Audio-Produktionen sind auf eine bildhafte Sprache angewiesen, wenn sie die Hörer fesseln sollen. Schließlich können Hör-Geschichten keine Bilder vermitteln. Viele Autoren denken deshalb, sie müssten in ihren Texten in erster Linie visuelle Eindrücke schildern. Unter den Hörern gibt es jedoch sehr unterschiedliche Wahrnehmungstypen. Behalten Sie dies beim Texten im Hinterkopf. Beschreiben Sie also nicht nur, was Sie gesehen haben, sondern auch, wie es an einem bestimmten Ort riecht, wie das Essen geschmeckt hat oder wie sich das Sofa anfühlt, auf dem Sie mit Ihrem Interviewpartner gesessen haben. Je mehr Sinneseindrücke Sie in Worte fassen, desto breiter wird der Zugang zu Ihrem Thema.

> **Fazit**
> Bemühen Sie sich um Ihre Hörer. Verwenden Sie eine knappe, dichte Sprache und anschauliche Formulierungen. Machen Sie es Ihren Hörern immer leicht, dem Text zu folgen. Dann werden sie es auch tun – vorausgesetzt, Sie haben eine spannende Geschichte zu erzählen!

2.6 Die Macht der Stimme. Drei Tipps aus der Praxis des Sprechers

Sven Görtz

Ich werde immer wieder gefragt: Was muss ich tun, damit meine Stimme besser zur Geltung kommt? Sei es im Vortrag oder überhaupt in freier Rede zuhause oder im Berufsleben. Welche Tipps gibt es aus der Praxis des Sprechers, dessen Profession darin besteht, live wie im Studio Worte zum Klingen zu bringen?

Meine Antwort ist immer dieselbe und beruht auf einem alten Musikerwitz: Fragt ein Mann in New York einen Saxofonisten: »Entschuldigen Sie, wie komme ich zur Carnegie Hall?« Da antwortet der Musiker: »Ganz einfach: Üben, üben, üben!« Meist sind die Menschen über meine Antwort überrascht und halten sie für zu einfach. Und doch läuft alles auf nichts anderes hinaus. Es kommt allerdings darauf an, dass man das Richtige übt und dass man es auf die richtige Weise macht. Drei schnelle Tipps habe ich für Sie. Doch zuvor noch ein Hinweis zur Art des Übens:

▶ Wir trainieren unsere Stimme am besten, wenn wir sie wie ein Instrument auffassen. Das Üben der Stimme sollte deshalb denselben Regeln folgen wie das Erlernen von Gitarre oder Klavier: Regelmäßigkeit ist wichtig. Ich empfehle: besser täglich eine halbe Stunde üben als einmal die Woche drei Stunden am Stück – mit anschließender Heiserkeit!

Tipp Nr. 1: Betonung

Überlegen Sie genau, welche Worte Sie betonen möchten. Gehen Sie auch umgekehrt vor: Achten Sie darauf, mögliche Überbetonungen zu vermeiden. Wie das Überbetonen von Worten wirkt, kennen Sie wahrscheinlich von Familienfesten, wenn es der Festredner besonders gut machen will.

Mit Betonungen sagen wir dem Hörer, was uns wichtig ist. Wer klar und deutlich betont, wirkt kompetent, weil er weiß, was er will. Üben Sie mit einfachen Sätzen zuhause und entscheiden Sie sich für unterschiedliche Worte, die Sie durch Betonung herausstellen möchten. Besonders interessant wird es, wenn Sie einmal versuchen, außergewöhnliche

Abb. 2.4 Der Sprecher Sven Görtz in Aktion (Bild: Sven Görtz Management)

Betonungen vorzunehmen, nämlich an Stellen, die niemand erwartet. Das kann den Hörer besonders fesseln. Und die Macht der Stimme nutzen heißt: den Hörer mit unserer Stimme zu fesseln, mit der besonderen Art, wie wir sagen, was wir zu sagen haben (Abb. 2.4).

Tipp Nr. 2: Tempo

Es ist das einfachste Mittel, um Schwung in unsere Sprechweise, sei es als Rede oder Vortrag zu bekommen. Alle guten Sprecher beherrschen dieses Mittel. Tempo heißt aber nicht, so schnell wie nur irgend möglich loszuquasseln, sondern: Variationen des Tempos! Sie kennen sicherlich Menschen, die stets in demselben Tempo sprechen, bis die Zuhörer eingeschlafen sind und erst wieder erwachen, sobald der gleichmäßig fließende Schwall von Worten abreißt.

Wählen Sie bei Ihren Übungen zunächst ein Grundtempo. Und variieren Sie dann, indem Sie von diesem ausgehend beschleunigen oder entschleunigen. Kommen Sie immer wieder auf Ihr Grundtempo zurück. Besonders clever ist auch ein Mittel, das in der Musik für tolle Effekte sorgt: das sogenannte Ritardando. Gegen Ende eines Liedes verschleppen die Musiker das Tempo bis zum Stillstand, dem Schlussakkord. Probieren Sie das mal aus, gerne in einer Rede oder einem Vortrag. Ihre Zuhörer werden es Ihnen danken, weil sie auf diese Weise genau wissen, wo eine Einheit endet.

Tipp Nr. 3: Pausen

Sie stellen die hohe Kunst der Stille dar. Mit einem geschickten Einsatz von Pausen können Sie zum Ausdruck bringen, was kein Wort je hinreichend beschreiben könnte. Sie sagen scheinbar nichts und doch so unendlich viel.

Üben Sie einen kreativen Einsatz von Pausen. Setzen Sie sie vor Worte, die Ihnen wichtig sind oder zwischen zwei entscheidende Gedankengänge. Später, wenn Sie einige Erfahrungen im Umgang mit der klangvollen Stille der Pausen gewonnen haben, platzieren Sie Ihre Sprechlücken an unerwarteten Stellen. Warten Sie ab, was passiert. Der Zuhörer wird stutzen, sich wundern, wird wissen wollen, was Sie weiter sagen werden. Voilà, Sie haben seine Aufmerksamkeit gewonnen.

2.7 »Sounds als Human Touch« – Interview mit dem Musiker und Komponisten Harald »Sack« Ziegler

Dietmar Pokoyski

Die Fragen stellte Dietmar Pokoyski.

▶ Harald, wir kennen uns seit 30 Jahren und arbeiten seit mindestens einem Vierteljahrhundert immer wieder projektbezogen zusammen und bleiben daher einfach beim »Du«. Für KRASH hast du in den 1990er Jahren unter anderem die Musik für die Deutschen Literaturmeisterschaften oder »Textile Texte – die erste literarische Modenschau der Welt« gemacht. Und du hast nicht nur bei vielen unterschiedlichen Hörspielproduktionen mitgearbeitet, sondern aufgrund unserer regelmäßigen Zusammenarbeit als einer der wenigen Musiker in Deutschland fundierte Erfahrungen im Bereich Corporate Audiobook. Kannst du kurz einen Überblick geben, wie du generell als Musiker und Komponist arbeitest und wie sich die Vielzahl von Entwicklungsschritten in den diversen Settings vom Komponieren bis zum Live-Auftritt unterscheiden?

Live ist ein Stück natürlich immer wieder anders. Beim Konzert reagiere ich wie die meisten Musiker stärker aufs Publikum, das den Auftritt – wie im Übrigen auch der Raum – beeinflusst, denn es macht einen Unterschied, ob man ein Konzert in der Philharmonie gibt oder in einem lauten Club, wo mir meine Stücke stets aggressiver geraten. Wenn ich komponiere, bin ich ein Alltags-Recording-Musiker, der Themen direkt aus dem Leben bezieht und in Musik umsetzt. Zum Komponieren gehe ich z. B. meistens mit meiner Gitarre ins

Schlafzimmer, schreibe alles, was mir durch Kopf und Bauch geht, auf und lege angefangene Kompositionen häufig wieder zur Seite bis zum nächsten Kreativschub. Beim Texten gehe ich ähnlich vor. Ich notiere z. B. Fragmente aus Gedanken oder Gesprächen meist sofort. Genauso gehe ich mit gefundenen Medienschnipseln oder Rhythmen um, z. B. indem ich nebenher etwas mit den Fingern trommele – das notiere ich dann einfach, wenn's interessant ist. Beim Aufnahmeprozess zu Hause, wo einen der eigene Alltag umgibt, kann man natürlich nicht so konzentriert arbeiten wie im Studio. Man muss die Umgebung quasi ins Setting einbauen. Da kommt jemand rein oder das Telefon klingelt – manchmal passt das und dann lasse ich Störgeräusche einfach drin. Im Studio arbeite ich naturgemäß konzentrierter, fasse mich aus Zeit- und Kostengründen relativ kurz. Auch bei Auftragsarbeiten für Hörspiele oder Filme, Modenschauen, Tanzstücke und so weiter.

> ▸   Gibt es hinsichtlich des Komponierens für die genannten Genres Unterschiede? Und kannst du dein Vorgehen beschreiben, wenn du eine Anfrage für einen Auftrag erhältst?

Die Unterschiede sind natürlich sehr projektabhängig. Ich sehe aber immer in der Abfolge von Sounds kleine Geschichten in der Gesamt-Geschichte, eine Art Illustration. Natürlich ist die Musik unter meinem eigenen Namen auch eine Illustration, nämlich Bilder, die meine Texte illustrieren und stets auch über einen biografischen Hintergrund verfügen. Daher schaue ich meistens zuerst auf den Lebenslauf des Autors oder Produzenten oder sein Arbeitsumfeld und weiß dann relativ schnell Bescheid, worum es gehen könnte. Ich erhalte beinahe ausschließlich Anfragen von Menschen, deren Sozialisation – so wie meine – über den musikalischen bzw. kulturellen Underground, Subpop oder die Lo-Fi-Ästhetik geprägt ist. So kennen die meisten Kreativen, die mich um meine Mitarbeit bitten, meine Arbeitsweise und meinen Stil recht gut. Natürlich schaue ich mir das Skript sehr genau an und informiere mich relativ breit über das Umfeld des Auftraggebers und seine Ziele bzw. die Zielgruppe. Da ich ein sehr neugieriger Mensch bin, lese ich mich häufig auch in Sekundärliteratur zu den behandelten Themen ein. In Bezug auf die Musik habe ich jedoch, obwohl ich auch viel über Musikwissenschaften und -produktion lese, einen sehr selektiven und experimentellen Zugang zugleich. Besonders spannend – weil eine besondere Herausforderung – ist es, über neue Produktionen immer wieder Neues auszuprobieren und das Neue in den eigenen Know-how-Pool zu integrieren, um den Fundus an Möglichkeiten ständig zu erweitern. Ich probiere auch gerne mal ein neues Instrument aus, das ich eigentlich nicht spiele. Wenn z. B. ein Cello im Studio verfügbar ist, frage ich schon mal nach, ob ich damit etwas ausprobieren darf. Dann schaue ich, ob ich mit den Fähigkeiten, die mir zur Verfügung stehen, etwas Spannendes auf dem für mich Neuen realisieren lässt. Instrumente sind gar nicht so unterschiedlich. Die Art der technischen Erzeugung kann man sich, wenn man über eine solide Grundausbildung verfügt, jederzeit aneignen. Ich spiele auf »neuen« Instrumenten auch nur das, was ich technisch hinkriege. Dieser Raum für Neues, fürs Improvisieren ist für mich als Musiker zwingend notwendig, um meine Optionen und damit auch meine Beratungskompetenz als Gastmusiker oder Auftragskomponist zu erweitern. D. h., ich benutze z. B. Instrumente selektiv und schaue, was ich wie am besten zugunsten der Qualität einer Geschichte oder eines Stückes einsetzen kann. Natürlich fühle ich mich auch manchmal ausgebremst. Aber die Mahnung an eine konzentrierte Arbeitsweise ist das gute Recht eines Auftraggebers, denn letztlich bin ich in der o. g. Rolle vor allem Dienstleister und lasse mich dann auch stärker lenken als bei der Produktion meiner eigenen Musik.

▶   Für die Corporate Audiobooks, bei denen wir zusammengearbeitet haben, hast du nicht nur Jingles, Songs, illustrierende Musik gemacht, sondern beinahe jeden Sound – vom Schaufelraddampfer bis zum Telefonklingeln – eingespielt, und zwar nicht auf vermeintlich leichterem Wege elektronisch, sondern akustisch, das heißt mit Instrumenten oder Alltagsgegenständen wie Spielzeug oder Haushaltsgeräten. Manchmal wäre es wahrscheinlich einfacher gewesen, ein echtes Telefon oder einen Mixer aufzunehmen. Warum entscheidest du dich nicht für ein Originalgeräusch?

Eine akustische Information wie ein Telefonklingeln im Hintergrund kann man natürlich mit einem Originalgeräusch erzeugen. Aber ein Originalgeräusch ist für den Hörer oft schwerer zu erkennen als ein imitiertes Geräusch, weil ein nachgemachter Sound das beabsichtigte Geräusch im Sinne eines besseren Verständnisses auf eine Karikatur reduziert und in etwa funktional so arbeitet wie im Designbereich ein Icon. Manche Originalgeräusche, von denen wir das gar nicht erwarten würden, sind in der Tat meist gar nicht zu erkennen. Zum Beispiel »Rauschen im Wald« ist kaum von anderem Rauschen zu unterscheiden. Es ist wesentlich einfacher, so ein Rauschen mit Papier und Plastiktüte zu imitieren. Das habe ich mir von Geräuschemachern abgeguckt, die für Filme arbeiten, und eben auch in mein Instrumentarium, von dem ich bei Auftragsarbeiten enorm profitiere, integriert. Womit macht so ein Geräuschemacher Schritte im Schnee, Regen oder Sturm? Zum Beispiel habe ich mir ein Donnerblech aus einem Keksdosendeckel gemacht und den Sound einfach tiefer gepitcht. Ein Donnerrohr zu bauen, ist auch nicht schwierig. Das ist ganz einfach ein Papprohr mit flexibler Feder. Wenn das geschüttelt wird, überträgt sich das Geräusch der Feder aufs Rohr und klingt wahnsinnig nach Gewitter. Einem Gewitter zur rechten Zeit aufzulauern, wäre wesentlich aufwändiger. Und das Original-Gewitter klingt dann für den, der's hört, häufig noch nicht einmal »echt«.

▶   Wenn du Songs einspielst, addierst du als Multiinstrumentalist Spur für Spur, bis man das Gefühl hat, einer ganzen Band zuzuhören. Ist das ein Vorteil oder ein Nachteil bzw. anders herum: Hättest du manchmal lieber mehr Budget und eine Band zur Verfügung?

Ich finde es schön, wenn ich meinen persönlichen Stil ausleben kann – so wie auch bei meinen Live-Konzerten. Ich möchte quasi auch meinen persönlichen musikalischen Fingerprint hinterlassen. Zum Beispiel die technische Art der Bedienung eines Klaviers habe ich übertragen auf »Instrumente«, mit denen man das üblicherweise nicht machen würde, etwa auf Trommeln. Dabei spiele ich Klavierfiguren von Bach, z. B. ein Präludium, auf einer Trommel mit meinen Fingern so, als würde ich Klavier spielen. Kinderspielzeug wie Toy Pianos oder andere Alltagsgegenstände eignen sich ebenfalls für diese Übertragung. Oder ich spiele diese Fingerbewegungen nur mit einer Hand auf einer Seite eines Kaffeebechers und die andere Hand spielt auf der anderen Seite etwas ganz anderes. Mit dieser Technik erzeugt man verblüffende Ergebnisse, weil sich das so anhören kann wie eine Percussion-gruppe, obwohl es sich »nur« um eine Fingertechnik vom Klavier handelt. Wenn man also Techniken, mit denen man üblicherweise Instrumente spielt, auf Alltagsgegenstände über-trägt, kommen Überraschungen ins Spiel. Diese Arbeitsweise wende ich überall an, bei Popsongs wie auch beim Illustrieren von Auftragsarbeiten. Deswegen nehme ich meistens auch Alltagsgegenstände mit ins Studio oder suche mir diese vor Ort. Wasserflaschen gibt es überall. Mit zwei 2 großen leeren Flaschen kann man wie mit Trommelstöcken trom-meln. In diesem experimentellen Umgang mit neuen Möglichkeiten liegt der Reiz, einen ganz neuen Stil zu entwickeln, der mit meiner Persönlichkeit verschmilzt und wie bei einer Stimme unverwechselbar ist. Man kann das natürlich auch alles samplen, aber dann fehlt mir in der Regel der »human touch«. Auch eine ganz bestimmte Linie auf einem Horn zu spielen und an dieser wiedererkannt zu werden, ist schon mein Ziel als Künstler.

▸ Du erwähnst jetzt dein Lieblingsinstrument, das Horn – ich wusste gar nicht, was man aus diesem behäbig wirkenden Instrument rausholen kann. Warum gilt deine Liebe genau diesem Klassiker, den ich eher als konservativ einschätze, während du ansonsten häufig die oben genannten Objets trouvés – also Gegen-stände des Alltags – für die Sounderzeugung einsetzt? Und wie entscheidest du, ob du »richtige« Instrumente einsetzt oder sozusagen eine Art Ready made?

Das Waldhorn habe ich zum einen studiert und zum anderen wird es außerhalb der sogenannten E-Musik wenig genutzt, ist also noch nicht so besetzt wie vielleicht andere Instrumente. Es mischt sich perfekt in unterschiedlichste Musikstile ein, auch in Popsongs, wo man, weil ein Horn erstmal sehr exotisch klingt, dies eher nicht erwarten würde. Ich werde mit dem Horn inzwischen häufig als Gastmusiker gebucht und spiele es sogar sehr oft bei Popstücken. Dann überlege ich mir bereits beim Arrangieren, ob ich es ein- oder mehrstimmig und wo genau ich es einsetzen kann, z. B. für Melodien oder eher rhythmisch. Mir ist wichtig, dass man mir diese Freiheiten lässt, auch so etwas wie Kontrapunkte zu set-zen. Hierzu eine kurze Geschichte: Ein Musiker, der mich schon mal für Aufnahmen mit dem Horn engagiert hatte, hat mich aus Zeitmangel nicht für eine zweite Aufnahme buchen können. Dann hat er einen Orchestermusiker engagiert – das bin ich zwar auch, habe aber nie professionell in einem Orchester gespielt. Danach hat er mir erzählt, dass er diese Auf-nahme nicht gebrauchen konnte. Der Orchestermusiker hätte gespielt wie ein Synthesizer, sehr perfekt zwar, aber ohne jeglichen »human touch«. Und beim Komponieren hätte er die Phrasen mit dem Horn mit Gedanken an mein Spiel geschrieben. Wenn ich Horn spie-le, versuche ich also, die Klangphase ganz subjektiv zu beeinflussen. Effekte wie Schlenker oder Kiekser beim Horn sind mir willkommen und auch durchaus kultivierbar. Perfektion ist nicht alles. Der menschliche Faktor ist wichtig, wenn man eine Beziehung zum Hörer aufbauen und ihn in eine Geschichte integrieren will.

> ▶ Könntest du Hörspielmachern und Kommunikationsexperten einen Tipp geben, was in Bezug auf Jingles, Songs, Musik, Sounds zu beachten ist, was essentiell ist, wenn ich z. B. ein Corporate Audiobook produzieren möchte? Kann ich z. B. einfach bekannte Musikstücke nutzen oder brauche ich GEMA-freie Musik? Oder ist es zielführender, direkt mit einem Musiker bzw. Komponisten zu arbeiten?

Du kannst natürlich fertige Musik auf Tonträgern kaufen oder runterladen. Du kriegst für alles das richtige Geräusch oder eine passende Musik. Entweder sind die Stücke dann über die GEMA geschützt oder eben GEMA-frei. GEMA-freie sind in der Anschaffung teurer, weil sie nur einmal bezahlt werden und dann keine weiteren Gebühren anfallen. Für GEMA-geschützte Musik fallen bei jeder Nutzung Gebühren an. Diese Musik, egal ob GEMA-frei oder -geschützt, ist aber unflexibel einzusetzen. Ich behaupte: Man kann allein nur mit Körper oder Stimme, d. h. unter Verzicht sämtlicher Instrumente, alles das, was auf diesen CDs oder Portalen angeboten wird, realisieren – und in der Regel besser. Wenn du mir ein bekanntes Popstück nennst, das du gern im Rahmen eines Audiobooks nutzen willst, behaupte ich, dass ich eine Phrase hinkriege, die dieses Stück assoziieren lässt, ohne dass es kopiert wird und wir eine potenzielle Urheberrechtsverletzung begehen würden. Mit Flexibilität meine ich deshalb, dass ein Musiker auf deine exakten Wünsche als Produzent eingehen und auch relativ kurzfristig bzw. spontan Änderungen vornehmen kann. Bei Hörspielen habe ich die Erfahrung gemacht, dass, wenn das Stück vermeintlich fertig ist, häufig noch Übergänge fehlen, damit die Geschichte dramaturgisch rund ist. Übergänge aus Musik oder Geräuschen helfen dabei, die Geschichte aus einem Guss zu erzählen. Diese Glättung erfordert Arbeit, oft prozessuale Arbeit zwischen dem Autor oder Regisseur und dem Komponisten bzw. Musiker. Daher ist es wesentlich produktiver, mit Menschen zu arbeiten als mit quasi »toten« Tonträgern. Dieser menschliche Faktor ist meiner Meinung nach unverzichtbar, um ein gutes Corporate Audiobook zu produzieren. Hörer können das oft nicht klar benennen, aber sie merken, wenn etwas nicht stimmt. Daher sind Geräusche und Musik so etwas wie das Skelett eines Hörspiels; sie richten das Fleischliche der Geschichte erst auf. Und diese Aufgabe sollte man unbedingt Menschen überlassen und nicht Konserven.

2.8 »Audiobooks sind Teil der akustischen Identität« – Interview mit Rainer Hirt von der Audio-Branding-Agentur audity

Stefanie Pütz

Die Fragen stellte Stefanie Pütz.

▶ Herr Hirt, braucht jedes Unternehmen eine akustische Markenidentität?

Es hat sie ohnehin schon. Jedes Unternehmen hat mit Klängen zu tun, ob es jetzt ein Finanzdienstleister oder eine Bäckerei ist. Schon eine Telefonwarteschleife stellt ein akustisches Element dar, und am Point of Sale ist es die Stimme des Verkäufers. Das heißt, es gibt in jedem Unternehmen eine Verwendung von Klang. Die Frage ist nur, inwieweit man sie steuern und auf ein bestimmtes Ziel abstimmen möchte. Und hier kommt das Thema Audio-Branding ins Spiel. Wir bei audity verstehen darunter einen strategischen Prozess, der alle akustischen Merkmale in der Markenführung berücksichtigt. Dazu zählt auch die Produktakustik. Bei einem Automobilhersteller zum Beispiel ist der Motorensound oder das Klicken des Blinkers auch ein Teil der akustischen Markenidentität. Dazu kommen dann die üblichen Kommunikationsmittel wie Telefonwarteschleife, Audio-Logo oder TV-Spot.

▶ Gehören erzählte Geschichten für Sie auch zur akustischen Markenidentität?

Ja natürlich, sobald eine Stimme ins Spiel kommt. Unsere Agentur kümmert sich allerdings weniger um Geschichten als um die Wirkung von Stimmen. Wenn wir zum Beispiel für einen Werbespot einen Sprecher benötigen, suchen wir ihn nach Stimmfach, Tonalität und Sprechweise aus. Wir hatten bisher noch nie die Aufgabe, uns über Inhalte Gedanken zu machen.

▶ Kann ein Unternehmen auch mit einem Hörbuch Audio-Branding betreiben?

Auf jeden Fall. Das ist ein ideales Medium, um über den narrativen Weg Klangelemente, die man vorher definiert hat, einzusetzen. Es sollte dann aber nicht nach Schema F gehen: »Jetzt stellen wir an den Anfang mal das Audio-Logo, weil das ja immer an den Anfang gehört, und dann haben wir noch einen Soundscape, der auch noch unbedingt vorkommen muss«. Das würde ich nicht empfehlen, sondern der Klang muss sich organisch mit den Inhalten verbinden. Wenn es eine Markenstimme gibt, finde ich es gut und eigentlich sogar zwingend, dass sie auch das Hörbuch spricht. Denn auch ein Hörbuch ist ein Touch-Point, der zum restlichen Corporate Sound passen sollte.

▶ Kann man auch umgekehrt vorgehen, also dass man aus einem Audiobook heraus Elemente für das Audio-Branding definiert?

Abb. 2.5 Wie klingt eine Zitrusfrucht? Dieser Frage ging die Agentur audity in ihrer Studie »The Sound of Citrus« im Auftrag eines Aromenherstellers nach. (Bild: audity)

Dafür kenne ich kein Beispiel aus der Praxis. Aber wenn ein Hörbuch in einem Unternehmen schon lange eingesetzt wird und auch dessen akustische Identität prägt, dann könnte es durchaus sinnvoll sein, daraus Klangelemente auszugliedern und weiterzuentwickeln. Ähnlich könnte es mit Musik funktionieren. Wenn ein Unternehmen jahrelang den gleichen Song einsetzt, wie zum Beispiel Becks mit »Sail away«, dann ist es durchaus eine Möglichkeit, daraus eine akustische Markenführung abzuleiten. Aber prinzipiell halte ich den umgekehrten Weg für besser, also dass man sich, wenn es noch keine Klangidentität gibt, erst einmal Gedanken macht: Wie soll mein Unternehmen eigentlich klingen? Was soll in den Köpfen der Kunden erzeugt werden (Abb. 2.5 und 2.6)? Wie passt das zur restlichen Markenwelt? Und danach kann man diese akustischen Elemente strategisch in alle Medien integrieren.

▶   Gibt es typische Fehler, die man mit Sound-Elementen machen kann, also Fallen, in die man nicht hineintapsen sollte?

Eine Falle ist, dass man sich beim Einsatz der Klangelemente nicht treu bleibt. Ich glaube nicht, dass es eine perfekte Herangehensweise gibt. Man kann zum Beispiel nicht sagen: Das Audio-Logo muss grundsätzlich immer am Anfang und am Ende stehen. Das wäre ein zu

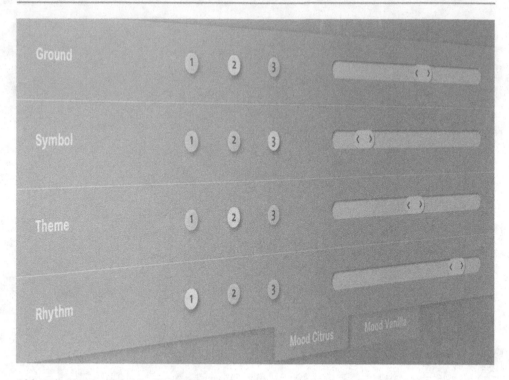

Abb. 2.6 Vierspuriges Moodboard zur Studie »The Sound of Citrus«. Die Probanden konnten pro Spur drei Intensitätsgrade von süßsauer über sauer bis bittersauer wählen. Eine Kontrollgruppe befasste sich mit dem Klang von Vanille (Bild: audity)

starres Korsett. Aber wenn man einmal ein Format etabliert hat, dann sollte man es auch konsequent beibehalten. Ein Beispiel: Wenn das Audio-Logo am Ende eines TV-Spots frei steht, dann sollte man nicht plötzlich anfangen, Informationen darüber zu sprechen. Leider kommt das in der Praxis häufig vor, weil man Kosten für die Werbezeit sparen möchte. Aber dadurch geht die Wiedererkennbarkeit schnell verloren. Grundsätzlich plädiere ich für überlegtes Vorgehen und gegen hektisches Zusammenbasteln unter Zeitdruck. Auch bei einem Audiobook sollte man sich frühzeitig mit der Agentur zusammensetzen, die den Corporate Sound entwickelt hat, und überlegen, wie man die bestehenden Sound-Layouts in das Hörbuch integrieren kann.

▸ Die akustische Markenführung wird in Unternehmen ja eher stiefmütterlich behandelt. Haben Sie dafür eine Erklärung?

Ich glaube, dass die westeuropäische Kultur sehr visuell geprägt ist. Das fängt schon damit an, dass man einfach nicht lernt, über Klänge zu sprechen und kein Vokabular für Geräusche hat. Man tut sich sehr schwer damit, vielleicht auch, weil Klangerlebnisse eine sehr emotionale Sache sind. Das Visuelle steht deshalb in der Markenführung immer noch stark im Vordergrund. In den nächsten Generationen könnte sich das womöglich ändern. Aber ich würde nicht so weit gehen zu sagen, in den nächsten 20 Jahren wird es einen »Auditory Turn« geben, so wie es einen »Iconic Turn« gab. Ich glaube, es ist vielmehr dieser ganzheitliche Ansatz, der sich mehr und mehr durchsetzt. Also dass man alle Sinneswahrnehmungen in den Fokus nimmt und noch mehr multisensorische Markenführung betreibt, als das jetzt schon der Fall ist. Der Sound ist aber eben nur eines von mehreren Elementen. Das merken wir übrigens auch bei unseren Auftraggebern: Es muss immer jemand dabei sein, der sich wirklich für Audio-Branding begeistert, sonst haben wir keine Chance. Zum Glück treffen wir in Unternehmen immer wieder auf Menschen, die den Hörsinn wirklich ernst nehmen und auch wissen, dass man Klänge sehr geschickt in der Markenführung einsetzen kann.

▶   Was kann das Audio-Medium Ihrer Meinung nach leisten, was andere Medien
     nicht können?

Über Klang hat man die Möglichkeit, sehr direkt Einfluss zu nehmen, zum Beispiel auf die Pulsgeschwindigkeit, also man kann mehr emotionale Aufmerksamkeit erzeugen. Das ist ein Riesenvorteil von Klang. Für Unternehmen bedeutet das: Sie können sich mit Klang ganz anders etablieren und in den Köpfen festsetzen als mit Bildern. Denn wenn ich einen Klang höre und nicht genau weiß, was es war, dann beschäftige ich mich kognitiv ganz anders damit, als wenn ich ein statisches Bild vor mir habe.

▶   Manche sagen, dass man Menschen mit Klang besonders gut manipulieren
     kann.

»Manipulieren« würde ich das nicht nennen. Ich glaube nicht, dass man mit Klang irgendjemanden dazu bringt, etwas zu tun, was er nicht tun will. Aber natürlich kann man jemanden über Klang unterschwellig beeinflussen. Es gibt ja diese bekannte Wein-Studie von North und Hargreaves, die zeigt, wie Kunden im Supermarkt auf eine Hintergrundbeschallung reagieren. Die Forscher haben dort französische Chansons abgespielt und festgestellt, dass unentschlossene Käufer tatsächlich mehr französische Weine kauften. Das heißt, man kann mit Klang gewisse Denkmuster aktivieren oder Gefühle erzeugen, die sich dann auf eine Kaufentscheidung auswirken. Wobei diese Kunden ja ohnehin Wein kaufen wollten. Es ging nur noch um die Wahl zwischen verschiedenen Produkten.

▶   Worauf muss man achten, wenn man einen Corporate Sound entwickelt?

Am besten ist es, wenn der Klang sich gut einprägt – ob es eine Melodie, ein Produktgeräusch oder eine markante Stimme ist. Dann ist es wichtig, dass man die akustischen Elemente, zum Beispiel ein Audio-Logo oder einen Song, problemlos in unterschiedlichen Medien abspielen kann, dass sie also flexibel einsetzbar sind. In ökonomischer Hinsicht sollte man die Frage bedenken: Ist das Audio-Logo schutzfähig, kann ich es als Hör-Marke eintragen lassen? Und wenn ein Unternehmen interkulturell auftritt, muss es natürlich aufpassen, dass es nicht in irgendwelche Fettnäpfchen tritt. Das kennt man ja zum Beispiel aus dem Naming in der Automobilbranche. Dort gab es schon häufiger ein böses Erwachen, weil man neue Autonamen nicht auf ihre Bedeutung in anderen Sprachen überprüft hatte. Genau das Gleiche gilt für Klänge und Geräusche. Wenn zum Beispiel ein Markenname mit »S« anfängt und man den indischen Markt im Visier hat, dann sollte man in den akustischen Medien kein lang gezogenes »S« einsetzen. Denn dieser Zischlaut gilt in Indien als Beschimpfung. Solche Dinge muss man unbedingt berücksichtigen. »Interkulturelle Lesbarkeit« nennen wir das.

▸   Glauben Sie, dass das Audio-Medium in der Unternehmenskommunikation eine
      Zukunft hat?

Ich glaube generell, dass die Nutzung von Audio-Medien in den nächsten Jahren noch zunehmen wird. Es gibt da offenbar einen Mentalitätswandel. Man findet es zum Beispiel nicht mehr schlimm, sich einen Geschäftsbericht als Podcast vorlesen zu lassen. Ich kenne einige Manager, die so arbeiten. Sie lassen sich am Freitagabend eine Zusammenfassung als Text-to-Speech ausrechnen und hören sich den Bericht dann bei der Heimfahrt im Auto an. Mittlerweile haben Tablet-PCs und Smartphones ja eine sehr gute Klangqualität. Deshalb glaube ich, dass in Zukunft noch mehr gehört wird, vor allem unterwegs. Für Produzenten von Corporate Audiobooks ist das eine spannende Entwicklung – und für uns natürlich auch.

2.9   »Wie produziere ich ein Corporate Audiobook?« – Interview mit dem Hörbuch-Autor und -Produzenten Peter Eckhart Reichel

Stefanie Pütz

Die Fragen stellte Stefanie Pütz.

▸   Herr Reichel, wie viele und welche Akteure sind an einer Hörbuch-Produktion
      beteiligt?

Das hängt davon ab, was gewünscht wird: Einzelsprecherlesung, inszenierte Lesung, Hörspiel oder Feature. Auf jeden Fall muss eine Autorin oder ein Autor einen produktionsfähigen Text liefern, das heißt einen, der fürs Ohr geschrieben ist (s. Abschn. 2.5). Dann müssen die zum Text passenden Stimmen gesucht und gefunden werden. Bei einer Einzelsprecherlesung reicht – wie der Name schon sagt – ein einziger Sprecher aus, bei den anderen Formaten kommen meist mehrere Stimmen vor. Sind alle Sprecher und Sprecherinnen unter Vertrag genommen, kommt die Suche nach einem Tonstudio an die Reihe, das für Wortaufnahmen geeignet ist und über einen versierten Toningenieur oder sogar Tonmeister verfügt.

Spätestens ab diesem Zeitpunkt wäre auch die wichtige Frage zu klären: Wer soll die Regie übernehmen? Es ist sehr zu empfehlen, einen erfahrenen Regisseur oder eine Regisseurin für eine Hörbuchproduktion zu engagieren. Einige Hörbücher werden auch mit Musik produziert. Hierbei gibt es auch wieder mehrere Möglichkeiten. Entweder man arbeitet mit Komponisten und Musikern zusammen und produziert die Musik selbst, oder man greift zur Musikkonserve. Darüber werden wir später noch ausführlicher sprechen. Falls die Hörbuchproduktion als physischer Tonträger vermarktet werden soll, wird auch eine Grafikerin oder ein Grafiker für die Herstellung eines Verpackungslayouts benötigt. Damit verbunden sind oft auch Auftragsarbeiten für Fotografen, Zeichner oder Texter. Um das Hörbuch schließlich als haptischen Gegenstand in den Händen halten zu können, bedarf es noch eines Kopierwerkes, das unser Hörbuch in der gewünschten Auflagenhöhe herstellt und verpackt.

Wenn ich alle beteiligten Leute und Institutionen zusammenzähle, komme ich auf ungefähr zehn Personen, die an der Entstehung eines Hörbuches beteiligt sind. Bei größeren Hörbuchprojekten sind manchmal noch viel mehr Leute involviert, bei freien Hörbuchproduzenten dagegen reduziert sich diese Zahl häufig aus Gründen der Effizienz.

▶ Wer koordiniert die Produktion? Wer ist erster Ansprechpartner?

In den meisten Fällen verfügen die Hörbuch-Autoren über entsprechende Kontakte bzw. Netzwerke, die sie dann aktivieren. Bei mir persönlich ist es so, dass ich gleichzeitig Autor, Wort-Regisseur, Hörbuchproduzent und Betreiber eines kleinen Hörbuchverlages bin (Ratgeber zur Hörbuch-Produktion aus der hoerbuchedition words and music s. Abb. 2.7 und 2.8). Wenn der Auftraggeber es wünscht, kümmere ich mich um den gesamten Ablauf von der (Vor-)Auswahl der Sprecher oder der Musik über die Regie bis hin zur eigentlichen Herstellung des Hörbuchs. Dabei spielt es keine Rolle, ob er eine Audioproduktion als gegenständliche CD in den Handel bringen möchte oder nur in Form von Bits und Bytes als modernes Download-Angebot. Vielen Auftraggebern kommt es übrigens sehr entgegen, mit nur einem Ansprechpartner zusammenzuarbeiten, da es sehr kompliziert ist, sich mit der Problematik des Vertragsrechts vertraut zu machen oder die gängigen Abläufe bei Honorarverhandlungen kennenzulernen und gleichzeitig auch alle wichtigen praktischen Arbeitsprozesse in einem Tonstudio auszuführen.

▶ Muss der Auftraggeber mit jedem einzelnen Dienstleister einen Vertrag abschließen? Was wird darin geregelt?

Entweder schließt der Auftraggeber mit allen Beteiligten einzeln einen Vertrag ab, oder er überlässt dies einem Produzenten. Ich selbst schließe mit meinen Auftraggebern sehr häufig Verträge ab, die einige weitere Vertragsregelungen, z. B. mit Studiobetreibern, Sprechern, Grafikern oder Kopierwerken beinhalten. Falls eine literarische Vorlage vertont werden soll, müssen die Auftraggeber Verträge mit den Rechteinhabern an den Texten abschließen, wobei ich ihnen hierbei oft mit Rat und Tat zur Seite stehe. Im Prinzip ist die

Abb. 2.7 Schritt für Schritt zur Hörbuchproduktion: multimedialer Ratgeber von Peter Eckhart Reichel (Bild: hoerbuchedition words and music)

Lizensierung der Textvorlage die einzige Vertragsangelegenheit, die ein Auftraggeber unbedingt selbst leisten muss.

Alle Verträge sollten die wichtigsten Festlegungen beinhalten, z. B. die Art und Form des geplanten Corporate Audiobooks, das Vertriebsgebiet (bei einer kommerziellen Nutzung ganz wichtig!), die Auflagenhöhe, alle Nutzungsrechte und Verwertungsformen, Copyrightvermerke und das Recht auf Namensnennung, Werkumfang, Ablieferungstermin, Korrekturen und natürlich das jeweils fällige Honorar. Bei Hörbüchern werden sehr häufig so genannte Buy-Out-Verträge abgeschlossen. Das bedeutet: Der Urheber überträgt gegen eine einmalige Honorarzahlung alle Nutzungsrechte an seinem Werk gem. § 31 Abs. 1 UrhG an einen Auftraggeber, und zwar umfassend, ausschließlich, räumlich, zeitlich und

Peter Eckhart Reichel

STUDIO-WORKSHOP
Hörspiele konzipieren und professionell produzieren
- Ein Ratgeber -

eBook | Format pdf
hoerbuchedition ▼ / ▲ words&music

Mit Hörproben

Abb. 2.8 Wie macht man aus einem Text ein Hörspiel? Dieser Ratgeber zeigt es am Beispiel der Erzählung »Hopp-Frosch« von Edgar Allan Poe (Bild: hoerbuchedition words and music)

inhaltlich unbeschränkt. Der Auftraggeber wird so automatisch zum neuen Rechteinhaber, nicht aber zum Urheber. Jeder ausübende Künstler sollte sich deshalb die Konsequenzen einer solchen Vertragsform genau überlegen, bevor er unterschreibt.

Bei Corporate Audiobooks handelt es sich jedoch sehr oft um Audioproduktionen ohne direkten Handelscharakter. Sie dienen fast immer einer Firmendarstellung oder Produktpräsentation und sind deshalb auch kaum für direkte Verwertungsabsichten zu gebrauchen. Firmen finanzieren deshalb Corporate Audiobook-Aufträge aus ihrem Werbebudget. Dementsprechend sollte eine vertragliche Regelung für beide Vertragspartner positiv ausgerichtet sein. Wer sich aber nicht sicher ist, sollte auf jeden Fall einen rechtlichen Beistand suchen.

▸   Das ist ja alles sehr aufwendig. Kann nicht jeder und jede ein Hörbuch selbst am Computer produzieren? Technisches Equipment findet man ja heute leicht im Internet.

Eigene Hörbücher im Home-Recording-Verfahren aufzunehmen und zu produzieren, ist heute im digitalen Zeitalter keine große Herausforderung mehr. Aber viele Hobby-Produzenten stoßen hierbei schnell an die Grenzen des Machbaren. Oftmals scheitern solche Produktionen bereits an der Klangqualität der Sprachaufnahmen. Wenn dann noch Amateur-Sprecher zu hören sind, rückt eine ernsthafte Akzeptanz in weite Ferne. Und wenn zusätzlich Musik und Geräusche verwendet werden, wird es richtig heikel. Man sollte die Hörer nicht unterschätzen: Eine schlechte, unprofessionelle Produktion kann sie regelrecht vergrätzen.

▸   Was wird von Laien am häufigsten unterschätzt? Welche sind die größten Fallen?

Ein wie verbreiteter Irrtum ist die Annahme, ein Toningenieur oder Tonmeister könne doch gleich auch die Regiearbeit ausführen. Oder noch schlimmer: Ein Sprecher oder eine Sprecherin führt diese Tätigkeit aus. Das ist ein Sparen an der falschen Stelle, denn es führt fast immer ins auditive Fiasko. Selbst versierte Mikrofonprofis benötigen eine professionelle Wortregie. Diese kann ein Toningenieur oder ein Tonmeister während einer Aufnahme nicht wirklich leisten, da sich seine ganze Konzentration auf die Aufnahmequalität und alle technischen Parameter richtet. Das Gleiche gilt auch für die Sprecher. Sie hören sich selbst im Aufnahmestudio vor einem Mikro unter ganz anderen akustischen Bedingungen, als sie der Regisseur wahrnimmt. Der Regisseur hört ihre Stimmen im benachbarten Regieraum durch Lautsprecherboxen und greift sofort ein, wenn kleine Aussprachefehler passieren, der Stimmklang, das Zeitmaß sich verändern oder es zu Abweichungen des erforderlichen Sprachduktus kommt. Deshalb ist es dringend zu empfehlen, einen professionellen Regisseur für die Wortaufnahmen zu verpflichten, der nach Möglichkeit auch die anschließende Postproduktion (Schnitte, Blenden, Musik, Geräusche etc.) zusammen mit dem Toningenieur durchführt.

▸   Wie findet man ein gutes Tonstudio?

Am besten lässt man sich eines von einem erfahrenen Autor oder Hörbuchproduzenten empfehlen. Wer selbst auf die Suche geht, sollte Folgendes beachten: Einige Tonstudios versuchen sehr geschickt, mit aufwändigen Internetseiten oder einem flauschigen Ambiente ein gutes Gefühl zu vermitteln. Doch was für uns am Ende das Wichtigste sein sollte, ist die Qualität der fertigen Produktion. Die hat natürlich ihren Preis. Die Studiopreise sind allgemein sehr stark vom jeweiligen Standort abhängig. In Berlin liegen die Tagespauschalen (acht Stunden) gegenwärtig in einer Preisspanne von 265 bis 550 Euro, in anderen Städten sind auch höhere Preise üblich. Wer gezielt danach sucht, wird ganz sicher auch Studios finden, die etwa Tagespauschalen von 150 Euro anbieten. Aber oft ist dies auch mit erheblichen Qualitätseinbußen verbunden.

Besonders wichtig ist, dass der Aufnahmeraum für Sprachaufnahmen optimiert ist. Er muss absolut schalldicht sein, was am besten durch eine Raum-in-Raum-Konstruktion gewährleistet wird. Sonst können Fremdgeräusche die Aufnahmen verunreinigen, so dass diese wiederholt oder nachbearbeitet werden müssen. Tonstudios, die sich auf Musikaufnahmen spezialisiert haben, sind für Wortaufnahmen nicht so gut geeignet, es sei denn, sie bieten beide Möglichkeiten an und haben dementsprechend auch Referenzen vorzuweisen.

Meine Empfehlung: Ein guter Aufnahmeraum für Wortaufnahmen sollte mindestens auf eine Nachhallzeit von ca. 400 Millisekunden abgestimmt sein. Natürlich kann ein Laie dies selbst kaum messen. Er kann aber im Aufnahmeraum einen Klangtest mit seiner eigenen Stimme machen. Wenn die Stimme im Raum »absorbiert« und »trocken« klingt, ist das ein gutes Zeichen. Stimmen dürfen in einem guten Wort-Aufnahmeraum nicht hallen.

▸ Was ist bei Sprecherauswahl zu beachten? Sollte man bekannte Stimmen nehmen? Ist eine Corporate Voice wichtig?

Eine wichtige Regel lautet: Bei der Suche nach einer geeigneten Stimme sollte man sich Zeit lassen. Es gibt so viele Möglichkeiten wie es Sprecher gibt, aber nicht jede Stimme passt zu jedem Text. Der Inhalt, die Form, die Aussage eines Textes enthalten fast immer wichtige Hinweise auf Besonderheiten, auf Charaktere, Alter, Stimmklang, Sprecharten, Intelligenz, auf Sprachduktus und Tempo, die allesamt ein Sprecher oder eine Sprecherin bereits als eigenes Naturell mitbringen und so ganz unverfälscht mit in die Geschichte einbringen kann. Wenn wir das Glück haben, eine solche kongeniale Verbindung zwischen Text und Stimme herzustellen, sind wir dem Ziel bereits einen großen Schritt nähergekommen. Ansonsten müssen wir jemanden finden, der eine große Variationsbreite in der Stimme hat, der sich also perfekt in die jeweilige Sprechrolle einfinden kann. Deshalb sind gute Sprecher meistens gelernte Schauspieler. Daraus darf man allerdings nicht den Umkehrschluss ziehen, dass alle Schauspieler gute Sprecher sind!

Gerade unter bekannten Schauspielern gibt es viele »Selbstdarsteller«, die kaum bereit sind, einer Figur eine eigene unverwechselbare Charakteristik zu verleihen. Diese Schauspieler legen alle Textinterpretationen gleich an. Ihre Stimme, das eigene Instrument, auf dem sie eigentlich viele Noten spielen sollten, klingt bei allen Hörbuchaufnahmen stets gleich, ganz egal, um welche Figur, um welchen Text es sich auch immer handelt. Wenn jemand einen Text vertonen will, der sich kongenial mit der Stimme eines solchen Schauspielers deckt, ist dies natürlich ein Idealfall. Aber häufig geht es auch schief. Der Auftraggeber kann dann zwar einen bekannten Namen auf das Hörbuchcover abdrucken lassen. Aber auf den anspruchsvollen Hörer macht solch eine Star-Besetzung mitunter keinen zu großen Eindruck mehr. Er kennt vielleicht schon zahlreiche andere Audioproduktionen mit eben diesem »Alles-Sprecher«, so dass er inzwischen die Stimme des Prominenten sprichwörtlich nicht mehr hören mag. Mit anderen Worten: Es gibt auch Stimmen, an denen man sich irgendwann »überhören« kann.

Bei der Suche nach einem Sprecher oder einer Sprecherin kann man auf zahlreiche Sprecherkarteien im Internet zurückgreifen. Häufig sind die Stimmen dort nach Stimmfarbe,

Stimmalter und Spezialisierung auf bestimmte Genres sortiert, und natürlich gibt es Hörproben. Hier eine Auswahl:

Sprecherkarteien im Netz:

www.bodalgo.com/de

www.castavoice.de

www.find-a-voice.de

www.sprecherdatei.de

www.sprecherkartei.com

www.sprecherkartei.info

www.stimmgerecht.de

www.worldwidevoices.de

Einfacher ist es natürlich, einen erfahrenen Autor oder Hörbuchproduzenten nach Empfehlungen zu fragen. Für einige Auftraggeber kann es dagegen sehr wichtig sein, eine bereits für das Unternehmen eingeführte »Corporate Voice« als festen Bestandteil einer bestehenden Marketingstrategie einzusetzen. Markenstimme, auch Brand Voice oder Unternehmensstimme genannt, ist eine spezifische Sprechstimme, die konsequent und langfristig für die verbale Kommunikation (sprich: Werbung) eines Unternehmens eingesetzt wird. Diese Stimme garantiert oft einen sehr hohen Wiedererkennungswert (s. Abschn. 2.8).

▸   Würden Sie empfehlen, Musik für ein Corporate Audiobook zu verwenden?

Musik berührt unser Herz, spricht die Gefühle an und stimuliert das Gehirn. Sie steigert zugleich unsere Konzentrationsfähigkeit und führt bei guten Hörbüchern oft sogar zu einem besseren Textverständnis. Sie kann aber auch leider das Gegenteil bewirken, wenn z. B. Text und Musik keinen wirklichen Bezug zueinander finden oder sich gegenseitig akustisch beeinträchtigen. Das heißt: Musik bereichert Hörproduktionen, wenn sie behutsam Anwendung findet.

Wenn ein Unternehmen über eine eigene Klang-Identität (Audio-Logo, Firmensong o. ä.) verfügt, ist es auf jeden Fall sinnvoll, sie in irgendeiner Weise in ein Corporate Audiobook einzuflechten (s. Abschn. 2.8). Ein gutes Beispiel dafür ist meiner Meinung nach das Corporate Audiobook von Hevert über Samuel Hahnemann (s. Abschn. 3.4).

Für Musik aus der »Konserve« existiert wie bei Texten ein Nutzungsrecht, das mit einem Musikverlag und dem Interpreten oder Komponisten geklärt und abgegolten werden muss. Oft kommt noch die Verwertungsgesellschaft GEMA ins Spiel. Viele schrecken vor ihrer

Bürokratie zurück und machen einen großen Bogen um GEMA-pflichtige Musik. Vorsicht ist jedoch geboten bei Angeboten von »GEMA-freier« Musik im Internet. Grundsätzlich sollte man sich auf diese Bezeichnung nicht blind verlassen, da Musik nur in wenigen Ausnahmefällen wirklich »GEMA-frei« ist. Das muss in jedem Fall sehr genau geprüft werden.

Einfacher ist es, einen Komponisten oder eine Komponistin damit zu beauftragen, passende Hörbuch-Musik zu komponieren und von Profi-Musikern einspielen zu lassen (s. Abschn. 2.7). Diese Lösung ist übrigens gar nicht so teuer, wie viele meinen. Ich selbst arbeite auch sehr gern mit Live-Musikern zusammen. Wir produzieren dann die Tracks gemeinsam in einem Tonstudio.

▶ Wo bekommt man brauchbare Geräusche her?

Viele Tonstudios verfügen über eine umfangreiche Soundbibliothek, aus der man Geräusche und Klänge auswählen kann. Es gibt aber auch die Möglichkeit, Geräusche und Klänge für den gewerblichen Gebrauch zu erwerben. Hier einige kommerzielle und freie Archive:

Geräuscharchive im Netz:

www.freesound.org

www.hoerspielbox.de

publicus.culture.hu-berlin.de/lautarchiv

www.soundarchiv.com

www.sound-ideas.com

www.soundsnap.com

www.tonarchiv.de

Aber Vorsicht! Auch Geräusche können dem Urheberschutzrecht unterliegen – nämlich dann, wenn sie von einer Person so bearbeitet worden sind, dass sie wiederum als eigenständiges »Werk« gelten. Es empfiehlt sich daher, selbst Geräusche aufzunehmen oder besser noch von einem Audio-Profi aufnehmen zu lassen. Denn um brauchbare Geräusche aufzunehmen, bedarf es neben einem geeigneten Mikrofon auch der Erfahrung.

Tatsächlich werden in der Praxis viele Klänge, Sounds oder Geräusche speziell für die jeweiligen Szenen aufgenommen. Dies ist zwar aufwändiger, aber es verleiht den Aufnahmen dafür auch eine besondere Note, die sie von anderen Produktionen abhebt. Und sie stehen natürlich lizenzfrei zur Verfügung.

Die moderne Technik ermöglicht es, nahezu jedes einzelne Geräusch – und sei es das Klirren von Gläsern – separat zu bearbeiten. Hier sind einem kreativen Potential keine

Grenzen gesetzt. Regisseur und Tonmeister »bauen« gemeinsam ganz eigene Klangbilder auf, verfeinern ihre Wirkung und passen sie an die jeweilige Sprachszene an.

Trotz aller Möglichkeiten sollte man Sprachaufnahmen nicht mit zu vielen Geräuschen überladen. Oft erzielt ein sparsamer Einsatz solcher Mittel einen wirkungsvolleren Effekt. Manche Hörbuchproduzenten neigen durch diese verführend spielerische Arbeit dazu, ihre zuvor mühsam erstellten Wortaufnahmen durch überdimensioniertes Sounddesign zu überfrachten.

▶ Wie viel Zeit muss man für eine professionelle Hörbuch-Produktion einkalkulieren?

Je nach Umfang und Machart des Audio-Projekts kann eine Hörbuchproduktion eine bis zu ca. vier Wochen in Anspruch nehmen. An einem 147-minütigem Hörspiel habe ich einmal vier Monate lang gearbeitet und meine schnellste Produktion dauerte gerade mal vier Tage.

▶ Welche Kosten entstehen für die Produktion eines Hörbuchs im Tonstudio?

Das hängt in erster Linie davon ab, wie viele Sprecher und wie viel Studiozeit benötigt werden. Die kostengünstigste Variante ist natürlich die Sprachaufnahme mit einem einzigen Sprecher, der den gesamten Text allein realisiert – was übrigens nicht eintönig klingen muss. Je mehr Sprecher das Manuskript vorsieht, desto teurer wird in der Regel die Produktion. Bei Features mit O-Tönen ist es etwas anders: Dort gibt es weniger Sprechertext, dafür müssen die O-Töne bearbeitet werden, was auch wieder Zeit kostet.

Was grundsätzlich bei allen Formaten viel Studiozeit in Anspruch nimmt, ist die Mischung von Text, Musik und Geräuschen. Die Produktion eines Hörbuchs kann also 3000 Euro, 20.000 Euro oder noch mehr kosten – reine Produktionskosten wohlgemerkt, zusätzlich zum Autorenhonorar für die Erstellung des Manuskripts. Zum Vergleich: Die Produktionskosten des Hörspiels »Der Herr der Ringe« beliefen sich auf fast 500.000 Euro, wobei darin auch hohe Lizenzgebühren enthalten waren. Aber es muss ja nicht gleich ein Hörspiel dieser Größenordnung sein. Eine kleinere Form ist oft viel reizvoller als das sogenannte Mega-Event. Letztlich kommt es darauf an, was der Auftraggeber sich vorstellt: zum Beispiel eine Low-Budget-Produktion in nur kleiner CD-Auflage oder ein unbegrenzt zur Verfügung stehendes Download-Angebot. Vielleicht wünscht er sich aber auch einen glamourösen Auftritt mit einem bekannten Sprecher oder sogar ein medienwirksames Hörspiel? Dann muss er natürlich tiefer in die Tasche greifen.

▶ Wer haftet, wenn bei der Produktion Fehler passieren und das Hörbuch nicht verwendet werden kann?

Der übliche Ablauf sieht so aus: Nach Abschluss der Aufnahmen und der Erstellung einer ersten Schnittfassung erhält der Auftraggeber eine Kopie der Aufnahme als Demo-CD zum Probehören. Sollten noch Korrekturen notwendig sein, werden diese Änderungswünsche im Sinne des Auftraggebers durchgeführt. Anschließend erstellt das Studio gemeinsam mit der Regie die sich daraus ergebende Feinschnittfassung – falls gewünscht, auch mit Musik und Geräuschen. Auch diese Fassung erhält der Auftraggeber als Demo-CD zum Probehören. Werden nun alle seine Erwartungen erfüllt, erfolgt im Anschluss zusammen mit dem Auftraggeber die akustische Abnahme unter Studiobedingungen. Wurde das Projekt zu seiner Zufriedenheit ausgeführt und gibt es keine Änderungswünsche mehr, so kann er gleich im Anschluss dieser Anhörung die fertige Master-CD entgegennehmen. Produktionsfehler bei einem Hörbuch können eigentlich nur durch unsachgemäße Fertigung durch ein Press- bzw. Kopierwerk entstehen.

▶   **Muss oder soll der Auftraggeber bei der Produktion anwesend sein?**

Nur in Ausnahmefällen ist es möglich, dass Auftraggeber im Studio während der Sprachaufnahmen persönlich anwesend sein können. Erfahrungen haben gezeigt, dass sich die Produktionszeit durch die Anwesenheit des Auftraggebers stark verlängert. Es ist unter Umständen jedoch möglich, bei den Aufnahmen online mitzuhören und so Änderungswünsche zeitgleich einfließen zu lassen.

▶   **Welcher ist für Sie persönlich der schönste Moment im Hörbuch-Produktionsprozess?**

Bei einer Audio-Produktion ist einer der schönsten und spannendsten Momente, wenn zum ersten Mal das gesprochene Wort mit Geräuschen und Musik zusammengefügt wird. Es ist der eigentliche Geburtsvorgang eines akustischen Werkes. Alles, was vorher reine Fantasie war und nur im Kopf existierte, wird plötzlich reale auditive Wahrnehmung. Ein unbeschreibliches Gefühl!

Success Stories

Stefanie Pütz und Dietmar Pokoyski

3

3.1 Am Anfang war ein Staubsauger. Eine persönliche Geschichte zum History Marketing

Stefanie Pütz

Es war im April des Jahres 2000. Der Staubsauger Kobold (Abb. 3.1), eine Berühmtheit aus dem Hause Vorwerk & Co., stand kurz vor seinem siebzigsten Geburtstag. Ich hatte vom SFB (heute RBB) den Auftrag bekommen, aus diesem Anlass ein 25-minütiges Radio-Feature über den legendären Staubsauger zu erstellen, und zwar für eine Kultursendung. Denn der Staubsauger gilt heute als Teil der deutschen Kulturgeschichte. Vor allem in den Wirtschafswunderjahren machte er Furore durch seine Zubehörteile, die aus heutiger Sicht teilweise irrwitzig anmuten – wie zum Beispiel eine Trockenhaube. Auch das damals neuartige Vertriebskonzept, der Direktvertrieb, trug zum Kultstatus des Staubsaugers bei.

Ich machte mich von Berlin, meinem damaligen Wohnort, auf nach Wuppertal. Die Presseabteilung der Firma Vorwerk & Co. hatte für mich einige Interviewtermine organisiert, unter anderem mit einem ehemaligen 96-jährigen Mitarbeiter. Er war einer der Ersten, der in den dreißiger Jahren mit dem Staubsauger von Tür zu Tür gegangen war, um ihn den Hausfrauen vorzuführen und zu verkaufen. Nun öffnete mir der alte Herr die Tür, gestützt auf einen Rollator. Gleich dahinter erschien eine Pflegerin, die mir prophezeite, er könne vermutlich gar nicht reden, weil er so schlecht zurecht sei. Aber ich solle trotzdem mal hereinkommen.

Stefanie Pütz
Köln, Deutschland

Dietmar Pokoyski ✉
Köln, Deutschland
e-mail: sense@known-sense.de

D. Pokoyski und S. Pütz (Hrsg.), *Corporate Audiobooks*, X.media.press,
DOI 10.1007/978-3-658-00151-3_3, © Springer Fachmedien Wiesbaden 2014

Abb. 3.1 Das erste Modell des Handstaubsaugers »Kobold«, Baujahr 1930 (Bild: Vorwerk & Co. KG)

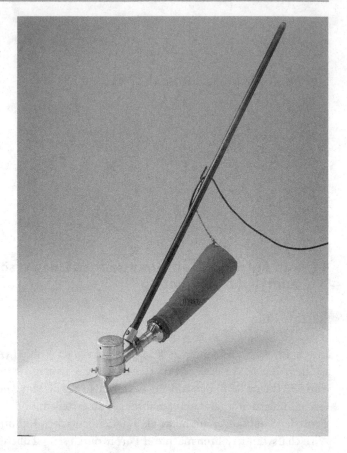

Nachdem ich mich vorgestellt, mein Anliegen vorgetragen und mein Aufnahmegerät ausgepackt hatte, fing der alte Herr doch langsam an zu sprechen. Erst plauderten wir eine Weile bei einer Tasse Kaffee, dann stellte ich konkrete Fragen. Ich erfuhr zum Beispiel, dass Staubsaugervertreter damals einen Ruf hatten wie »Räuber oder Mörder«. Und irgendwann, als ich den 96-Jährigen nach einem Lied fragte, das die Staubsaugervertreter angeblich früher gesungen hatten, erhob er seine – plötzlich sehr feste – Stimme und sang: »Was kann der Kobold denn dafür, dass er so schön ist? Was kann der Kobold denn dafür, dass man ihn liebt? Dass er so handlich, praktisch und so bequem ist? Was kann der Kobold denn, der Kobold denn dafür?« (zu hören unter: www.stefanie-puetz.de/audio/history-marketing.html)

Das Ganze dauerte 17 Sekunden, und danach war es um mich geschehen. Solch einen anrührenden Moment hatte ich in meiner damals recht jungen Radiokarriere noch nicht erlebt. Ich war sehr beeindruckt, wie sehr sich der alte Herr auch nach dreißig Jahren im Ruhestand mit seiner Firma und ihren Produkten identifizierte. Ich dachte: »Wahnsinn, solche Geschichten muss man doch einfangen! Warum macht das niemand? Und warum

Abb. 3.2 Unterhaltsame Produktgeschichte: Buch über den Kultstaubsauger Kobold (Bild: Trescher Verlag)

machen die Unternehmen das nicht selbst, sondern warten, bis zufällig eine Journalistin vorbeikommt?«

Ich selbst war damals bei Vorwerk & Co. gelandet, weil mir einige Wochen zuvor im Freundeskreis ein Buch in die Hände gefallen war, das den Titel »Kultstaubsauger Kobold. Der mit der Trockenhaube« (Battenfeld 1998) trug (Abb. 3.2). Autorin war die damalige Unternehmensarchivarin von Vorwerk & Co., Dr. Beate Battenfeld. Ihr war es gelungen, die Geschichte des Staubsaugers anhand von Archivmaterial (z. B. Abb. 3.3) sehr anschaulich und unterhaltsam darzustellen. Dieses Buch hatte mich inspiriert, das Thema einer SFB-Redakteurin für ihre Sendung vorzuschlagen.

In Wuppertal konnte ich nun die Unternehmensarchivarin persönlich kennenlernen und ein Interview mit ihr führen. Außerdem besuchte ich das kleine Vorwerk-Museum und sprach dort mit dem ehrenamtlichen Leiter, der bis zu seiner Pensionierung in der Entwicklungsabteilung gearbeitet hatte. Weitere Gesprächspartnerinnen waren die Leiterin der Marketing-Abteilung und eine aktive Fachberaterin aus dem Direktvertrieb. Dann wurde ich in die Entwicklungsabteilung geführt und konnte zwei Ingenieuren Fragen stellen. Sie zeigten mir auch den schalldichten Raum, in dem sie alle Staubsaugergeräusche aufnahmen, und gaben mir eine Audio-CD mit Kobold-Geräuschen von 1933 bis 1999 mit.

Abb. 3.3 Werbeplakat für den
Handstaubsauger »Kobold«,
1930er Jahre (Bild: Vorwerk &
Co. KG)

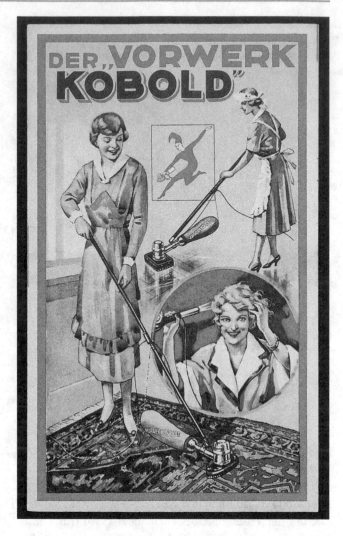

Als ich wieder zurück in Berlin war, machte ich zwei Kundinnen ausfindig, die sich noch
an ihre ersten Kobold-Modelle erinnerten, und führte Interviews mit ihnen. Außerdem
hatte ich in dem Kobold-Buch den Text der »Kobold-Hymne« entdeckt, die im Unternehmen früher zur Melodie von »O Tannenbaum« gesungen wurde. Der Refrain lautete »Der
Kobold ist der Liebling aller Frauen«, und in den Strophen wurden die verschiedenen Zubehörteile des Staubsaugers besungen (Heißluftdusche, Verdunster, Fugendüse und Bohner).
Ich hatte gleich die Idee, die Hymne von ein paar Männern aus meinem Chor nachsingen
zu lassen und aufzunehmen. Zum Glück ließen sie sich schnell überzeugen. Von diesem
Lied leitete ich dann auch den Titel für meine Sendung ab: »Der Kobold ist der Liebling
aller Frauen. Ein Staubsauger wird 70«. Die kurze Gesangseinlage des 96-Jährigen setzte

ich als krönenden Abschluss ans Ende der Sendung, nur noch gefolgt von einem Staubsaugergeräusch.

Das Feature wurde ein voller Erfolg. Die SFB-Redakteurin fand meine Sendung »zauberhaft« und erzählte mir, dass mehrere Kollegen im Haus auf sie zugekommen seien, um ihre Begeisterung auszudrücken. Auch andere Sender, denen ich das Thema anbot, zeigten sich sehr interessiert. Überraschender war für mich allerdings, dass ich zwei Monate nach der Ausstrahlung einen Anruf aus Wuppertal bekam: Meine Sendung sei im Unternehmen »bombig« angekommen. Nun fragte mich die Vorwerk-Unternehmensleitung um Erlaubnis, das Feature 150 Mal zu kopieren und intern (an Abteilungsleiter, Verkaufsbüros etc.) zu verteilen. Ich gab meine Zustimmung. Später wurde mir erzählt, dass das ganze Unternehmen eine Woche lang »beseelt« von der Geschichte gewesen sei und von nichts anderem geredet habe.

Ein wahrer Glücksfall für die Firma Vorwerk & Co., würde ich sagen. Sie hatte durch ihre Pressearbeit zunächst dazu beigetragen, dass ein schönes Radio-Feature entstanden war. Später, als die Unternehmensleitung feststellte, dass die Sendung auch die eigenen Mitarbeiter sehr berührte, nutzte sie das journalistische Produkt gezielt für ihre interne Kommunikation bzw. für ihr internes History Marketing (s. Abschn. 2.2). Die komplette, bearbeitete Fassung meines Interviews mit dem 96-Jährigen wird übrigens seitdem im Vorwerk-Archiv aufbewahrt.

Zur Nachahmung geeignet ist diese Geschichte dennoch nur bedingt. Denn nicht jedes Unternehmen stellt ein Produkt her, das Kultstatus erlangt und deshalb so ausführlich von Journalisten behandelt wird. Darüber hinaus sind Hörfunk-Journalisten qua Definition nicht der Unternehmenspolitik, sondern dem auftraggebenden Sender und seinen Hörern verpflichtet. Manchmal, wie im Falle meines SFB-Features, ist die Berichterstattung erfreulich für das Unternehmen, manchmal aber auch nicht. Es empfiehlt sich beim History Marketing also nicht unbedingt, auf die Medien zu setzen.

Für mich persönlich war diese Geschichte ebenfalls ein Glücksfall. Ich habe einen sehr lebendigen Eindruck davon bekommen, welcher Schatz an Geschichten in Unternehmen zu heben ist und wie stark sie nach außen und nach innen wirken können. Als ich einige Jahre später erfuhr, dass die Universität Frankfurt die Bedeutung von Unternehmensgeschichte erforscht, erstellte ich über die Studie gleich einen Beitrag für den Deutschlandfunk (Pütz 2006, s. dazu auch Abschn. 2.2). Im Folgejahr behandelte ich das Thema für den NDR noch ausführlicher – es ließ mich einfach nicht los!

Mittlerweile habe ich die Seiten gewechselt. Ich bearbeite das Thema Unternehmensgeschichte nicht mehr fürs Radio, sondern nur noch für Unternehmen. Zu meinen aktuellen Kunden gehört zum Beispiel ein Unternehmensmuseum, für das ich die Erinnerungen ehemaliger Mitarbeiter in Audio-Interviews einfange. Sie werden voraussichtlich in die Ausstellung eingehen und außerdem Material für ein Audio-Feature (s. Abschn. 2.3) bilden. Für einen Verband, der sein 125-jähriges Bestehen feiert, habe ich eine Hörstation in der Jubiläumsausstellung bestückt. Dafür habe ich fünf Interviews geführt und daraus kurze Audio-Clips mit persönlichen Geschichten erstellt. Der spontane Kommentar meiner Auftraggeberin lautete: »bewegend«.

Meine Überzeugung ist seit jeher, dass uns nichts so sehr berührt wie eine menschliche Stimme, und zwar nachhaltig. Dafür bekomme ich in meiner Arbeit – sei es fürs Radio oder für Unternehmen – immer wieder die schönsten Beweise geliefert. Zum Beispiel berichten mir manche Hörer, dass sie noch im Auto sitzen geblieben sind, um ein Feature von mir zu Ende zu hören. Oder dass sie vor Rührung Tränen vergossen haben. Für mich sind das schöne Komplimente.

Vor einigen Monaten berichtete ich einem Vorwerk-Mitarbeiter, dass ich gerade an dem vorliegenden Buch schreibe und darin auch die Kobold-Geschichte erzählen möchte. Er fragte die Kollegen in seiner Abteilung, ob sich außer ihm noch jemand an mein Feature erinnern könne. Das Resultat: Von denen, die damals schon in der Firma waren, erinnerten sich – wenn zum Teil auch etwas dunkel – ausnahmslos alle. Nach 13 Jahren! Das nenne ich wirklich nachhaltig. Ein Corporate Audiobook könnte Ähnliches bewirken.

Die Produktion im Überblick
Titel: Der Kobold ist der Liebling aller Frauen. Ein Staubsauger wird 70
Produktionsjahr: 2000
Einsatz: Radiofeature in SFB Radio Kultur »Termin nach 7«, 29.5.2000
Länge: 24 min.
Autorin: Stefanie Pütz
Produktion: Sender Freies Berlin
Redaktion: Magdalena Kemper

3.2   »Ein Deep Dive in die Siemens-Geschichte« – Interview mit Sabine Dittler vom Siemens Historical Institute

Stefanie Pütz

Die Fragen stellte Stefanie Pütz.

▶   Frau Dittler, das Siemens Historical Institute (SHI) hat 2012 sein erstes Hörbuch veröffentlicht. Es trägt den Titel »Europa ruft Amerika. Drei Brüder, der Ozean und ein Kabel«. Worum geht es darin?

Siemens hat 1874/75 ein Transatlantik-Kabel verlegt. Damals gab es schon drei Kabel-verbindungen zwischen Europa und Amerika, die drei Kabel waren aber alle im Besitz einer einzigen Gesellschaft. Jetzt ging es darum, eine Art Markt für die transatlantische Telegrafie zu etablieren, und man hat die Brüder Siemens gefragt, ob sie ein weiteres Kabel verlegen würden. Das Hörspiel erzählt, wie die Herausforderungen damals aussahen und wie die Siemens-Brüder ein so gewaltiges Projekt gestemmt haben. Der Clou an dem

Projekt war ja, dass alle drei Brüder persönlich an der Finanzierung, Planung und Reali-
sierung des Projekts beteiligt waren. Man sieht in der Geschichte sehr schön, wie die drei
zusammengearbeitet haben, und man sieht auch, dass damals nicht alles flutschte, sondern
dass es durchaus Konflikte zwischen den Brüdern gab, weil jeder angesichts der Widrig-
keiten irgendwann dachte: »Jetzt reicht es, wir steigen aus dem Projekt wieder aus.« Aber
es gab immer auch mindestens einen, der gesagt hat: »Nein, wir schaffen das.« Und letztlich haben sie es ja geschafft. Aber es war ein hochdramatischer Prozess, an dessen Ende
Beharrlichkeit und das Vertrauen in die eigene Leistungsfähigkeit siegten.

▶   Wer hatte die Idee, das Hörbuch zu erstellen?

Wir hatten schon länger die Idee, das Format Audio-Buch zu bedienen. Auf das Thema
sind wir dann eher zufällig gestoßen. Ein Kollege hat für unsere Internetseite zur Siemens-
Geschichte, die Siemens History Site, einen Artikel über das Transatlantik-Kabel geschrieben und ist bei seinen Archiv-Recherchen auf reichhaltiges Quellenmaterial gestoßen. Es
gibt tatsächlich Briefe und Depeschen von dem Schiff, also Original-Dokumente, die damals hin und her gingen; wobei die Briefe erfreulicherweise schon mal alle abgetippt worden waren. Uns war sofort klar: »Das ist unser Audio-Thema!« Dann haben wir mit dem
Hörbuch-Autor Michael Esser Kontakt aufgenommen und ihn gebeten, das Material zu
prüfen, ob die Geschichte aus seiner Sicht auch trägt. Was sie tat – und damit war das Projekt schnell beschlossene Sache. In den Chroniken steht ja immer nur ein einziger Satz:
»1874/1875: Die Siemens-Brüder verlegen ihr erstes direktes Transatlantik-Kabel«. Wir
konnten mit Hilfe des Quellenmaterials jetzt mal einen richtigen »Deep Dive« machen und
die Geschichte von A bis Z erzählen. Und ich habe keinen Kollegen gehört, der nicht gesagt
hat: »Wahnsinn, das ist ja eine irre Geschichte!«

▶   Sie nennen dieses Produkt »Hörspiel«. Darunter versteht man normalerweise
     eine fiktive Geschichte. Das ist es aber nicht, oder?

Nein, es ist eine reale Geschichte. Aber wir nennen es »Hörspiel«, weil unser Projekt
etwas anderes ist als das, was heute alle Welt unter einem »Hörbuch« versteht, nämlich
eingelesene Literatur. In unserem Hörspiel gibt es Erzähler, die Hintergrundinformationen
geben, die aber auch die Geschichte weiter vorantreiben. Dann gibt es inszenierte Sequenzen, in denen aus den Briefen vorgelesen wird. Und es werden dramatische Begebenheiten
geschildert, die sich an Bord des Kabel-Schiffes zugetragen haben. Die Spielszenen haben
wir mit Musik und Geräuschen unterlegt.

▶   Welche Vorgaben haben Sie Michael Esser, dem Autor und Produzenten, ge-
     macht?

Für uns war das Audio-Medium ja komplett neu, deshalb haben wir uns im besten Sinne immer wieder überraschen lassen. Ich fand zum Beispiel die Musik, die Herr Esser hat

komponieren lassen, unerwartet modern, aber sehr passend. Das hätten wir in dieser Form gar nicht vorgeben können, weil wir keine konkrete Vorstellung von der Musik hatten. Bei den Stimmen haben wir ganz bewusst gesagt: »Der Star ist die Geschichte und nicht der Sprecher.« Das heißt, wir haben bewusst keine prominenten Sprecher eingesetzt, deren Stimmen man womöglich aus Funk und Fernsehen kennt, weil man sonst völlig falsche Bilder im Kopf hätte. Entsprechend hat uns Herr Esser Vorschläge für die Sprecher gemacht und wir haben dann entschieden »gefällt uns« oder »gefällt uns nicht«. In der Regel machen wir alle SHI-Produkte zweisprachig, auch von unseren Büchern gibt es meist eine deutsche und eine englische Ausgabe. Als es dann um die Sprecher für das englische Hörbuch ging, hat es ausnahmsweise ein bisschen gedauert, bis wir uns entschieden haben. Alles in allem hatte Herr Esser relativ freie Hand.

▸   Sie haben gesagt, dass das Hörbuch Ihre erste Audio-Produktion war. Wieso haben Sie sich gerade bei diesem Thema für das Audio-Medium entschieden?

Es war eher andersherum: Nicht zuletzt mit Blick auf jüngere Zielgruppen (Abb. 3.4) wollten wir gerne eine Audio-Geschichte produzieren und waren auf der Suche nach einem geeigneten Thema. Es stand gar nicht zur Diskussion, ob wir aus der Geschichte einen Film, ein Buch oder eine Website machen. Ich bin sogar sicher, als Buch oder Dokumentation würde die Geschichte nicht gut funktionieren, weil es aus dieser frühen Zeit kaum Bild-Material gibt.

▸   Siemens hat ja eine eigene Sound Identity. Hatten Sie überlegt, den unternehmenstypischen Klang in Ihr Hörbuch einzubinden?

Wir haben ja zwei unterschiedliche Hörbuch-Ausgaben gemacht, eine für den Buchhandel und eine Siemens-interne. Bei der Siemens-internen Ausgabe war es uns natürlich wichtig, dass sie auch als Siemens-Produkt erkennbar ist; Cover und Booklet sind im Corporate Design gestaltet. Wir sind aber nicht auf die Idee gekommen, den Corporate Sound für das Hörbuch zu verwenden. Ich glaube, das hätte vom Klang her auch nicht zu der Geschichte gepasst.

▸   Hatten Sie von Anfang an eine bestimmte Zielgruppe im Blick?

In erster Linie die interne Öffentlichkeit. In der Rückschau wird die Kabelverlegung nämlich gerne als eine sehr gradlinig verlaufende Erfolgsgeschichte erzählt. Wir wollten mit dem Hörspiel zeigen, dass die Dinge komplexer waren und dass auch damals nicht alles auf Anhieb geklappt hat. Nach dem Motto: Es gab auch früher schon ungeahnte Schwierigkeiten, aber wenn man sich zusammenreißt und gemeinsam an etwas glaubt, dann kann man es schaffen. Das Thema passte übrigens gut in die Zeit: Siemens hatte für die interne Kommunikation 2012 den Themenschwerpunkt »Zusammenarbeit« gesetzt. Deshalb haben wir auch darauf geachtet, dass die Zusammenarbeit zwischen den Brüdern in dem

Abb. 3.4 Hörer des Siemens-Hörspiels »Europa ruft Amerika« (Bild: Siemens Historical Institute/Jurga Graf)

Hörspiel genügend Raum findet. Aber unserer Meinung nach ist die Geschichte auch für eine breitere Öffentlichkeit interessant. Deshalb haben wir mit einem Verlag kooperiert, so dass das Hörbuch auch im Buchhandel erhältlich ist (Abb. 3.5).

▶   Wie haben Sie das Hörbuch intern bekannt gemacht?

Uns wurde für die Ankündigung des Hörbuchs erfreulich viel Platz in den internen Medien eingeräumt. Das Thema wurde drei oder vier Tage auf der Seite www.siemens.com angeteasert. Dann waren wir auf der globalen Intranetseite von Siemens präsent und sogar im sogenannten Message Cockpit, durch das mehr als 10.000 Leute, zum Teil auch Siemens-extern, über wichtige Themen informiert werden. Es war übrigens das erste Mal, dass ein historisches Thema es mit einem eigenen »Alert« in das Message Cockpit geschafft hat. Außerdem war das Hörbuch Thema in den Siemens Corporate-Kanälen bei Facebook und Google+, und es wurde auch getwittert. Als der Beitrag zum Hörspiel im Intranet online ging, haben wir damit ein Gewinnspiel verknüpft und jeweils fünf deutsche und englische

Abb. 3.5 Beide Ausgaben des Siemens-Hörspiels »Europa ruft Amerika« (Bild: Siemens Historical Institute/Jurga Graf)

Ausgaben verlost. Daran haben sich weltweit über 650 Kollegen beteiligt, was uns sehr gefreut hat. Schön war auch zu sehen, dass unser Ankündigungstext von den Kollegen in Österreich in ihr eigenes Magazin aufgenommen wurde und dass die SiemensWelt, die Mitarbeiter-Zeitschrift, das Hörbuch ebenfalls kurz vorgestellt hat. Bei einem Buch habe ich ein so großes Interesse noch nie erlebt.

▸   Haben Sie das Hörbuch auch aktiv unters »Volk« gebracht?

Ja. Einmal im Jahr treffen sich alle Siemens-Führungkräfte zu einer Tagung in Berlin. Dort haben wir 2012 das frisch erschienene Hörbuch verteilen lassen. Außerdem planen wir, es verschiedenen Kommunikatoren zur Verfügung zu stellen, zum Beispiel Seminarleitern, die neue Mitarbeiter schulen. Wir bemühen uns, immer da, wo Kollegen Siemens-Geschichte erzählen, diese mit unseren Produkten zu unterstützen. Die meisten Siemens-Mitarbeiter haben im Intranet erfahren, dass das Hörbuch erschienen ist und sie es im Buchhandel käuflich erwerben können.

▸   Bieten Sie das Hörbuch auch online zum Download an?

Abb. 3.6 Die »Lebenserinnerungen« von Werner von Siemens als Buch und als iPad-App (Bild: Siemens Historical Institute/Jurga Graf)

Nein, wir haben uns bewusst dagegen entschieden. Die Kosten für die Nutzungsrechte wären dann deutlich höher gewesen. Außerdem fanden wir, dass das Hörspiel erst in Kombination mit dem Booklet eine richtig runde Sache ist. Und die Klangqualität auf einer guten Anlage, zuhause oder im Auto, ist natürlich viel besser, als wenn ich mir eine MP3-Datei auf dem Bürorechner anhöre. Uns war wichtig, dass wir ein rundum hochwertiges Produkt herausgeben.

▶   Wie hoch ist die Auflage?

Wir haben von der deutschen Ausgabe 3000 und von der englischen 5000 Stück produziert; bei Bedarf können wir nachpressen. Als Siemens Historical Institute werden wir ja häufig von Kollegen, zum Beispiel aus den Sekretariaten der Leitungsebene, angesprochen, wenn sie ein Geschenk für Partner oder Kunden benötigen. In der Vergangenheit haben wir in der Regel unsere Bücher empfohlen, zum Beispiel die »Lebenserinnerungen« von Werner von Siemens in der bebilderten Hardcover-Ausgabe – die übrigens unter dem gleichen Titel auch als sehr schöne iPad-App erhältlich sind (Abb. 3.6). Wir müssen jetzt sehen, ob ein Hörspiel für solche Anlässe auch taugt. Und dann wird sich auch zeigen, ob die Auflagen, die wir haben produzieren lassen, zu groß oder zu klein waren.

▸   Haben Sie schon Feedback bekommen?

Ja – und es ist relativ unterschiedlich, je nachdem wie audio-affin die Kollegen sind. Diejenigen, die Hörspiele mögen, sich also lange konzentrieren können und wollen, haben sich allesamt sehr begeistert geäußert. Es gibt aber auch Leute, die gesagt haben, damit können sie nichts anfangen, das ist ihnen zu lang; die zwei CDs können schon eine abschreckende Wirkung entfalten. Und interessanterweise ist die Mehrzahl der Kollegen, von denen ich ein Feedback bekommen habe, weiblich.

▸   Hat das Hörbuch irgendetwas bewirkt, womit Sie nicht gerechnet hätten? Gab
     es irgendwelche Überraschungen?

Eine Sache hat mich amüsiert. Ein Kollege aus den USA wollte seine Mannschaft genau auf dieses Thema einstimmen: »Wenn man gemeinsam an seine Träume, Wünsche und Visionen glaubt, dann kann man es auch schaffen.« Und dieser Kollege hat dazu nicht das Hörspiel eingesetzt, sondern nur den anderthalbminütigen Video-Trailer, den wir für das Hörspiel haben produzieren lassen – und in dem die ganze Geschichte dramatisiert und verdichtet wird. Ansonsten war ich erstaunt, wie zeitaufwendig eine Hörspiel-Produktion ist. Von der Idee bis zur fertigen CD haben wir ein knappes Jahr gebraucht. Obwohl wir den Zeitplan ja kannten, dachten wir anfangs, es würde schneller gehen. 2011 hatten wir besagte App zu den »Lebenserinnerungen« von Werner von Siemens sehr aufwendig produziert, und auch da waren wir überrascht, wie lange so etwas dauert – von der Idee bis zum fertigen Produkt.

▸   Planen Sie noch weitere Audio-Geschichten?

Grundsätzlich sind wir dem Medium gegenüber offen. Es muss ja nicht immer ein Hörspiel sein. Wir überlegen zum Beispiel, auf unserer Internetseite auch Audiomaterial einzubinden. Aber wenn sich im Nachgang zu dem ersten Hörbuch zeigt, dass nur wir selbst das Audio-Medium spannend finden, dann macht das natürlich keinen Sinn. Das Ganze ist ja nicht nur L'art pour l'art, sondern sollte auch und vor allem dazu beitragen, dass sich mehr Menschen für die Siemens-Geschichte interessieren – die ja bisweilen sehr spannend ist, wie wir im vorliegenden Fall sehen bzw. hören können.

Die Produktion im Überblick
Titel: Europa ruft Amerika. Drei Brüder, der Ozean und ein Kabel
Produktionsjahr: 2012
Einsatz: Handel, ISBN 978-3-00-039541-3
Sprachen: Deutsch, Englisch
Länge: 2 CDs, 108 min.

Buch, Regie und Produktion: Michael Esser
Sprecher/-innen: Anne Weber, Mark Bremer, Clemens von Ramin, Peter Bieringer, Josef Ostendorf, Marek Erhardt
Geräusche: Martin Langenbach
Sounddesign: Volker Zeigermann
Musik: Ben Esser
Auftraggeber: Siemens Historical Istitute, www.siemens.com/history/de/
Die Siemens AG (Berlin und München) ist ein weltweit führendes Unternehmen der Elektronik und Elektrotechnik. Der Konzern ist auf den Gebieten Industrie, Energie sowie im Gesundheitssektor tätig und liefert Infrastrukturlösungen, insbesondere für Städte und urbane Ballungsräume. Im Geschäftsjahr 2013 erwirtschafteten rund 362.000 Mitarbeiter auf fortgeführter Basis einen Umsatz von 75,9 Milliarden Euro. www.siemens.com

3.3 »Neue Zugänge über das Ohr« – Interview mit Dr. Manfred Grieger, Leiter der Abteilung Historische Kommunikation der Volkswagen AG

Stefanie Pütz

Die Fragen stellte Stefanie Pütz. Sie ist Autorin des Hörbuchs »Der Käfer im Wunderland. Volkswagen in den langen fünfziger Jahren«.

▶ Herr Dr. Grieger, die Abteilung »Historische Kommunikation« der Volkswagen AG hat im Jahr 2007 das erste Hörbuch veröffentlicht. Was war der Anlass dafür?

Unser Team besuchte damals den unterirdischen Ausstellungsbereich des Berliner Denkmals für die ermordeten Juden Europas. Dort sind Namen und biographische Daten ermordeter Juden über Lautsprecher zu hören. Uns wurde klar, dass über das Ohr aufgenommene Informationen andere Empfindungen erzielen als visuelle Botschaften, und wir kamen auf die Idee, ein Hörbuch zu produzieren – zumal diese Publikationsform zu dieser Zeit immer populärer wurde. Im Zusammenhang mit unserer Dauerausstellung »Erinnerungsstätte an die Zwangsarbeit auf dem Gelände des Volkswagenwerks« hatten wir bereits Selbstzeugnisse ehemaliger Zwangsarbeiterinnen und Zwangsarbeiter als Buch herausgegeben. Wir wollten mit dem Hörbuch noch einen anderen Zugang zu dieser Thematik eröffnen und ließen die Texte von Schauspielern einsprechen.

▶ Seitdem haben Sie drei weitere Hörbücher herausgegeben. Worin unterscheiden sie sich von dem ersten Hörbuch und voneinander?

In den folgenden drei Hörbüchern ist die Nachkriegsgeschichte Thema. Sie sind außerdem keine Lesung eines bestehenden Textes, sondern eigenständige Publikationen, für die auch neues Audio-Material erstellt wurde. Das Feature »Der Käfer im Wunderland« thematisiert – wie Sie als dessen Autorin wissen – den Aufstieg von Volkswagen zum Symbolunternehmen des deutschen Wirtschaftswunders und kombiniert dabei heutige Einschätzungen in Form von O-Tönen mit historischem Tonmaterial. »Mit dem Käfer zum Golf« zeigt den bei Volkswagen zwischen 1968 und 1976 erfolgten Übergang zu einer modernen Fahrzeuggeneration und Unternehmenskultur auf, und zwar in fast dialogischer Form. Hier boten Wortprotokolle von Vorstands- oder Betriebsratssitzungen aus der damaligen Zeit die Grundlage für eine szenische Inszenierung bestimmter Tage. Die CD »Zuhause bei Volkswagen – Vom Gastarbeiter zum Werksangehörigen« haben wir anlässlich des 50. Jahrestages der Ankunft des ersten Zuges mit angeworbenen Italienern veröffentlicht. Dazu haben wir 16 Interviews führen lassen, aus denen exemplarische O-Ton-Geschichten entstanden sind. Sie zeigen die individuelle Wahrnehmung und persönliche Entwicklung von Zuwanderern und Einheimischen aus den verschiedenen Generationen auf. Die Themen und Formate unserer Hörbücher sind also sehr unterschiedlich. Was aber allen gemeinsam ist: Sie sind dokumentarisch, es gibt keine fiktionalen Elemente.

▸ Welche Rolle spielt Archivmaterial und insbesondere Audio-Archivmaterial in den Hörbüchern?

Wir haben ja das Glück, dass Volkswagen ein sehr umfangreiches Archiv besitzt (Abb. 3.7), das uns Material für die verschiedensten Veröffentlichungen bietet. Wir verfügen auch über historisches Tonmaterial, zum Beispiel über zahlreiche Reden des früheren Vorstandsvorsitzenden Heinrich Nordhoff. Zu seiner Zeit gab es bei Volkswagen einen Werkfunk, das heißt, in jeder Halle waren Lautsprecher installiert, über die die Mitarbeiter Neuigkeiten erfahren haben. Davon besitzen wir etliche Aufnahmen, zum Beispiel Neujahrsansprachen von Heinrich Nordhoff an die Mitarbeiter – die er übrigens »Arbeitskameraden« nannte. Nordhoff hat in den 1960er Jahren die Rede noch als vordringliches Kommunikationsinstrument eingesetzt. Die Redemanuskripte liegen vor und können auch gelesen werden. Aber als Audio-Material erhöhen sie erheblich die Authentizität der Darstellung, und für heutige Hörer ergibt sich ein zusätzlicher Informationsgewinn. Denn die Intonation des Redners und der Klang der Aufnahme verraten noch mehr über den damaligen Zeitgeist und die Atmosphäre im Volkswagenwerk, als ein Text dies vermag. Deshalb versuchen wir, möglichst viel historisches Tonmaterial in unsere Hörbücher einzubinden. Wenn es keine Originalaufnahmen, sondern nur Texte gibt, nutzen wir sie, indem wir sie von Sprechern vortragen lassen. Unser erstes Hörbuch basiert wie gesagt ausschließlich auf gedruckten Texten, denn von den ehemaligen Zwangsarbeitern gab es keine Tonaufnahmen. »Mit dem Käfer zum Golf« kombiniert beides – historisches Tonmaterial und eingesprochene Archivtexte. Bei der Materialsammlung für »Der Käfer im Wunderland« und »Zuhause bei Volkswagen« sind neue Interviews entstanden, die wir zur Dokumentation und für weitere Verwendungen in unser Archiv überführt haben. Auf

Abb. 3.7 Dr. Manfred Grieger im Unternehmensarchiv der Volkswagen AG (Bild: Rainer Sülflow)

externes Audio-Material, zum Beispiel aus Rundfunk-Archiven, haben wir wegen Lizenz-Kosten oder schwierig zu klärender Nutzungsrechte in unseren Hörbüchern weitgehend verzichtet.

▸ Gibt es Überschneidungen zwischen dem Audio-Material in Ihrer Erinnerungs-stätte und in den Hörbüchern?

Das in der Erinnerungsstätte zu hörende Audio-Material wurde eigens für die Ausstellung aufgezeichnet und bearbeitet. Als die Dauerausstellung 1998/99 vorbereitet wurde, standen die ehemaligen Zwangsarbeiterinnen und Zwangsarbeiter und Leihgeber mitten im Leben. Ihre Stimmen und Worte als Zeugnisse in die Ausstellung einzubeziehen, bot sich damals noch nicht an, richtete sich die Ausstellung doch auch an die Träger der Erinnerung selbst. 15 Jahre später ist das Bedürfnis gewachsen, die Betroffenen selbst in einer Hörstation zu Wort kommen zu lassen und ihre Stimme zu hören. Deshalb haben wir einige überlebende Jüdinnen und Juden, Polen, Niederländer und Franzosen befragt und die Antworten dokumentiert. Der Ausstellung und ihrer Situierung in einem ehemaligen Luftschutzbunker angemessen, enthält die Hörstation nur kurze Tonsequenzen.

▸ Wer ist die Zielgruppe für Ihre Hörbücher? Erreichen Sie mit den Hörbüchern ein anderes Publikum als mit Printpublikationen?

Abb. 3.8 Das erste Audiobook aus der Abteilung Historische Kommunikation der Volkswagen AG (Bild: Volkswagen AG)

Das Hörbuch ist ein mit dem Autofahren kompatibles Medium. Darüber hinaus ist es ein geeigneter Weg, in der zeitverknappten Gegenwart Informationen und Eindrücke aufzunehmen. Nicht wenige finden während der Autofahrt die Zeit zuzuhören, während ihnen ansonsten die Gelegenheit fehlt, ein Buch zu lesen. Uns ist wiederholt gesagt und mitgeteilt worden, dass sich unsere Hörbücher sehr gut als Begleiter einer längeren Autofahrt eignen. Außerdem besitzen Hörbücher für viele Menschen eine höhere Eindrücklichkeit, wohl weil andere Regionen unseres Gehirns angesprochen werden. Da manche gern lesen, andere aber lieber hören, erweitert sich der Interessentenkreis.

Abb. 3.9 Audiobook aus der
Abteilung Historische Kom-
munikation der Volkswagen
AG (Bild: Volkswagen AG)

> Sie publizieren ja auch Bücher über die Geschichte der Volkswagen AG. Bei wel-
> chem Thema entscheiden Sie sich für welches Medium? Oder bereiten Sie Ihre
> Themen parallel in verschiedenen Medien auf?

Manche Themen und manche Publikationen wie die Selbstzeugnisse ehemaliger
Zwangsarbeiter eignen sich für die cross-mediale Verwendung. Mitunter geht einem Hörbuch eine wissenschaftliche Publikation voraus, die das betreffende Wissen produziert,
das dann für eine Hörbuchproduktion genutzt werden kann. Für die CD »Mit dem Käfer
zum Golf« konnten wir meinen Aufsatz »Der neue Geist im Volkswagenwerk« nutzen, in
dem ich die Aufsichtsrats-, Vorstands- und Betriebsratsprotokolle aus unserem Archiv intensiv ausgewertet hatte. Das Hörbuch ist aber keine reine Vertonung eines Aufsatztextes,
sondern bildet eine eigenständige Darstellungsform.

> Was kann das Audio-Medium nicht leisten?

Das Hörbuch findet seine Grenzen meines Erachtens bei hochkomplexen Fakten oder
wissenschaftlichen Darstellungen. Die für die intersubjektive Überprüfbarkeit bedeutsame
Fußnote in wissenschaftlichen Texten lässt sich nicht in angemessener Weise in Hörbücher
übertragen. Ich kann mir auch nicht vorstellen, die als Buch oder im Internet verfügbare
»Volkswagen Chronik«, die wir fortlaufend weiterschreiben, als Hörbuch zu inszenieren.
Es handelt sich dabei eher um ein Nachschlagewerk.

> Binden Sie die »Sound Identity« der Volkswagen AG in die Hörbücher mit ein?

Abb. 3.10 Audiobook aus der
Abteilung Historische Kom-
munikation der Volkswagen
AG (Bild: Volkswagen AG)

Die Hörbücher bilden unsere Annäherung an das, was andere Institutionen und Unternehmen, etwa die Audi AG, unter Sound Identity fassen. Wir selbst befinden uns da aber noch mitten in der Suchbewegung. Bisher haben wir für unsere Hörbücher durchgängig geeignete Musik komponieren lassen, sofern nicht das Unternehmensarchiv der Volkswagen AG über musikalische Audio-Aufnahmen verfügte.

▸   Wie hoch sind die Auflagen Ihrer Hörbücher und wo kann man sie erwerben?

Die Hörbücher haben eine Auflage zwischen 3000 und 5000 Exemplaren. Sie sind im Buchhandel zu erwerben oder auch über den Shop der Autostadt in Wolfsburg. Eine Download-Möglichkeit besteht derzeit nicht. Dass ein passendes Hörbuch zur Serienausstattung eines Volkswagens gehört, ist zwar noch Zukunftsmusik, jedoch keinesfalls ausgeschlossen.

▸   Hat das Audio-Medium in der Unternehmenskommunikation Ihrer Meinung
     nach eine Zukunft? Oder wird es von anderen Medien, zum Beispiel von Apps,
     abgelöst?

Die Zukunft des Audio-Mediums hat doch gerade erst begonnen – die meisten Unternehmen bewegen sich noch auf eine zielgerichtete und dem Medium angemessene Verwendung von Audio-Material zu. Die Erfahrung zeigt zudem, dass auch im App-Zeitalter ein Medienmix fortbesteht, der nur um neue Anwendungen ergänzt wird, ohne dass die bis-

Abb. 3.11 Audiobook aus der Abteilung Historische Kommunikation der Volkswagen AG (Bild: Volkswagen AG)

herigen vollständig verdrängt werden. Wir hören jedenfalls immer noch häufig den Satz: »Gut, dass es dieses Hörbuch gibt.«

Die Produktionen im Überblick
Titel: Niemand wusste, was morgen sein würde. Ehemalige Zwangsarbeiter des Volkswagenwerks erinnern sich
Produktionsjahr: 2007
Einsatz: Handel, ISBN 978-3-935112-32-7
Länge: 2 CDs, 145'40 min.
Dramaturgie und Regie: Gilbert Holzgang
Redaktion: Manfred Grieger, Dirk Schlinkert

Titel: Mit dem Käfer zum Golf. Eine Reise durch 10 Jahre Volkswagen Geschichte
Produktionsjahr: 2009
Einsatz: Handel, ISBN 978-3-935112-35-2
Länge: 2 CDs, 153'08 min.
Dramaturgie und Regie: Gilbert Holzgang
Redaktion: Manfred Grieger, Dirk Schlinkert

Titel: Der Käfer im Wunderland. Volkswagen in den langen fünfziger Jahren

Produktionsjahr: 2010
Einsatz: Handel, ISBN 978-3-935112-40-6
Länge: 2 CDs, 105'17 min.
Buch: Stefanie Pütz
Dramaturgie und Regie: Gilbert Holzgang
Redaktion: Manfred Grieger, Dirk Schlinkert

Titel: Zuhause bei Volkswagen. Vom Gastarbeiter zum Werksangehörigen – 16 Geschichten
Produktionsjahr: 2012
Einsatz: Handel, ISBN 978-3-935112-45-1
Länge: 2 CDs, 112'44 min.
Buch, Dramaturgie und Regie: Gilbert Holzgang
Redaktion: Manfred Grieger, Dirk Schlinkert

Auftraggeber: Historische Kommunikation der Volkswagen AG
Die Volkswagen Aktiengesellschaft mit Sitz in Wolfsburg ist mit ihren 12 Marken, dem Finanzdienstleistungsbereich und den weltweit 105 Produktionsstandorten größter Automobilhersteller Europas. Mit einem Umsatz von 197 Mrd. Euro, einer Jahresproduktion von mehr als 9,5 Millionen Fahrzeugen und 527.800 Mitarbeitern (2013) gehört der Volkswagen Konzern zu den drei führenden Automobilunternehmen der Welt. www.volkswagen.de

3.4 »Das Feedback war rundum positiv« – Interview mit Mathias Hevert, Geschäftsführer von Hevert-Arzneimittel

Stefanie Pütz

Die Fragen stellte Stefanie Pütz.

▸   Herr Hevert, Sie haben für Ihre Firma ein Hörbuch erstellen lassen mit dem Titel »Samuel Hahnemann, die schöne Tänzerin und der Räuberhauptmann«. Wie kam es dazu?

Die Idee zu dem Hörbuch entstand bei uns im Team. 2010 war das Jubiläumsjahr der Homöopathie. 200 Jahre zuvor hatte Samuel Hahnemann das »Organon der Heilkunst«, das Gründungswerk der Homöopathie, herausgegeben. Wir wollten in diesem Jahr Samuel Hahnemann eine Publikation widmen. Deshalb saß ich mit einigen Mitarbeitern aus dem

Abb. 3.12 Audiobook
über Samuel Hahnemann,
CD-Cover (Bild: Hevert-
Arzneimittel GmbH & Co KG)

Marketing und der Unternehmenskommunikation zusammen. Wir haben uns überlegt, ob
wir ein Buch zu Ehren von Samuel Hahnemann oder etwas anderes produzieren lassen. Wir
kamen dann zu dem Schluss, dass ein Hörbuch ein sehr unterhaltsames Medium darstellt,
um sich mit Samuel Hahnemann und der Geschichte der Homöopathie auseinanderzusetzen. Hevert bemüht sich immer, in seiner Kommunikation mit dem Kunden neue Wege zu
gehen. Wir wollten mit diesem Hörbuch etwas Neuartiges schaffen, das der Kunde noch
nicht von anderen Unternehmen kennt.

▶ Wer hat sich die Geschichte ausgedacht?

Bei uns im Unternehmen kam sofort der Gedanke an den bekannten Räuberhauptmann Schinderhannes auf. Er war ein Zeitgenosse von Samuel Hahnemann und hat unter
anderem hier im Nahetal sein Unwesen getrieben. Wir fanden, er sei eine historische Persönlichkeit, die man sehr gut mit Samuel Hahnemann in Verbindung bringen könnte. Und
so haben wir uns umgesehen nach einem Autor, der diese beiden historischen Figuren, die
sich wahrscheinlich nie kennengelernt haben, zusammenbringt. Wir haben dann eine Reise
durch das Nahetal als Skizze entworfen, auf der Samuel Hahnemann vom Räuberhauptmann Schinderhannes ausgeraubt wird und sich auch homöopathischer Mittel bedient.
Und mit dieser Guideline haben wir Peter Eckhart Reichel eine Geschichte schreiben lassen, die wir dann haben vertonen lassen mit einem professionellen Sprecher für Hörbücher.
Herr Reichel hat dabei Regie geführt.

▶ Wie viel historische Wahrheit steckt in dieser Geschichte?

Wir haben damals mit Herrn Reichel besprochen, dass er das Setting, in dem die Geschichte spielt, möglichst realistisch wieder aufleben lassen soll. Er hat sich dann einiger Persönlichkeiten bedient, die tatsächlich gelebt haben, wie die beiden Protagonisten Samuel Hahnemann und der Räuberhauptmann Schinderhannes. Die dritte Protagonistin, die schöne Tänzerin, hat nie so gelebt. Diese schöne Tänzerin ist aber vorher schon mal in einer anderen Geschichte aufgetaucht, wurde also von jemand anderem erfunden. Herr Reichel hat also die beiden realen Persönlichkeiten um diese fiktive Tänzerin ergänzt und sie in eine reale Situation gestellt. Die Geschichte spielt ja in der Zeit Napoleons, und da haben wir uns ganz nahe an der Realität aufgehalten. Besonders wichtig war uns auch, dass die Homöopathie richtig dargestellt wird. Sie wurde ja um 1800 von Hahnemann entwickelt, und wir haben den einen oder anderen Wirkstoff im Hörbuch erwähnt. Da war es uns wichtig, dass der jeweilige Wirkstoff schon zur Gründungszeit der Homöopathie bekannt war und nicht erst später entdeckt wurde. Schließlich haben wir das Hörbuch auch eingefleischten Homöopathiekennern zukommen lassen, und von denen wollten wir uns nicht eine falsche Historie vorwerfen lassen. Die eigentliche Geschichte, der Überfall durch Schinderhannes und die Begegnung mit der schönen Tänzerin, ist aber frei erfunden – abgesehen davon, dass Hahnemann wirklich viel gereist ist und tatsächlich dort gewohnt hat, wo wir es im Hörbuch verorten.

▸ **Wer hat den Sprecher ausgewählt?**

Wir haben von Herrn Reichel einige Sprecher-Empfehlungen bekommen. Sein Favorit war Andreas W. Schmidt. Wir haben uns dann tatsächlich für Herrn Schmidt entschieden, weil er eine sehr schöne Stimme hat und seine Sprechweise aus unserer Sicht sehr gut zu dieser Erzählung passt.

▸ **Ihre eigene Stimme ist in dem Hörbuch aber auch zu hören.**

Das stimmt. Nachdem das Buch geschrieben war und wir zur Vertonung geschritten sind, haben wir uns überlegt, dass wir nicht nur unser Logo auf das Label bzw. auf die CD-Verpackung aufbringen wollten, sondern dass wir auch dem gesprochenen Teil eine persönliche Note geben wollen. So habe ich mir die Zeit genommen, eine Einleitung zu sprechen, um den Hörer in das Hörbuch einzuführen, und habe auch das Outro gesprochen, um dem Hörer quasi noch einen Abschied mitzugeben und zu zeigen, dass Hevert der Absender dieses Hörbuchs ist.

▸ **Wo haben Sie das Hörbuch veröffentlicht, und wie haben Sie es bekannt gemacht?**

Wir haben das Hörbuch 2010 als CD brennen und von unserer Grafik-Abteilung ein Cover gestalten lassen (Abb. 3.12). Dann haben wir diese CD als exklusiven Herbstgruß an knapp 9400 Kunden verschickt. Etwa ein Jahr später haben wir das Hörbuch dann sozusagen für die Öffentlichkeit freigegeben. Das heißt, wir haben eine MP3-Version als Podcast

Abb. 3.13 Historische Land-
karte zum Audiobook über
Samuel Hahnemann, Teil des
CD-Booklets (Bild: Hevert-
Arzneimittel GmbH & Co KG)

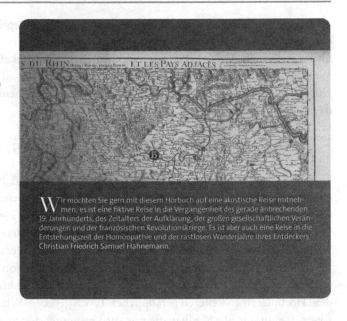

Wir möchten Sie gern mit diesem Hörbuch auf eine akustische Reise mitnehmen; es ist eine fiktive Reise in die Vergangenheit des gerade anbrechenden
19. Jahrhunderts, des Zeitalters der Aufklärung, der großen gesellschaftlichen Veränderungen und der französischen Revolutionskriege. Es ist aber auch eine Reise in die
Entstehungszeit der Homöopathie und der rastlosen Wanderjahre ihres Entdeckers
Christian Friedrich Samuel Hahnemann.

auf unsere Website gestellt. Begleitend haben wir in allen unseren Veröffentlichungen, sei-
en es E-Mail-Newsletter, seien es Pressenachrichten, immer auf diese CD hingewiesen.
Außerdem haben wir verschiedene Institutionen angeschrieben – Heilpraktikerverbände,
Homöopathieverbände – und haben sie eingeladen, unser Hörbuch downzuloaden oder
ihre Mitglieder einzuladen, dies zu tun. Bisher wurde die Online-Version 266 Mal angehört und 821 Mal heruntergeladen (Stand 15.1.2013).

▸ Sie stellen auf der Website ja auch das CD-Cover zum Download bereit.

Ja, inklusive einer historischen Landkarte, die die ungefähre Reiseroute der Erzählung
abbildet (Abb. 3.13). Wir haben uns auch erlaubt, dort klein, aber fein unseren Firmen-
standort zu kennzeichnen, um eine Verbindung zu Hevert zu ziehen. Denn der fiktive
Überfall des Räuberhauptmanns Schinderhannes auf Samuel Hahnemann findet hier im
Nahetal statt, ganz in der Nähe unseres Firmenhauptsitzes.

▸ Wie kam das Hörbuch bei Ihren Kunden an?

Das Feedback war rundum positiv. Wir haben viele Dankschreiben und viele Rück-
meldungen bekommen, dass die Leute die Geschichte sehr informativ und unterhaltsam
fanden. Auch die später ins Internet gestellte MP3-Version wurde sehr häufig heruntergeladen. Das zeigt ja, dass die Thematik als solche und das Medium Hörbuch auf großes
Interesse gestoßen sind.

▸ Haben die Hörer Ihnen auch mitgeteilt, wo sie das Hörbuch gehört haben?

Die Hörbuch-Hörer, die mir bekannt sind, sind in der Regel Autofahrer, die lange Strecken nicht mit Musik oder mit Radio, sondern mit intelligenter Lektüre verbinden wollen und sich deshalb Hörbüchern zugewandt haben. Unser Marketingleiter fährt beispielsweise jeden Tag eine Stunde hin zur Arbeit und eine Stunde zurück und hört dabei regelmäßig Hörbücher. Er war auch einer derjenigen, die am stärksten befürwortet haben, dass Hevert das Hörbuch produziert.

▶   Das Hörbuch enthält ja auch Musik. Welche Bedeutung hat sie?

Als wir die Vertonung des Manuskriptes angegangen sind, haben wir uns überlegt, dass eine musikalische Einspielung dem Hörbuch mehr Leben einhauchen kann. Also haben wir die Agentur GROVES angesprochen, mit der wir zuvor eine Sound-Identity für unser Unternehmen entwickelt hatten. Wir haben sie gebeten, unsere Firmen-Musik auf das Jahr 1800 anzupassen, das heißt, die gleiche Melodie mit Instrumenten einzuspielen, die um das Jahr 1800 in Deutschland gebräuchlich waren. Diese Version der Hevert-Melodie findet sich nun an einigen Stellen als Passage zwischen den Abschnitten wieder. Damit haben wir dem Hörbuch einen weiteren persönlichen Touch gegeben. Wir versuchen übrigens, unsere Klang-Identität in alle Medien, die uns zur Verfügung stehen, einzubetten.

▶   Können Sie sich vorstellen, das Audio-Medium ein weiteres Mal zu verwenden?

Ich kann mir jederzeit vorstellen, weiter auf das Audio-Medium zu setzen. Vor allem das Thema Podcast beschäftigt uns aktuell. Wir produzieren jetzt schon Mitschnitte von Fortbildungsveranstaltungen, publizieren diese allerdings nicht als Podcast, sondern als Webinar in Verbindung mit Powerpoint-Folien. Aber auch Podcasts sind für uns ein interessantes Medium, das wir in Zukunft stärker nutzen wollen. Es ist auch gut möglich, dass wir wieder mal ein Hörbuch produzieren – wenn uns dazu eine gute Gelegenheit und eine gute Idee kommt.

Die Produktion im Überblick
Titel: Samuel Hahnemann, die schöne Tänzerin und der Räuberhauptmann
Produktionsjahr: 2010
Einsatz: MP3, Download via www.hevert.com/market-de/de/unternehmen/ hoerbuch
Länge: 79'01 min.
Idee und Produktion: Hevert-Arzneimittel GmbH & Co KG
Buch und Regie: Peter Eckhart Reichel
Sprecher: Andreas W. Schmidt
Musik: GROVES Sound Branding

Auftraggeber: Hevert-Arzneimittel GmbH & Co KG Hevert-Arzneimittel ist einer der führenden deutschen Hersteller von homöopathischen und pflanzlichen Arzneimitteln sowie hochdosierten Vitaminpräparaten. Weltweit gehört Hevert zu den zehn bedeutendsten Homöopathie-Herstellern. Das Familienunternehmen mit Sitz im rheinland-pfälzischen Nussbaum hat 135 Mitarbeiter und wird heute in dritter Generation von Marcus und Mathias Hevert geführt. www.hevert.de

3.5 »Wir in Köln«: Hörspiel für M. Du Mont-Schauberg

Dietmar Pokoyski

▸ *Geringfügig überarbeitete Version der Erstveröffentlichung in: Helisch/Pokoyski (Hg. 2009), S. 163 ff.*

Ein gutes Beispiel für die Kommunikation der Unternehmenswerte nach innen ist die Awareness-Kampagne für neue Leitsätze beim Traditionsverlag M. DuMont Schauberg. Es sollten den Mitarbeitern sechs Werte zu den Themen Führung, Zusammenarbeit, Verantwortung, Fehlerkultur und Kundenorientierung vermittelt werden. Um diese Werte in Form von Leitsätzen auch bei den Mitarbeitern zu verankern, sollten auch die Gründe, die zu der neuen Linie geführt haben, erläutert werden. Die bis dahin existierenden Leitsätze wurden offensichtlich nicht ausreichend kommuniziert und gelebt. Daher schien ein gewisser kommunikativer Aufwand hier auch insofern notwendig zu sein, als dem Launch ein langer und aufwändiger Prozess vorausging.

Leitsätze – sechs statt zehn Gebote

Verkürzung von Leitkultur auf einige wenige kurze Sätze à la »Die zehn Gebote« lassen einerseits auf den Vorteil schließen, dass diese Sätze kurz und knackig, also plakativ daher kommen und relativ unkompliziert kommuniziert bzw. von Mitarbeitern schnell erfasst werden können. Andererseits führt jedoch diese Vereinfachung dazu, dass eine gewisse Verwechselbarkeit geschaffen wird. Dabei besteht stets das Risiko, dass Mitarbeiter gerade auf die Verknappung unsicher reagieren. Viele mögen den Inhalten zustimmen, fragen sich aber gleichzeitig achselzuckend, warum selbstverständlich erscheinenden ethische Grundlagen – quasi recycled – eine derartige Wichtigkeit zugemessen wird, wie es im Rahmen von Einführung und Leitbild den Anschein haben mag.

Insofern ist es im Rahmen der Kommunikation unerlässlich, nicht nur auf die Existenz neuer Leitlinien einzugehen, sondern gerade auch das Wie – die Entstehungsgeschichte – transparent zu machen.

Bezüglich der Kommunikation wollte man es diesmal auch besser machen als zuvor. Parallel zu Workshops mit Führungskräften, um die Idee vertikal zu implementieren, beauftragte man ein Kommunikationskonzept und -tools zur Begleitung dieses Prozesses. Es sollten Tools geschaffen werden, die

- die informelle Ebene der reinen Kommunikation von Leitbild-Inhalten abdecken und
- über emotionale Qualitäten Impact und Involvement schaffen.

Vor diesem Hintergrund entschied man sich für folgende, miteinander verzahnte Kommunikationsmodule (s. Abb. 3.14):

- Plakate,
- Giveaways,
- Corporate Audiobook,
- Mitarbeiter-Events zum Launch.

Zunächst wurden drei Plakatreihen entwickelt, die – jede für sich – auch auf die Mitarbeiter-Events anlässlich des Launchs der Leitsätze hinwies. Auf Grundlage des Corporate Designs wurde zwar kein Kampagnenbrand entwickelt, aber ein Key Visual geschaffen, das auch im Rahmen der weiteren Medien konsistent eingesetzt wurde.

- Plakat a enthielt neben dem Key Visual Schlüsselbegriffe aus den Leitsätzen.
- Die sechs Plakate der Reihe b enthielten jeweils nur einen Schlüsselbegriff in nahezu formatfüllender Größe.
- Plakat c, das exakt an das Motiv aus a angelehnt wurde, enthielt neben dem KeyVisual die sechs kompletten Leitsätze.

Die Plakate wurden, um die Neugier der Mitarbeiter zu steigern, wie in einer Teaser-Kampagne üblich – dramaturgisch aufeinander aufbauend – am Unternehmenssitz ausgehängt. Zuerst wurden die Plakate der Reihen a und b gezeigt und kurz vor den Mitarbeiter-Events die »Auflösung« via Reihe c mit den kompletten Leitsätzen.

Parallel zur Publikation der Plakatreihen a und b wurden über das Firmenrestaurant so genannte »Leitkekse«, nichts anderes als Glückskekse mit jeweils einem der sechs Leitsätze, an die Mitarbeiter verteilt, so dass sich die Inhalte des neuen Leitbildes – sukzessive und verteilt über einige Tage und die verschiedenen Medien – erschließen ließen.

Begleitende Giveaways – Spieltrieb führt unmittelbar zum Kern

Ein weiteres Giveaway war der »Magic Cube«, ein so genannter »Zauberwürfel«, der aus insgesamt acht jeweils auf allen sechs Seiten bedruckten Würfeln – mithin insgesamt 48 Bildmodulen – besteht, bei denen durch Drehen unterschiedliche Bild-Kombinationen

Abb. 3.14 Diverse Poster, Giveaway Magic Cube, Leitkeks und Corporate Audiobook als CD-Edition (© M DuMont-Schauberg 2008)

entstehen. Der Spieltrieb und die Entdeckerfreude führen bei diesem Werbemittel erfahrungsgemäß zu einer intensiven – auch haptischen – Beschäftigung mit dem eigentlichen »Kern«, der erst entdeckt werden wollte. Denn der Abdruck der sechs Leitsätze war im Innenteil des Würfels quasi »versteckt«, während außen Fotos aus dem Unternehmen die visuelle Oberfläche bildeten. Zudem war als zusätzlicher Benefit eine Bohrung vorgenommen worden, so dass der Cube auch bei eher nüchternen Anwendern zumindest als Stifthalter »funktionieren« sollte.

Das Hörspiel – Audiobook als Ritualizer

Das Herz der Awareness-Strategie war jedoch die Produktion eines circa 20-minütigen Audiobooks. Man hatte sich dafür entschieden, weil durch das Briefing deutlich wurde, dass u. a. auch nach einer Vermittlungsform gesucht wurde, die die Mitarbeiter einlädt, ihre Konzentration aktiv auf das Medium zu richten. Das Thema »Film« wurde ganz bewusst ausgeklammert, weil weder eine Assoziation in Richtung »Popcornkino« noch hinsichtlich »Schulfernsehen« oder affirmativer »Werbeclip« gewünscht war. Mit dem Aspekt des »Hörens« wurde vielmehr eine Stimmung verbunden, der man zuschrieb, u. a. auch den subjektiv empfundenen Verlust von Gemeinsamkeiten im Unternehmen – gerade auch im Sinne von Ritualen – entgegenwirken zu können. Auch wurden mit einem Audiobook »kulturelle Qualitäten« assoziiert – ein vielschichtiges Giveaway, das potenziell auch unterwegs oder zuhause gehört werden kann und das man danach eher ins Regal stellt als es zu entsorgen, das unwiderrufbare Schicksal vieler Werbemittel, die ohne nachhaltige Kommunikationsstrategie implementiert werden.

Das Buch für dieses Hörspiel wurde im Rahmen eines Narrativen Managements innerhalb von fünf Tagen auf Basis einer Wirkungsanalyse (s. Abschn. 2.4) der Unternehmenskultur mit insgesamt 17 tiefenpsychologischen Interviews erstellt, die über einen Zeitraum von zwei Wochen in einem externen Studio durchgeführt wurden. D.h. die Mitarbeiter haben über die bis zu zweistündigen Interviews direkt oder indirekt – quasi als Co-Autor – an diesem Leitbild-Hörspiel »mitgewirkt«, indem sie u. a. ihre Unternehmenskultur beschrieben und den Interviewern Geschichten aus dem Unternehmen erzählten. Auch Aufgaben wie z. B. die Darstellung des eigenen Arbeitsplatzes über eine Collage oder projektive Abfragen wie etwa »Unternehmen als Tier« (als »Auto«, als »Lied« etc.) haben dazu beigetragen, eine vielfältig einsetzbare Material-Sammlung einzelner Geschichten zu generieren.

Wirkungsanlyse macht Doppelkultur sichtbar

Auf die exakten Ergebnisse der Wirkungsanalyse kann hier aus sicher nachvollziehbaren Gründen nicht näher eingegangen werden. Auffällig war jedoch, dass hier offensichtlich zwei unterschiedliche Unternehmenskulturen zum Zuge kommen, deren Wurzeln sowohl in Branchen-immanenten Veränderungsprozessen, aber auch in einem Standort-Wechsel und in einschneidenden Wechseln in der Geschäftsleitung zu suchen sind. Das Aushalten dieser Doppelkultur führt bei den Mitarbeitern zu überdurchschnittlich hohen psychischen Aufwendungen, aus denen die Analyse insgesamt vier Hauptumgangsformen ableiten und mithilfe von Spielzeug-Figuren auch visualisieren und in eine Typologie überführen konnte.

Das Skript trug diesen Veränderungen Rechnung, indem es mehr als ein Dutzend assoziativer Szenen im Stile diverser Radioshows und -snippets (vom Quiz, über Wettervorhersage, Staumeldung, Hörspiel bis hin zum Interview, jeweils mit Kanalrauschen als Blende) in einer Logik aneinanderreiht, die alle qua Wirkungsanalyse identifizierten Umgangsformen der Mitarbeiter mit den »neuen« Situationen berücksichtigt und über exemplarische Typen beschreibt. Eine formale Klammer bildet eine simulierte Taxifahrt vom alten Standort zum neuen, deren Fahrzeit exakt der Zeit des Hörspiels entspricht.

Das Audiobook wurde mit Unterstützung eines erfahrenen Hörspiel-Studios sowie mithilfe von insgesamt sieben Sprechern und Sprecherinnen und zwei Musikern sowie O-Tönen der Unternehmensleitung innerhalb von vier Tagen aufgenommen und einer weiteren viertägigen Postproduktion unterzogen. Der Auswahl der Sprecher ging ein umfangreiches Casting voraus, bei dem vor allem auf den Aspekt der Authentizität der beschriebenen Typen geachtet werden musste, weil die Mitarbeiter trotz der Überhöhung, die sich bei der Darstellung ihrer Umgangsformen angeboten hatte, nicht desavouiert werden sollten.

Während der Postproduktion wurden u. a. auch zahlreiche Klangeffekte zur auditiven Illustration erstellt. Auch solche, die auf O-Tönen aus dem Unternehmen basierten, z. B. Fahrstühle, Geräusche aus dem Betriebsrestaurant und der Produktionsstätte o. ä., die unmittelbar auch zur Wiedererkennbarkeit des Unternehmens innerhalb des Hörspiels beitragen.

Das Endergebnis wurde mit einem umfangreichen Begleit-Booklet inklusive der erneuten Dokumentation der eigentlichen Leitsätze als CD (s. Abb. 3.14 und 3.15) aufbereitet. Unberührt von dem Medium CD, das als Mitarbeiter-Giveaway eingesetzt werden kann, bestand natürlich auch hier die Option, Podcast-Häppchen übers Intranet verfügbar zu machen, im Rahmen von Events zu teasern, respektive innerhalb von Teams als Workshop-Instrument einzusetzen.

Die Produktion im Überblick
Titel: Wir in Köln – ein akustisches MDS-Leitbuch für den Unternehmensbereich Köln
Produktionsjahr: 2008
Einsatz: Anlässlich der Kommunikationsstrecke zur Einführung von neuen Leitsätzen zur Führung und Zusammenarbeit
Sprache: Deutsch
Anzahl der Folgen: 1
Länge: 20'25 Min. (Kurzversion), 32'12 (Langversion)

Abb. 3.15 Rückseite des
Corporate Audiobook mit
Teaser-Text zur CD-D-Edition
(© M. DuMont-Schauberg,
2008)

Eine Taxifahrt von der Breite Straße in die Amsterdamer Straße, in der zwei prägende Orte von MDS miteinander verbunden werden – und zwei völlig unterschiedliche Unternehmenskulturen: die alte, durch das »Golde Hüsje« geprägte und eine neue, die noch so frisch ist, dass sie sich kaum mit konkreten Bildern verknüpfen lässt. Während der Fahrt kleine »Audio-Häppchen« – wie aus dem Radio. Auf den ersten Blick stehen hier Quizshows, Interviews & Co. scheinbar belanglos nebeneinander. Erst beim genauen Hinhören bilden sich Facetten der MDS-Unternehmenskultur aus. Diese werden als Einzelteile einer »Leitgeschichte« erzählt, die den neuen Leitsätzen der Führung und Zusammenarbeit bei MDS zugrunde liegt. Basierend auf Interviews zur MDS-Unternehmenskultur ist so ein Hörspiel entstanden, in dem – nicht ohne Augenzwinkern – mögliche Umgangsformen mit der Kultur bei MDS in kleine Geschichten verpackt wurden. Geschichten, in denen Führungskräfte und Mitarbeiter gleichermaßen zu Wort kommen.

Buch: Dietmar Pokoyski auf Basis einer tiefenpsychologischen Wirkungsanalyse mit 17 Tiefeninterviews, produziert durch known_sense (Projektleitung: IvonaMatas)
Produktion: known_sense
Regie: Dietmar Pokoyski, André Helfers
Studio: Horchposten, Köln
Aufnahme, Postproduktion: Samir Saleh
Sprecher/-innen: Claudia Dalchow, Claudia Felix, Tanja Haller, André Helfers, Michael Holdinghausen, Samir Saleh, Thomas Wißmann sowie Konstantin Neven DuMont
Geräusche: Harald Sack Ziegler
Sounddesign: Harald Sack Ziegler
Musik: Harald Sack Ziegler, Willi Ostermann
Auftraggeber: M. DuMont-Schauberg
M. DuMont Schauberg ist eines der größten und ältesten deutschen Verlagshäuser mit Sitz in Köln und beschäftigt insgesamt mehr als 4000 Mitarbeiter. Das Unternehmen wird heute in der 12. Generation geführt. Der Umsatz betrug 2010 711,3 Mio. Euro. www.dumont.de

3.6   »Cybarry & Samantha Safe«:
Der Expedition Security Podcast der Cytec

Dietmar Pokoyski

▸   *Erstveröffentlichung in: OLE Nr. 12 (2011), hg. von known_sense*

Diejenigen, an die sich die Frage Samirs, dem Tontechniker aus dem Horchposten-Studio, richtet, heißen Luciana Caglioti und Christiano Cruciani und sind zwei von insgesamt zwölf Sprechern, die in die Rollen von »Cybarry & Samantha Safe« schlüpfen, des weltweit vermutlich ersten internationalen Security Awareness Podcasts. »Ja, war völlig in Ordnung«, bestätigen Luciana und Christiano unisono. »Ok, weiter«, sagt Samir. Und: »Aufnahme!«

Diese kleine Unsicherheit zu Beginn der ersten Folge bleibt eine Ausnahme. Denn die weiteren italienischen Aufnahmen – immerhin insgesamt vier Stunden – klappen wie am Schnürchen, auch, wenn Samir am Ende des Tages immer noch kein Italienisch kann. Italienisch ist die Letzte von insgesamt sechs Sprachen, in denen im Horchposten-Studio ein Trailer und acht Folgen unseres Security-Podcasts aufgenommen werden. Die anderen Sprachen – Deutsch, Englisch, Französisch, Spanisch und Niederländisch – sind schon durch. Daher kennt Samir inzwischen nicht nur die Geschichten von Cybarry und seiner Kollegin Samantha Safe, sondern auch die Inhalte der meisten Dialoge und weiß, wie die ungefähr klingen müssen – auch in einer Fremdsprache. Er setzt seine Marken für die Postproduktion zunächst nach Gehör. Das Feintuning kommt später, dann, wenn er sich in seiner Muttersprache Deutsch sowie auf Basis des Skripts vergewissert hat, dass kein Dialog, noch nicht einmal eine kleine Interjektion, fehlt.

Auch ich kann Luciana und Christiano in ihren Dialogen folgen, obwohl Italienisch nicht zu meinem Fremdsprachen-Repertoir gehört. Als Autor der Kurz-Hörspiele im Auftrag eines internationalen Spezialchemikalienherstellers habe ich gemeinsam mit André Helfers von Horchposten, die ansonsten u. a. die Hörbücher aus der populären Reihe »Das schwarze Auge« produzieren, die Regie übernommen. Für meine Agentur known_sense ist es die dritte Corporate Audiobook-Produktion in knapp zwei Jahren – und die aufwändigste, nicht nur aufgrund der Übersetzungen in nahezu jede Unternehmenssprache des Auftraggebers, sondern auch aufgrund der Länge. Jede Folge dauert – mit Ausnahme des Trailers – sieben bis neun Minuten; macht zusammen eine fast volle CD mit über 60 Minuten Spielzeit (s. Abb. 3.16) – in JEDER Sprache!

Bereits 2008 hatte known_sense für das Chemieunternehmen eine internationale Security Awareness-Kampagne ausgerollt. Absender von Medien wie Plakaten, Comicpostkarten, Security-Quiz und mehr ist als Stellvertreter des Security Managements die Leitfigur Cybarry, ein Fass als Brand mit Armen, Beinen und einem in der Regel freundlichen Gesicht. »Au, au, au. Ich bin doch keine Trommel«, brüllt Cybarry zu Beginn der ersten Folge, als man ihn für ein verloren geglaubtes Fass hält, das einst Chemikalien des Unternehmens von a nach b transportiert hat. Um dann aber im weiteren Verlauf davon zu berichten,

Abb. 3.16 CD-Cover der
kompletten Podcast-Sammlung

dass in seinem »langen« Leben bereits VIPs wie Diogenes oder Huck Finn in ihm gewohnt
hätten und er das einzige überlebende Fass der Exxon-Valdez-Havarie sei.

Als »Maskottchen« der Security Awareness-Kampagne ist Cybarry natürlich auch ein
selbst ernannter Streiter für die Sicherheit und persönlicher Security-Berater von Samantha Safe. Samantha schlägt sich seit 15 Jahren im Firmen-Office mit ihr sinnvoll wie unsinnig
erscheinenden Sicherheitsmaßnahmen herum und leidet an einer von Dr. Tanski diagno-
stizierten, tückischen Passwort-Allergie.

Vom Jingle bis zur Quizfrage – formale und inhaltliche Struktur

Der Aufbau jedes Podcasts folgt einer stets einheitlichen Struktur. Zuerst ein eingängiger,
gute Laune verbreitender Jingle von Harald Sack Ziegler, den man spätestens nach der zweiten Folge mitpfeifen muss. Ziegler, der als Komponist bereits ARD-Hörspiele und auch
die known_sense-Produktion »Wir in Köln« für ein großes Medienunternehmen vertont
hatte, hat die komplette Musik, neben dem Jingle diverse Moods, und darüber hinaus alle benötigten Geräusche, u. a. Raddampfer, Straßen-Athmo, Klingeltöne, etc., mit seinem
Leitinstrument, dem Horn, sowie diversen Percussions, Plastik- und Blechspielzeugen u. a.
Instant-Materialien, die z. T. im Studio verfügbar waren, solo in einem circa achtstündigen
Aufnahmeprozess – Layer für Layer – eingespielt.

Nach dem Jingle erscheint Cybarry in Samanthas Büro. Ein alltäglicher Anlass wie z. B.
das Absenden einer E-Mail oder – in Pausen – die Vorbereitungen auf eine Wichtelparty

Abb. 3.17 Comicpostkarte Nr. 8 mit Quiz

Abb. 3.18 Comicpostkarte Nr. 9 mit Quiz

verwickelt die beiden in ein Streitgespräch, in dem es am Ende stets um ein Securitythema geht. Aufgelöst wird der sich zuspitzende Dialog zwischen dem Fass und der Angestellten durch einen Anruf von extern, der in der Regel internationale Stars wie Steven Spielberg, Muhammad Ali, Tom Cruise, Madonna oder Michelle Obama (fiktiv) auf die (Audio-) Bühne hievt. Diese Telefondialoge zwischen Cybarry und den VIPs bergen stets auch die Lösung für das jeweilige Security-Problem in sich. Z.B. behauptet Cybarry, dass Madonna ihn für Studioaufnahmen im Kontext eines Backmasking-Tracks (Anm.: ein Song mit rückwärts abgespieltem Text) verpflichten wolle. Anhand dieser Steilvorlage erklärt Cybarry sodann Sam, wie z. B. Verschlüsselung funktioniert und wie man diese zugunsten der Informationssicherheit einsetzen sollte. Neben Verschlüsselung werden in anderen Folgen auch weitere Top-Themen der Security thematisiert und einer möglichst breiten Mitarbeiter-Zielgruppe erklärt, z. B. Passwort, Social Engineering, Informationsträger, Clear Desk oder Social Networks.

Jeder Folge schließt mit einer Quizfrage aus dem Kampagnen-Gewinnspiel, z. B. »Ein Passwort ist dann stark, wenn es die folgenden Elemente enthält? (a) Anzahl an Kaffee-tassen, die ich pro Tag trinke, in Zahlen? (b) … die Etage, in der ich arbeite, als Ziffer? (c) … Anfangsbuchstaben der Lieblingsspielzeuge meiner Nichten und Neffen? Oder (d) … mindestens acht Zeichen, Groß- und Kleinbuchstaben und natürlich Sonderzei-chen?«

Durch die Verknüpfung mit weiteren Medien wie dem o. g. Gewinnspiel, Postern (s. Abb. 3.19 und 3.20) oder Comic-Postkarten (s. Abb. 3.17 und 3.18), mit deren Hilfe die Mitarbeiter sich bereits seit Beginn der Kampagne ein Bild von Cybarry und Samantha machen konnten, wird der integrierte Ansatz der verschiedenen Maßnahmen und die Verknüpfung der zahlreichen beteiligten Kanäle gewährleistet, die im Zusammenwirken weltweit an circa 60 Standorten für mehr Sicherheit im Unternehmen werben.

Auszug aus dem Drehbuch, Folge 1

ERZÄHLERIN: Dies ist die Geschichte von Cybarry. Es ist eine einfache Geschich-te über eine einfache Person … wobei … Cybarry eine »Person« zu nennen wäre übertrieben, denn …

CYBARRY: Au, au, au. Ich bin doch keine Trommel …

SAMANTHA: … ach ja. Cybarry ist auch keine Trommel, aber ein Fass und ich …

ERZÄHLER: … Samantha Safe, 15 Jahre Cytec Office. Dies ist auch ihre Geschich-te! …

SAMANTHA: … habe es gefunden, drüben, an der Ausfahrt, weil …

CYBARRY: (empört) Es? Wieso es?

SAMANTHA: … ok, dich, also DU. Ich fand DICH direkt so nett. Weil DU mir als einziger »Gesundheit« zugerufen hast, als mich auf dem Weg nach Hause mal wieder Niesanfälle ereilten …

CYBARRY: (mit Ironie) … weil du eigentlich abgeholt werden wolltest, aber nicht telefonieren konntest, weil du mal wieder deine PIN fürs Handy vergessen hattest …

SAMANTHA: Genau, haaaaatschi …

CYBARRY: Jetzt lenk' mal nicht ab. N E T T fandest du mich also … (flirtend) und sonst?

SAMANTHA: … dann habe ich Cybarry … also dich … als Leitfigur und Maskott-chen für unsere Security Awareness Kampagne vorgeschlagen.

CYBARRY: (begeistert, stolz) … ja, und ich hab beim Casting gewonnen …

SAMANTHA: (abwertend) Jeder hat eine zweite Chance verdient …

Abb. 3.19 Poster zur Einführung des Podcast

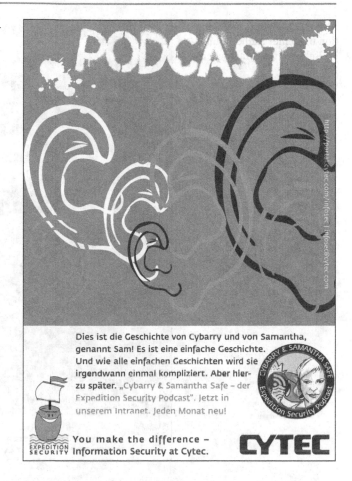

CYBARRY: (empört) Zweite Chance? (langsam und betont) Ich – glaub – es nicht. Zweite Chance! (schneller) Das ist doch nur ein Nebenjob. Ich hatte in meinem langen Leben als Weltbürger schon bedeutendere Aufgaben zu erledigen.

SAMANTHA: Langes Leben? Pooh. Cybarry ist grad mal 17 Jahre alt ...

(jeder erzählt seine eigene Version, die gegenübergestellt und ohne Verzug geschnitten werden)

CYBARRY: Langes Leben! Also ich bin mehr als 2000 Jahre alt ...

SAMANTHA: ... und also fast erwachsen. Früher hat er mal flüssige Harze der Cytec von a nach b transportiert.

CYBARRY: ... und habe bereits VIPs wie Diogenes in mir beheimatet. (betont flüsternd) Sie wissen schon – dieser Philosophie-Clown aus dem alten Griechenland ...

Abb. 3.20 Poster zur Promotion u. a. einer Audio-Lounge im Rahmen von Mitarbeiter-Events

SAMANTHA: Nach seiner Arbeit im Dienste der Chemie war er zu alt und wurde wie viele andere Fässer aussortiert.

CYBARRY: Nach meinem ersten Leben in Athen zog ich rum und hing mit einem gewissen Mr. Crusoe ein paar Jahre auf einer ganz netten, sehr einsamen Insel ab.

SAMANTHA: Dann wurde er offensichtlich zur Entsorgung an dem Platz vor der Ausfahrt gestellt, wo ich ihn fand.

CYBARRY: Dann kam ich nach Amerika, wo Huck Finn in mir wohnen durfte.

SAMANTHA: Als ich ihn fand, war er innerlich völlig ausgelaugt.

CYBARRY: Meine Fitness ist mein Kapital. Schließlich habe ich bereits 1989 als einer der wenigen Fässer die Havarie der Exxon Valdez überlebt.

SAMANTHA: Haaaaaatschi, so'n Quatsch. (an die Hörer gewandt) Glauben Sie ihm nicht. (wieder im Dialog mit Cybarry) Cybarry, ich lass mir von dir doch keinen

Bären aufbinden. Meines Wissens waren das in der Antike und in den Büchern von Mr. Twain Holzfässer, oder …? Haaatschie …

CYBARRY: (leicht genervt) Jetzt lenk nicht immer ab. Musstest du jetzt etwa niesen, weil du weißt, dass du Unrecht hast oder weil du an ein Passwort gedacht hast, das dir mal wieder nicht einfiel?

SAMANTHA: Ja, (um Mitleid heischend) weil ich doch unter dieser Allergie leide, die voriges Jahr von Dr. Tanski diagnostiziert wurde …

Dr. Tanski: Mund mal weit öffnen.

SAMANTHA: Aaaahhh

Dr. Tanski: Frau Safe, ich … ich fürchte, Sie leiden unter einer rezidivierenden … Passwortallergie …

SAMANTHA: Oh (Schreck), nein … Herr Doktor, wie lange geben Sie mir noch …?

Dr. Tanski: Mit einer Passwortallergie können Sie durchaus sehr alt werden, wenn Sie einige wichtige Regeln einhalten.

SAMANTHA: (erschrocken) Was denn für Regeln?

CYBARRY: Was denn für Regeln?

Chor: Was denn für Regeln?

Dr. Tanski: Diese fürchterlichen Niesanfälle brechen nur dann heraus, wenn Sie sich an einem System wie einem Computer oder Handy mit Passwort, PIN & Co. anmelden wollen und Ihren Code vergessen haben.

CYBARRY: Ha (lacht), damit bist du ja nicht allein.

Chor: … nicht allein … allein. Eben. Eben. Eben …

CYBARRY: Aber was tun (eher flüsternd)?

Chor: Was tun …? Was tun …? Was tun …?

SAMANTHA: Genau? Was tun? Aufschreiben darf man doch nicht …(?). Früher stand mein Passwort auf jedem Firmenbriefbogen groß oben drauf …

CYBARRY: Nee, ne? Passwort »Cytec«, was? Einfacher ging' nicht, oder?

SAMANTHA: Ja, aber auf alle Fälle hatte ich es NICHT aufgeschrieben.

CYBARRY: Eben. (belehrend) Du sollst keine Passwörter notieren. Das hast du schon sehr richtig gemacht. Und du weißt ja: man soll niemandem sein Passwort mitteilen … Und natürlich sollst du keine Namen oder andere Wörter der natürlichen Sprache wählen. Aber Cytec …?

SAMANTHA: (genervt) Cybarry, ich weiß. (RING). Ah, Dr. Tanski, jetzt hör doch mal zu, was der Experte rät. Sam hier …

CYBARRY: Pooh, E X P E R T E, hmm …?

Dr. Tanski: Ja, hallo Samantha, ja, meine Patienten haben schon einiges ausprobiert. Die beste Medizin war stets der KeePass Passwort Safe – der hat bisher noch jedem geholfen.

SAMANTHA: Oh (entzückt). Super, Dr. Tanski! Danke. Haaaa… Haaaa… Haaaa… (Niesen auf halber Strecke unterbrochen)

CYBARRY: Gesundheit. Quatsch: Bewusstsein wünsche ich dir.

SAMANTHA: Danke (schnief), geht schon.

CYBARRY: Na, siehste. Da hilft allein das Denken daran. Klasse Tipp. Keepass – das werden wir hier direkt einführen.

SAMANTHA: Aber Cybarry, Keepass, das hört sich fürchterlich kompliziert an.

CYBARRY: Ist es aber nicht!

SAMANTHA: (unsicher) Ja aber, was ist das eigentlich ?

ERZÄHLER: Genau, worum handelt es sich bei »KeePass Password Safe«?

SAMANTHA: Ist es ein Programm zur Kennwortverwaltung, mit dem sich Passwörter beliebiger Länge und Typs erstellen und verwalten lassen.

CYBARRY: Ist es vielleicht ein Programm zum Cracken von Passwörtern.

SAMANTHA: Ist es ein biometrisches Verfahren zur Authentifizierung.

CYBARRY: Oder ist es ein bereits vorgegebenes und damit statisches Passwort, mit dem Sie sich bei sämtlichen Cytec-Anwendungen authentifizieren können.

Hörproben: www.corporate-audiobook.com

Populäre Pop-Chiffren – Nutzung virtueller VIPs

»Natürlich wollen wir erreichen, dass die Kollegen die Regelwerke kennen und Tools nutzen, die den Umgang mit Security leichter und für alle sicherer gestalten«, sagt Thomas Dallmann, der Information Security Manager des Auftraggebers. Und: »Der Medienmix, insbesondere das originelle Storytelling, bei dem originär eher langweilige Sicherheitsthemen mit global populären Pop-Chiffren gemixt und auf diese Weise spannend aufbereitet werden, hilft uns, den Umgang mit Security zu entkrampfen und den Mitarbeitern zu demonstrieren: ›Da, schaut her, Informationssicherheit kann durchaus ein spannendes Thema sein, zu dem es viele Geschichten zu erzählen gibt.‹ Und wenn das Interesse einmal geweckt ist, kennen die Mitarbeiter hoffentlich auch die Quellen, die sie im Zweifelsfall zur Ausgestaltung ihres Secrity-Know-hows heranziehen sollen – etwa unser Intranet oder das User-Handbuch zur Sicherheit.«

Storytelling als methodisches Vorgehen

Wer denkt sich aber all' diese Geschichten aus? Die Antwort ist gar nicht so schwer, sofern das Vorgehen methodisch unterfüttert ist und einer klar umrissenen Strategie folgt. Die narrativen Grundlagen für sämtliche Kampagneninhalte von der Ausgestaltung der Leitfigur bis hin zu den Storyboards für die Comics wurden bereits in der Analysephase bei der Vorbereitung der Gesamtmaßnahme gelegt. Bereits 2008 war es mithilfe tiefenpsychologisch moderierter Workshops gelungen, die Sicherheitskultur des Chemieunternehmens aufgrund von vorhandener CI, Branchenwirklichkeit, tatsächlicher Sicherheitsvorfälle und Positionierung der Security-Protagonisten zu identifizieren, zu beschreiben und im Rahmen eines sich verdichtenden Storytelling-Prozesses aus der sachlichen Dokumentation heraus in spannende Geschichten zu übersetzen.

Übersicht: Kampagne – Medien – Kanäle – Evaluation

Die Idee zur hiesigen Awareness-Kampagne wurde 2008 im Vorfeld eines internen IT-Strategie-Meetings in Puerto Rico geboren. Dort stellte der Information Security Manager Thomas Dallmann, seinen Kollegen erstmals einen von known_sense kreierten Awareness-Koffer mit zahlreichen Sensibilisierungs-Tools wie etwa dem »Virusquartett« (www.virusquartett.de), dem »Passworthalter« und dem »Virus-BrickMaster« vor und gewann mit drei Plakaten, die er gemeinsam mit known_sense produziert hatte den internen Poster-Wettbewerb. Weitere Informationen hierzu im known_sense-Newsletter OLE Nr. 6 (Pokoyski 2007).

2008 wurde die Kampagne »Expedition Security« weltweit in sechs Sprachen ausgerollt. Die Medien wurden saisonal auf Basis von Themenschwerpunkten der Informationssicherheit jeweils im Frühjahr (je 2 Themen) und Herbst (je 2 Themen) eines jeden Kalenderjahres ausgerollt. Die Schwerpunkte, z. B. Passwort, Verschlüsselung, Backup, externe Datenträger, mobile Geräte Sicherheitsregeln, ergaben sich aus aktuellen Sicherheits-Vorfällen, anlassbezogenen Events wie z. B. Medienberichte über Incidents sowie aus der Einführungsbegleitung innovativer Sicherheitstools im Unternehmen (z. B. KeePass-Password Safe zur zentralen Verwaltung von Zugangsdaten), sollten mithin auch den Bereich technischer Sicherheit verständlich für Mitarbeiter aufbereiten.

Zu den Medien und Kanälen, welche ein Thema begleiteten, gehörte neben einem Video zum Kampagnen-Launch, einem Cybarry-Display, dem regelmäßig aktualisierten Security-Intranet, u. a. mit Web Based Training und regelmäßigen E-Mail-Aussendungen, unregelmäßig erscheinenden Giveaways (»Virusquartett«, gebrandete USB-Sticks und Tassen etc.) in der Regel:

- je 1 Comic-Postkarte mit Securityquiz auf der Rückseite (s. Abb. 3.17 und 3.18)
- je 1 Poster (s. z. B. Abb. 3.19 und 3.20)
- je 1 Security-Rätsel-Newsletter »cross:security« zur Aktivierung der Mitarbeiter inklusive Incentivierung.

Da Podcasts erstmals im Unternehmen genutzt wurden, wurden sie mithilfe eines Posters, einer Comic-Postkarte (s. Abb. 3.17 und 3.18) und Aufklebern promotet. Darüber hinaus wurde die Kampagne von Artikeln im Mitarbeiter-Magazin und einem Security-Quickguide begleitet.

Die Podcasts rekapitulierten von 2010 an sämtliche bis dahin kommunizierten Themenfelder sowie alle zu diesem Zeitpunkt geplanten.

Die Produktion umfasste eine etwa achttägige Arbeit an den Drehbüchern, einen Tag Musik- und Soundaufnahme, einen Tag Aufnahme pro Sprache mit jeweils zwei nativen Sprechern und etwa 15 Tage Postproduktion.

Die Implementierung erfolgte über folgende Kanäle:

- CD als Teaser an 100 Führungskräfte und Multiplikatoren vor Veröffentlichung (s. Abb. 3.16 sowie Abschn. 2.1 und 2.4)
- Monatlicher Download jeweils neuer Folgen via Intranet für alle Mitarbeiter (Format Mp3)
- Konzeptionierung einer »Audio-Lounge« für Security Highdays als Mitarbeiter-Events im Rahmen einer Awareness-Roadshow (s. Abb. 3.20 und Abschn. 2.1).

Am Ende der Kampagne erschien eine 54-seitige Broschüre als Kampagnen-Dokumentation mit sämtlichen Ergebnissen einer Erfolgsmessung (Expedition Security 2011), an der 25 % der Mitarbeiter teilgenommen hatten (s. Abb. 3.21, 3.22, 3.23). Die Ergebnisse sind in Bezug auf die Gesamtkampagne sehr positiv zu werten. 86 % aller Teilnehmer hatten von der Kampagne gehört und 69,8 % glauben, dass die Maßnahmen Wirkung zeigen. Die Akzeptanz lag bei 81,2 %. Der Podcast-Kanal verblasste allerdings rein quantitativ hinter Kanälen wie E-Mail, Poster, Display, Aufkleber und Comic-Postkarten, die in der Reichweite am besten abschneiden konnten. Offenbar hatte es der Expedition-Security-Podcast als neues Medium und damit als Icebraker schwerer als die klassischen Kanäle. Zahlreiche O-Töne in den Freitextantworten der Umfrage belegen, dass das Audiomedium, wenn es genutzt wurde, eine nachhaltige Wirkung ausüben konnte (Expedition Security 2011).

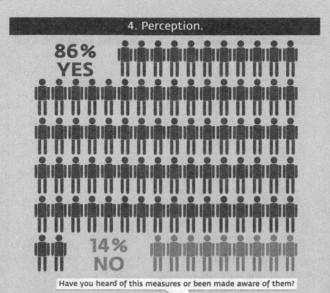

Abb. 3.21 Auszüge aus dem Dokumentationsbuch der Kampagnen mit der Mitarbeiter-Awareness-Evaluation. Wahrnehmung der Kampagne

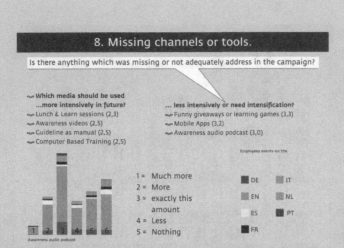

Abb. 3.22 Auszüge aus dem Dokumentationsbuch der Kampagnen mit der Mitarbeiter-Awareness-Evaluation. Fehlende Kanäle bzw. Instrumente

Abb. 3.23 Auszüge aus dem Dokumentationsbuch der Kampagnen mit der Mitarbeiter-Awareness-Evaluation. O-Töne von Mitarbeitern

Die Entstehungsgeschichte der Kampagne – vor allem auch die Genese der Figur des Cybarry, ihr Bezug zum Unternehmen, ihre Gestaltung und die damit verbundene Ebene des Storytelling – ist u. a. im Fachbuch »Security Awareness« (Helisch und Pokoyski 2009, S. 125 ff. und 142 ff.) nachzulesen.

Ziele der Podcasts: Sicherheit gut verkaufen

Thomas Dallmann: »Im Laufe der zweiten Kampagnenphase im Herbst 2009 erschien uns allerdings das Medium Comic-Postkarte, das wir bis dato hinsichtlich des Storytelling genutzt hatten, zu begrenzt, um die z. T. komplexe Geschichte unserer Corporate Security adäquat erzählen zu können. Aufgrund meines persönlichen Interesses an Audio-Podcasts haben wir uns dann in der Abwägung Hörspiel versus Videos relativ bald für die Audio-Umsetzung entschieden. So eine Podcast-Folge kann ich mir auch schon mal auf eine CD brennen und z. B. beim Autofahren hören. Das Medium erfordert auch eine höhere Konzentration als z. B. Videos, die oft wie Schulfernsehen nur durchrauschen. Daher erschienen uns gerade Hörspiele zur Umsetzung unserer Strategie und auch hinsichtlich des Transports unserer Inhalte sehr geeignet.«

Im Intranet wurde seit April 2010 bis zum Jahresende jeden Monat eine neue Folge bereit gestellt. Multiplikatoren wie z. B. Securitymanager oder IT-Verantwortliche haben bereits vorab sämtliche Folgen als CD-Edition erhalten, denn die Mitarbeiter brauchen ja Meinungsbildner, die ihnen die Vorzüge eines Security-Podcasts verkaufen (s. Nutzung von Audiomedien innerhalb von Workshops u. a. Team-Settings, Abschn. 2.4).

»Security Manager«, sagt Thomas Dallmann, »sind auch nichts anderes als ›Verkäufer‹ – eben von Sicherheit.« Und: »Im Rahmen unseres ›Vertriebs‹ ist mir jedes gute Marketinginstrument recht, um mein Anliegen an die Frau bzw. den Mann zu bringen. Unsere Podcasts werden sicher eine große Rolle dabei spielen, das Thema innerhalb des Unternehmens besser, weil lebendiger zu vermarkten.«

Die Produktion im Überblick

Titel: Cybarry & Samantha Safe – der Expedition Security Podcast.
Produktionsjahr: 2010
Einsatz: Anlässlich einer weltweiten Security Awareness-Kampagne für Mitarbeiter
Sprachen: Deutsch, Englisch, Spanisch, Französisch, Italienisch, Niederländisch
Anzahl der Folgen: Trailer + 8 Folgen/Sprache (insges. 54)
Länge: Trailer ca. 1'50 Min., Folge 1–8 zwischen 6'18 und 9'08 Min.
Buch: Dietmar Pokoyski
Produktion: known_sense

Regie: Dietmar Pokoyski, André Helfers
Studio: Horchposten, Köln
Aufnahme, Postproduktion: Samir Saleh
Sprecher/-innen: Eva-Maria Artega Luciana Caglioti, Christiano Cruciani, Jef van
Even, Jean Faure, Deborah Friedman, Tanja Haller, Michael Holdinghausen, Sara Liu,
Carlos Garcia Piedra, Marc Rossman, Aurélie Thepaut
Geräusche: Harald Sack Ziegler
Musik: Harald Sack Ziegler
Auftraggeber: Cytec Industries Inc.
Cytec ist ein internationaler Spezialchemikalienhersteller mit Zentrale in den
USA(New Jersey) und ca. 6000 Mitarbeitern an mehr als 50 Standorten weltweit.
Der Umsatz betrug 2010 2,75 Mrd. US-Dollar. www.cytec.com
Auszeichnung: Sicherheitspreis Baden-Württemberg 2011

3.7 »Night Talk«: Der Podcast der Deutschen Telekom

Dietmar Pokoyski

»Amateure hacken Systeme, Profis hacken Menschen« (Schneier 2000) gilt in der Informationssicherheit als geflügeltes Wort. Es stammt vom US-Sicherheitsexperten Bruce Schneier und beschreibt das Phänomen des so genannten Social Engineering. Der Begriff stammt ursprünglich aus der Soziologie bzw. Politikwissenschaft und wird dort im Sinne der ›Konstruktion sozialer Systeme‹ verwendet. Beim Social Engineering im Bereich der Informationssicherheit versagt auch die beste technische Lösung, da so genannte Social Engineers oder Sozial-Ingenieure keine Systeme angreifen, sondern Menschen. Hinter dem Begriff verbirgt sich also im weitesten Sinne eine Manipulation von Menschen über social skills – auf gut Deutsch nichts anderes als eine zielgerichtete Täuschung. Aktuell kreist im deutschsprachigen Sicherheitsbereich u. a. ein Vorzeigebeispiel, bei dem eine ausländische Delegation potenzieller Partner droht, Verhandlungen über ein lukratives Geschäft abzubrechen und wieder abzureisen. Die Vertreter des Unternehmens, das eingeladen hatte, werden massiv unter Druck gesetzt, weil dieses Geschäft bereits eingeplant ist. Der Kopf der Delegation verringert sodann gegenüber einem Entscheider den Druck, appelliert aber gleichzeitig an dessen Hilfsbereitschaft, indem er vorgibt, für weitere Verhandlungen einen Ausdruck eines Dokumentes von seinem USB-Stick zu benötigen. Obwohl die Nutzung externer Datenträger im Unternehmensnetzwerk nicht zugelassen ist und die Ports in der Regel gesichert, findet der um Hilfe Gebetene exakt die Sicherheitslücke, die es braucht, um an die entsprechende Datei auf dem USB-Stick zu gelangen und diese auszudrucken. Die Delegation verhandelt kurze Zeit weiter, bricht dann dennoch ab und ein paar Tage später sind Netzwerk kompromittiert und wichtige Unternehmensdaten abgezogen.

Um Cybercrime zu verhindern und Mitarbeiter gegenüber derartigen und ähnlichen Social Engineering-Attacken zu immunisieren, startete die Deutsche Telekom 2012 eine Security Awareness-Kampagne unter dem Titel »Moment mal« (s. Abb. 3.26). known_sense wurde u. a. mit der Produktion eines Hörspiel-Podcasts (Deutsch und Englisch) beauftragt. Das Hörspiel sollte – wie auch die anderen mit ihm verknüpften Medien – u. a. die Kernbotschaften der Kampagne kommunizieren. Es bildete als Teil des »mySecurity-Konzeptes« des Konzern-Awareness-Bereichs GBS/SAW im Mix mit weiteren Kampagnenmedien ein Eröffnungsangebot des Sicherheitsportals »mySecurity Base« (s. Abb. 3.25). Dieses Portal wendet sich als ›Heimathafen der Sicherheit‹ mit Security-Service-Angeboten an sämtliche 240.000 Mitarbeiter des Konzerns.

Exkurs: Social Engineering als Bedrohung für Unternehmen

Sozial-Ingenieure nutzen soziale und kognitive Schwachstellen und Einfalltore – die sogenannten »Social Gateways« aus, um unter Vortäuschung falscher Tatsachen unberechtigt an Informationen zu gelangen. Es handelt sich hier um die wohl effizienteste Methode, Informationen abzugreifen, Zugriff auf Systeme oder Zutritt zu Gebäuden zu erlangen. Von dieser oder einer anderen Form organisierter Wirtschaftskriminalität war im Jahr 2011 allein jedes zweite deutsche Unternehmen betroffen (52 % laut Nestler 2011).

Aufgrund dieser Problemlage gehört Social Engineering – u. a. auch im Kontext von Schlagwörtern wie z. B. Cybercrime – aktuell zu den Top-3-Themen der Awareness-Maßnahmen aller größeren Unternehmen. Unternehmen, die Mitarbeiter in Bezug auf Social Engineering sensibilisieren wollen, müssen vor allem soziale Kompetenz als Schlüsselfaktoren ihrer Kampagnen und Maßnahmen beachten – ein Spielfeld, auf dem technisch sozialisierte Player wie Security Professionals allzu häufig geringe Standfestigkeit aufweisen. Denn die unzureichende Abwehr von Social Engineers ist kein technisches Problem, sondern vor allem eine höchst menschliche Eigenschaft. Dies rührt daher, dass der Aufbau von sozialen Beziehungen weniger mit rationalen Faktoren zu tun hat als mit emotionalen, die über Interaktion bzw. Kommunikation zwischen einzelnen Personen stattfinden.

Mental shortcuts werden zu Social Gateways

Die Deutsche Telekom wich in ihrer Security Awareness-Kampagne deshalb vom üblichen Weg ab. Dort stellte man sich u. a. der Wirklichkeit, dass soziale Eigenschaften und darauf basierende Verhaltensmuster nicht grundsätzlich als ›gut‹ oder ›schlecht‹ zu bewerten, sondern schlichtweg notwendig sind. Denn Menschen sind soziale Wesen, deren Überlebensstrategie auf sozialen Beziehungen basieren, die allerdings auch manipuliert, d. h. ausgenutzt werden können. Angesichts der großen Komplexität von Kommunikati-

Abb. 3.24 Drei Botschaften
gegen sechs soziale Einfalltore
(© Deutsche Telekom AG)

on nutzen wir Menschen Kniffe, um uns nicht ständig mit den formalen Aspekten von Kommunikation beschäftigen zu müssen. Kniffe sind zum Beispiel »Problemlöser« bzw. »Denkabkürzungen«, so genannte »kognitive Heuristiken« – im weiteren Verlauf anschaulicher »Mental Shortcuts« genannt. Da wir uns nicht ständig mit Entscheidungsprozessen herumschlagen können, greifen wir »auf Bekanntes, Vertrautes zurück und begnügen uns in Bezug auf unsere eigene Wahrnehmung mit wenigen Fakten. Wir umgehen mithin die rationalen Schritte überlegten Handelns. Damit werden bestimmte soziale Eigenschaften zu sozialen Einfalltoren« (Matas 2012), weil wir eine voreilige, »falsche« Entscheidung treffen. Druck, Angst, Anerkennung, Neugier, Leichtgläubigkeit und Hilfsbereitschaft sind solche typischen Social Gateways (s. Abb. 3.24), die Sozial-Ingenieure strategisch nutzen, um Fehler zu provozieren und an betriebsinterne Informationen zu gelangen.

Ein rein kognitiver Ansatz, z. B. das bloße Wissen, dass ein Betrug stattfinden kann, schützt Menschen aber nicht vor potenziell »falschen« Reaktionen in sozialen Kontexten. Die Abwehr von Social Engineering findet ebenso wie der Angriff über die soziale Beziehungsebene statt. Menschen können aber nur dann einen Angriff abwehren, wenn sie dafür sensibilisiert sind, sowohl die Methoden der Angreifer als auch ihre sozialen »Stärken« und »Schwächen« zu reflektieren und ihre Reaktion gegenüber dem potenziellen Eindringling auch ohne »Denkabkürzung« zu steuern.

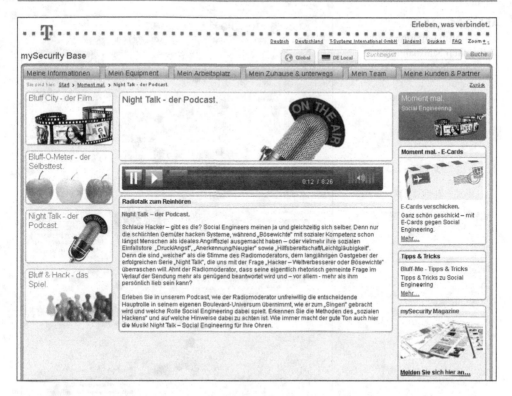

Abb. 3.25 Screenshot der mySecurity Base-Kampagnenseite mit »Night Talk – der Podcast« (© Deutsche Telekom AG)

Lateral Social Engineering als Abwehrstrategie

Die Konzeptioner und Berater bei known_sense haben dafür das Idiom »Lateral Social Engineering« (vom lateinischen Adjektiv lateral: seitlich, seitwärts) geprägt. Lateral Social Engineering setzt sich u. a. mit den Bedingungen auseinander, unter denen Systeme gegen den Betrug via Social Engineers immunisiert werden können. Dabei lautet ein Teil der an sich simplen Botschaft: »Wenn der Social Engineer soziale Faktoren nutzen kann, um eine ›Beziehung‹ zu den Mitarbeitern herzustellen, dann können Unternehmen das auch selbst – aufgrund der bestehenden Beziehung sogar besser.«

In diesem Kontext sind vor allem die jeweiligen Führungskräfte gefragt, die ihre Rolle als Vorbild, Multiplikator und »Regisseure« ernst nehmen. Sie können das Thema bzw. die Methoden der Abwehr mit der erforderlichen persönlichen Anteilnahme und Aufladung top down kommunizieren und die Mitarbeiter mithilfe von Medien »anleiten«. Darüber hinaus können sie – etwa gemeinsam im Team – Simulationen erleben, um Abwehrstrategien zu trainieren.

Abwehr durch Lateral Social Engineering beginnt bereits bei der reflektierten Nutzung von Sprache. Sie endet aber nicht etwa mit der Implementierung o. g. Tools innerhalb des

Abb. 3.26 »Moment
mal.«-Kampagnenflyer mit
sämtlichen Maßnahmen
(© Deutsche Telekom AG)

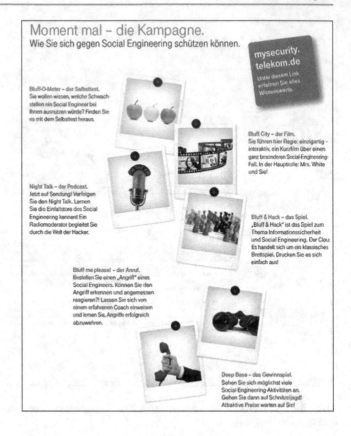

Teams, sondern impliziert auch einen produktiven Alltags-Umsatz in Bezug auf grundlegende Werte unserer Gesellschaft und der Kultur des jeweiligen Unternehmens. Zum Beispiel ist es wichtig, negativ besetzte Bezeichnungen von menschlichen Verhaltensweisen wie etwa »Eitelkeit« oder »Narzissmus« aus dem Sprachgebrauch des Unternehmens zugunsten eines positiven Wordings zu »entsorgen«. Es geht Menschen vielmehr um »Anerkennung« und »Zugehörigkeit«, ohne die ein soziales Miteinander nicht möglich wäre. Das Gefühl, gebraucht und geschätzt zu werden, ist wichtig, um die eigene Persönlichkeit weiterzuentwickeln, mithin auch, um die Arbeitskraft des Einzelnen im Unternehmen zu erhalten. Denn gefährlich wird es dann, wenn der Social Engineer der Einzige ist, der jemanden für seine Arbeit lobt!

Führungskräfte als Sozial-Ingenieure

Um Angriffen vorzubeugen, sollten Führungskräfte also die emotionale Ebene in ihren Teams beachten und produktiv auf die sozialen Einfalltore einwirken. Diese »sozialen Stellschrauben« können durchaus von der Führung reguliert und gestaltet werden. Stimmt z. B. die Dosis Anerkennung innerhalb des Teams, sehen sich die Mitarbeiter nicht veranlasst, sich Lob von außen zu holen. Führungskräfte standen besonders im Fokus dieser Kampagne, denn so viel sollte ihnen klar sein: Auch Führungskräfte sind »Social Engineers«, und zwar im positiven Sinn. Aufgrund ihrer Einflussnahme können unheilvolle Begegnungen mit potenziellen Betrügern bereits im Keim erstickt werden. Beispielbühne Lob und Aufmerksamkeit: Je bedürftiger ein Mitarbeiter in puncto Emotionales bzw. Soziales ist, desto anfälliger reagiert er auf Zuwendungen, Interesse oder Freundlichkeiten anderer – selbst wenn sie nur ›gespielt‹ sind. »Neben explizitem Loben (Anerkennung) immunisieren Führungskräfte ihre Teams aber auch, indem sie z. B. Hilfsbereitschaft als Wert anerkennen – mit der Auflage, zunächst den Adressaten eindeutig zu identifizieren und auf eigenen Druck als Dauer-Allheilmittel explizit zu verzichten. Ein solcher Druck bzw. die Sorge vor potenziellen Repressionen durch die eigenen Vorgesetzten kann nämlich ein Grund dafür sein, dass sich Mitarbeiter soziale Stimuli von außen holen. Hierdurch wird die Gefahr erhöht, an jemanden zu geraten, der z. B. einen berechtigten Wunsch nach Lob und Zugehörigkeit ausnutzt.« (Matas 2011)

Andererseits dürfen Mitarbeiter natürlich nicht auf »Anerkennungsrekorder« reduziert werden. Auch sie müssen die Erfahrung machen, einen Ausgleich zwischen den persönlichen sozialen Bedürfnissen und dem gesunden Misstrauen gegenüber Fremden herzustellen. Mit Einverständnis der Führung müssen sie sich die entsprechende Zeit nehmen, ihre Wahrnehmung auf Fremde zu fokussieren – auch unter Berücksichtigung paraverbaler und nonverbaler Kommunikation, sprich: dem Bauchgefühl bzw. dem so genannten »7. Sinn« gegenüber allem, was nicht auf einer kognitiven Ebene zum Ausdruck kommt.

Die Schutzbotschaften: Drei gegen sechs

»Lass dir Zeit bei der Beurteilung von Kommunikationssituationen und lass dabei vor allem auch einen ›7. Sinn‹, dein Bauchgefühl, zu.«, lautet die implizite Botschaft der Awareness-Kampagne »Moment mal« bei der Deutschen Telekom. Darüber hinaus zielt sie auf die Analyse der eigenen Mental Shortcuts (»Erkenne dich selbst«), das Kommunizieren und Einüben klarer Regeln (»Erkenne dein Kommunikationsverhalten«) und die möglichen Konsequenzen von Kommunikation im Sinne von Sichtbarkeit bzw. Wirkung (»Überdenke deine kommunikativen Footprints«). Schließlich formuliert die Kampagne drei konkrete Merksätze als Schutzbotschaften gegen die sechs wichtigsten sozialen Einfalltore, jeweils einen Merksatz im Kontext eines Social Gateway-Paares (s. Abb. 3.24):

- »Ich lass mich nicht unter Druck setzen« (Social Gateways Angst bzw. Druck).
- »Ich lass mich nicht einwickeln« (Social Gateways Anerkennung bzw. Neugier).
- »Ich lass mich nicht täuschen« (Social Gateways Leichtgläubigkeit und Hilfsbereitschaft).

Der Podcast – dasTalkradio-Format als Hörspielbühne

Diese drei Kernbotschaften wurden als kommunikativer Mindestumsatz der Kampagne konsistent in sämtlichen Medien positioniert. An dieser Stelle kommt der Podcast »Night Talk« ins Spiel (s. Abb. 3.25). Die Story-Idee für das Audiomedium – im Übrigen trotz des sprechenden Untertitels mehr Hörspiel als Podcast – wurde im Rahmen eines Workshops mit allen Kampagnen-Playern entwickelt und ist schnell erzählt: In einem Telefon-Talkradio zum Thema »Hacking« entpuppen sich drei Call-Ins als abgesprochene Manipulation und privater Racheakt der drei Anrufer gegenüber dem ahnungslosen Moderator. Trotz seiner vermeintlichen Medien-Erfahrung und Professionalität sowie der Vorabfilterung durch Redaktion bzw. Regie tappt er prompt in die Falle der Social Engineers. Jeder der drei Anrufer nutzt in seinem Call ein anderes Social-Gateway-Paar, so dass sämtliche qua Kampagne behandelte Einfalltore thematisiert und auch exemplarisch via Dialog vorgeführt werden. Die »Gier« nach Anerkennung, nämlich nach einer »guten« Sendung mit möglichst plakativen Beiträgen über die Call-Ins und hoher Quote, lassen den Moderator quasi blind auf seinem sozialen Auge erscheinen. Typisch für die Medienwelt, aber nicht untypisch auch für Mitarbeiter in servicegetriebenen Unternehmen, die es im Grunde jedem Kunden recht machen wollen. Über die Dramaturgie wird zudem die sich sukzessiv zuspitzende Entwicklung der Manipulation anschaulich vorgeführt. Die komplette Betrugsgeschichte wird erst nach Entlarvung offenbar, aber Hinweise auf das, was die Protagonisten zu verdecken versuchten – Unsicherheiten, Übersprungsreaktionen etc. – sind entlang der Dialoge immer wieder auszumachen. Der Hörer muss nur aufmerksam zuhören.

Aber auch das Szenario, d. h. die Verortung der Geschichte innerhalb eines klassischen Talkradio-Formats, erschien allen Beteiligten besonders glaubwürdig. Denn angesichts des nächtlichen Sendeplatzes findet sich hier exakt die intendierte Schnittmenge aus seriösem Medienformat und den oftmals »freakigen« Eigenschaften vieler Talkradio-Anrufer. Das Drehbuch wurde in einem Autor und Projektleitung betreffenden, iterativen Prozess über einen Zeitraum von circa drei Wochen erstellt. Für die Aufnahmen inklusive vom Kunden erwünschter Korrekturen reichten drei halbe Tage, die Postproduktion nahm etwa fünf Tage in Anspruch.

Auszug aus dem »Night Talk«-Drehbuch (Das Finale)

...
Bastian: Bist du etwa auch einer von denen?
Udo: Nee, ich bin dein ehemaliger Putzmann ... Udo!
Bastian: Udo ... ok. Wenigstens hast du deinen Namen behalten, das heißt ... wenn der stimmt. Wollt ihr mich eigentlich fertigmachen?

Udo: Nee, wir sind doch die »Guten«, die Robin Hoods, wir wollen nur helfen, dass alles im Leben seinen richtigen Platz hat ... du erinnerst dich. Schreibtisch aufräumen, Post wegbringen, Papierkörbe leeren ... Und manchmal müssen die Dinge im wahren Leben auch richtig gerückt werden. Du weißt doch ... Immer lieb sein und hilfsbereit geht auf Dauer auch nicht gut ... das ist ja auch so ein soziales Einfalltor ...

Regisseurin: ... (laut flüsternd) Bastian, wir gehen raus ... und Musik ...

Regisseurin: Bastian, wir haben die Sendung abgebrochen ... waren eh fast am Ende ...

Bastian: (seufzt) Hallo, guten Morgen, hier ist der Bastian ...

4. Anrufer: Moin, auch Bastian hier.

Bastian: Hallo, Namensvetter ... (?)

4. Anrufer: Nix Namensvetter, ICH bin jetzt DU ... bist du online ... (?) ... geh doch mal auf Facebook!

Bastian: Ich bin doch gar nicht bei Facebook angemeldet ...

4. Anrufer: Jetzt schon ...

Bastian: ... (verzweifelt) oh, was bitte schön soll das denn sein ... so'n Mist ... (ärgert sich, abblenden)

In the Mix – weitere Medien und Kanäle der Kampagne

Nun ist ein Hörspiel noch lange keine Kampagne – daher wurde der Hörspiel-Podcast »Night Talk« durch etliche weitere Einzelmaßnahmen (s. Abb. 3.26) begleitet, u. a.:

- Bluff & Hack – das Spiel
- Bluff me please! – der Anruf
- Bluff City – der Film
- Bluff-O-Meter – der Selbsttest
- Deep Base – das Gewinnspiel

»Bluff & Hack – das Spiel« ist ein Planspiel auf Basis bedruckter Teppichfliesen für drei bis fünf Teams und maximal 20 Mitspieler, die in die Rolle von »Hackern« schlüpfen. Ihre Aufgabe besteht darin, kooperativ Informationen aus »Räumen« ihres Unternehmens zu stehlen, um die einzeln wertlosen Codes zu einem anschaulichen Gesamtbild zu verdichten. Am Ende gewinnt das Team mit dem »richtigen« Informationscluster. »Ein Planspiel ist ›ernstes‹ Spiel, das vornehmlich von Erwachsenen [...] gespielt wird« (Geuting 1992.). Im Vordergrund steht dabei [...] die Möglichkeit, selbst Erfahrungen zu machen (vgl. Blötz 2005, S. 30). »Zudem wird die Vorgabe eines komplexen Problems als ein wichtiges Kennzeichen des Planspiels verstanden.« (Schwägele 2013). En passant lernen die Teilnehmer über Quizfragen interessante und hilfreiche Dinge über die Social-Engineering-Welt. Über die begehbare, ca. 25 qm große Spielfläche lernen sie »hautnah« die Social Gateways kennen. Der Clou der Story: In jedem Team befindet sich ein anfangs unerkannter »Bluffer«, der mit den »Bluffern« der anderen ein eigenes, verdecktes Team bildet, das den anderen Teams zuvorkommen will. Diese »große Team-Version«, für die auch ein umfangreiches Train-the-Trainer-Konzept erstellt wurde, wird in der Regel im Rahmen von Workshops und Events eingesetzt. Inklusive Vor- und Nachbereitung sowie Moderation dauert das Spiel etwa 60–90 Minuten. Eine nahezu selbsterklärende Light-Version für 2–6 Einzelspieler mit vereinfachten Regeln steht via mySecurityBase zum Download bereit. Diese Version kann nach dem Ausdrucken und Ausschneiden ohne Moderation adhoc und ohne großes Einlesen in das Regelwerk als Edutainment-Tool zum Spiel-Einsatz kommen.

Bei »Bluff me please! – der Anruf« konnten sich 40 Mitarbeiter wahlweise einen telefonischen Angriff eines Social-Engineering-Darstellers (»SE-Bluff«) oder aber ein Gespräch mit einem psychologisch ausgebildeten Coach (»SE-Talk«) bestellen, um über das Thema und die Methoden betrügerischer Manipulation zu diskutieren. Die Calls wurden dokumentiert und im Rahmen einer Wirkungsanalyse ausgewertet. So erhielt der Auftraggeber eine fundierte qualitative Evaluation über Social Engineering und die Wahrnehmung der Teilnehmer in Bezug auf die Kampagne, die einzelnen Maßnamen und andere Awareness-Aktivitäten.

»Bluff City – der Film« ist ein Mitmach-Video, bei dem die Zuschauer zu Akteuren werden und wie Regisseure interaktiv in den Ablauf eingreifen können, um die dargestellten (Informationssicherheits-)Fehler der Hauptfigur Mr. White auf ihre Weise zurechtzurücken.

Beim »Bluff-O-Meter – der Selbsttest« handelt es sich um eine Mischung aus populärem Psycho- und wissenschaftlichem Persönlichkeitstest auf Basis von zehn unterhaltsamen wie sinnigen Fragen. Mithilfe der typologischen Auswertung können die User etwas über ihre ganz persönlichen sozialen Schwachstellen lernen. Unter dem Motto »Welcher Social-Engineering-Typ bin ich?« verorten sie diese Schwächen im Rahmen der Social Gateways Druck, Angst, Anerkennung, Neugier, Leichtgläubigkeit oder Hilfsbereitschaft, um sich selbst und ihre potenziellen Reaktionen im Fall der Fälle zu bewerten und gezielte Abwehr-Strategien kennen zu lernen.

»Deep Base – das Gewinnspiel« ist ein incentiviertes Game, das als Gedächtnisstütze im Sinne einer Wissens-Rekapitulation fungiert. Die Teilnehmer müssen u. a. Fragen zum Thema und zu den Medien der Kampagne beantworten, um Punkte zu sammeln und Preise zu gewinnen.

Ergänzt wurde dieses umfangreiche Medienportfolio durch zwei so genannte »e60«-Webinare und spezielle Präsentationsfolien für Führungskräfte. Ein Social-Engineering-Aktionstag in Bonn bot den Mitarbeitern eine Ausstellung, spannende Vorträge, Live-Hacking, zahlreiche Giveaways und eine Social-Engineering-Performance des »Mobilé Unternehmenstheater«.

Parallel dazu wurde in den internen Medien mySecurity Intern, mySecurity Journal, mySecurity Magazine begleitend über die Kampagne berichtet. Die einzelnen Gesellschaften außerhalb Deutschlands konnten sich frei entscheiden, welche Elemente sie einsetzen wollen.

»Hören kommt von zuhören«

Statement von Volker Wagner, Senior Vice President Group Business Security bei der Deutschen Telekom AG und Vorstandsvorsitzender ASW

»Wir leben in einer lauten Welt, in der rund um die Uhr viel gesprochen wird. Doch etwas zu hören bedeutet nicht automatisch, dass man auch zuhört. Und nur wer zuhört, kann auch verstehen, hinterfragen und durchschauen. Erst mit diesem Verständnis greift die Security Awareness.

Wir regen mit unseren Kampagnen und Maßnahmen dazu an, einander wieder zuzuhören. Das klingt banal. Es ist aber ein Lernprozess, der viel mit genauem Hinhören und Sensibilisieren zu tun hat.

Aber: Wie erreichen wir, dass Menschen, mit denen wir kommunizieren, auch wirklich zuhören? Wie können wir Mitarbeiterinnen und Mitarbeiter über die Risiken und sinnvolles Abwehrverhalten beispielsweise zu Cybercrime aufklären? Wie erreichen wir, dass man uns zuhört und die Botschaften ankommen?

Wir haben dazu einen neuen Weg beschritten, der auf Geschichten setzt, die nicht nur Fakten vermitteln, sondern auch Emotionen wecken. Das haben wir zum Beispiel in dem Hörstück ›Night Talk – der Podcast‹ umgesetzt. Dass das bei unseren Kollegen ankommt, zeigen unsere Awareness-Messungen ganz deutlich.

Solche Erfolge ermutigen uns weiterzumachen. Mit innovativen E-Learnings und Audiokanälen erreichen wir Mitarbeiter und wichtige Multiplikatoren.

Nun gehen wir noch einen Schritt weiter und mit diesem Thema auch ›nach draußen‹. Schließlich hilft uns eine gesicherte Deutsche Telekom wenig, wenn unsere Partner und Kunden Einfalltore offen lassen, die Social Engineers und andere Betrüger nutzen, um unberechtigt Informationen abzuzapfen. Deshalb werden wir uns gerade im Kontext Wirtschaftskriminalität neue Kanäle suchen, wie beispielsweise in der Mitwirkung bei der Produktion von Podcasts, um Security zu etablieren.

Zudem setzen wir auf die Zusammenarbeit mit anderen Unternehmen, Wirtschaftsverbänden und öffentlichen Einrichtungen. Erfahrungsaustausch und das Mitteilen und Teilen unserer Instrumente in der Abwehr von Cybercrime-Attacken sind wichtige Schritte. Wir denken da sogar an die Zielgruppen Kinder und Jugendliche, denn wir haben gelernt, dass eine Sensibilisierung gar nicht früh genug einsetzen kann.

Dazu entwickeln wir die Medien und Instrumente, damit aus dem Hören wieder ein Zuhören werden kann.«

Evaluation mit Erfolg

Nach der Social Engineering-Kampagne ist der Begriff »Social Engineering« nur noch ungefähr einem Viertel aller Mitarbeiter der Deutschen Telekom unbekannt. »Das gab es ja schon immer, aber früher hieß es dann Betrug oder so«, sagt ein Mitarbeiter. Durch die Auseinandersetzung mit den Inhalten, aber insbesondere durch die Dialoge in »Bluff me please!«, aus dessen Report die hier verwendeten O-Töne stammen, wird die Relevanz von Social Engineering vielen erst bewusst: »Das Thema finde ich jetzt zwar immer komplexer, aber ich habe auch vieles gelernt, was mir hilft,« lautet das Fazit eines Teilnehmers. Und ein weiterer fragt sinnig: »Kann ich mich eigentlich auch zum Social Engineer ausbilden lassen?«

Die Maßnahmen wurden darüber hinaus mithilfe eines Fragebogens evaluiert. Von der Kampagne haben Mitarbeiter mehrheitlich über Artikel und Berichte im mySecurity Journal bzw. anderen internen Medien erfahren oder wurden direkt von ihren Vorgesetzten informiert. 51 % aller Mitarbeiter, die die mySecurity Base nutzen, haben Kenntnis von der Kampagne. Der interaktive Film »Bluff City« wurde am häufigsten genutzt und hat somit die größte Wirksamkeit. Die Formate »Night Talk – der Podcast« und »Bluff & Hack – das Spiel« hatten aber den größten Effekt auf das Sicherheitsbewusstsein in Sachen Social Engineering.

Die Produktion im Überblick
Titel: Night Talk – der Podcast bzw. Night Talk – the podcast
Produktionsjahr: 2012
Einsatz: Anlässlich einer weltweiten Awereness-Kampagne zum Thema Social Engineering für Mitarbeiter
Sprachen: Deutsch, Englisch
Anzahl der Folgen: je 1 pro Sprache
Länge: Trailer 8'26 bzw. 9'00 Min.
Buch: Dietmar Pokoyski
Produktion: known_sense
Regie: Dietmar Pokoyski, André Helfers, Samir Saleh
Studio: Horchposten, Köln
Aufnahme, Postproduktion: Samir Saleh
Sprecher/-innen: Claudia Dalchow, Deborah Friedman, Michael Holdinghausen, Marc Rossman, Samir Saleh, Thomas Wißmann
Sounddesign: Harald Sack Ziegler
Musik: div. Stocks
Auftraggeber: Deutsche Telekom AG Die Deutsche Telekom AG mit Sitz in Bonn ist Europas größtes Telekommunikationsunternehmen. Sie beschäftigt weltweit mehr als 240 Tsd. Mitarbeiter, davon ca. 120 Tsd. Mitarbeiter in Deutschland. Der Umsatz 2011 betrug 58,7 Milliarden Euro. www.telekom.com

3.8 »Bei 160.000 Downloads habe ich aufgehört zu zählen« – Interview mit dem Rechtsanwalt Dr. Martin Bahr

Stefanie Pütz

Die Fragen stellte Stefanie Pütz.

▶ Herr Dr. Bahr, Sie haben im Jahr 2006 ein Hörspiel mit dem Titel »Das Canossa-Virus« produziert und ins Internet gestellt. Wie waren die Reaktionen darauf?

Am Anfang haben sehr viele gesagt: »Eine Anwaltskanzlei produziert ein Hörspiel? Das ist aber merkwürdig!« Es ist ja auch ungewöhnlich. Aber ich wollte das Hörspiel unbedingt machen. Und letztlich ist es auch gut angekommen. Es gab natürlich ein paar Stimmen, die fragten: »Muss das unbedingt sein, so eine Form des Marketings für eine Anwalts-Kanzlei?« Aber ansonsten hat es vielen Leuten gut oder sehr gut gefallen. Es gibt ja auch ein Gästebuch auf der Website, wo man die Kommentare nachlesen kann.

▶ Wie viele Menschen haben sich das Hörspiel angehört?

Bei ungefähr 160.000 Downloads habe ich aufgehört zu zählen. So hoch war die Klick-rate nach etwa zwei Jahren. Wobei man sagen muss: Ein Download ist nur ein Mausklick. Ob sich die Leute das Hörspiel auch alle angehört haben, wage ich zu bezweifeln. Aber wir werden bis heute gefragt, ob wir das »Canossa-Virus« für Veranstaltungen, zum Beispiel Kultur-Festivals, zur Verfügung stellen. Und es gibt immer noch Leute, die unsere Website jetzt erst entdecken und uns schreiben: »Was für ein tolles Hörspiel.« Also dafür, dass es so alt ist, wird es noch relativ häufig nachgefragt.

▶ Wie erklären Sie sich den großen Erfolg?

Erst einmal ist natürlich die Geschichte interessant. Zweitens ist es eine professionelle Produktion, die kostenlos im Netz steht, was eine absolute Seltenheit ist (downloadbares CD-Cover und -Inlay s. Abb. 3.27 und 3.28). Es gibt wahnsinnig viele Amateur-Hörspiele im Netz. Aber diese Amateur-Hörspiele sind von der Klangqualität und von der Musik her nicht so hochwertig, dass man da 60 Minuten lang zuhören könnte. Und drittens haben wir mit Bodo Primus einen prominenten Sprecher gewinnen können. Ich kannte ihn aus einer Science-Fiction-Krimi-Hörspielserie »Jonas, der letzte Detektiv«, in der er den Prot-agonisten spricht. Und für mich war ganz klar: Entweder Bodo Primus spricht unseren Privatdetektiv, oder wir stellen das Projekt ein. Zum Glück hat er sofort zugesagt und mir damit einen Herzenswunsch erfüllt.

▶ Worum geht es in dem Hörspiel?

Abb. 3.27 Audiobook »Das Canossa-Virus«, downloadbares CD-Cover (Bild: Kanzlei Dr. Bahr)

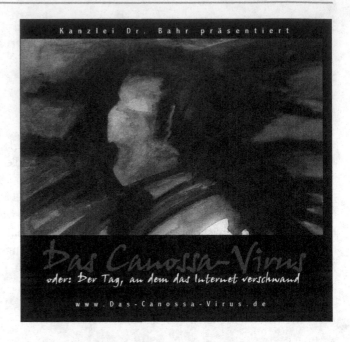

Die Geschichte dreht sich darum, dass das Internet entführt wird. Ich wollte mit dem Hörspiel eigentlich nur meinen eigenen Gefühlen Ausdruck verleihen. Mir war aufgefallen, dass heute kein Mensch mehr Briefe oder Postkarten schreibt, sondern nur noch E-Mails und SMS. Ich bin von Haus aus Programmierer und habe relativ viel mit Technik zu tun. Und ich empfinde es so, dass mit dem Wandel der Technik auch ein Teil unseres Kulturguts verloren geht. Wer möchte nicht mal einen echten Liebesbrief auf rosa Briefpapier bekommen? Und was passiert, wenn das Internet plötzlich verschwindet? Das war die Grundidee für das Hörspiel. Das Gerüst für den End-Dialog stammt auch von mir. Der Autor hat ausgehend davon dann eine eigene – und, wie ich finde, sehr gute – Geschichte entwickelt.

▸   Nach welchen Kriterien haben Sie Ihren Autor ausgesucht?

Für mich war es wichtig, dass er aus dem Bereich Krimi kommt, und er sollte Hörspiel-Erfahrung haben. Es hat ja keinen Sinn, einen Buchautor zu nehmen, der die Besonderheiten des Hörspiel-Formats nicht kennt. Ich habe mir damals die »Peter Lundt«-Hörspiele von Arne Sommer angehört und einige Drehbücher von ihm gelesen. Er hat zum Beispiel einen »Tatort« für den WDR geschrieben. Das fand ich alles sehr ansprechend, und ich dachte, das könnte passen. Wir haben uns dann persönlich kennengelernt, und es hat sozusagen gleich gefunkt. Und schon sein erster Entwurf war bis auf eine Passage ein perfektes Drehbuch.

▸   Haben Sie Herrn Sommer konkrete Vorgaben gemacht?

Abb. 3.28 Audiobook »Das
Canossa-Virus«, downloadba-
res CD-Inlay (Bild: Kanzlei Dr.
Bahr)

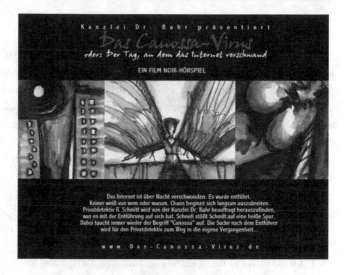

In dem Entführungsfall sollte ein Privatdetektiv ermitteln, und unsere Kanzlei sollte
der Auftraggeber sein. Die Auflösung, also warum der Täter das Internet entführt hat,
stand auch fest. Alles Weitere hat der Autor selbst entwickelt: wo die Geschichte spielt,
ihre Doppelbödigkeit, wie der Protagonist ermittelt, die Wendungen in der Mitte und am
Ende. Außerdem sollte es ein nostalgisches Stück werden, sozusagen ein Film Noir oder
ein Hörspiel Noir, das sich bewusst an alte Radio-Hörspiele anlehnt – und nicht an moderne Hörspiele mit ihrem »Päff, Puff, Peng«, wo der Tonregler nach oben geschoben wird,
und je lauter und greller und je mehr Leute gemeuchelt werden, desto besser. Das wollten
wir nicht, sondern wir haben darauf geachtet, dass es wirklich eine Story im klassischen
Stil ist. Dieses Nostalgische hat vielen Hörern auch sehr gut gefallen. Der Drehbuch-Autor
hat mir erzählt, dass er sehr häufig auf das Hörspiel angesprochen wird, was er als sehr
ungewöhnlich und sehr positiv empfindet.

▸   Warum haben Sie für diese Geschichte ausgerechnet das Audio-Medium ausge-
      wählt?

Ich bin ein absoluter Krimi- und Hörspiel-Fan. Früher habe ich hobbymäßig auch selbst
Hörspiele erstellt. Beim »Canossa-Virus« war es so, dass ich mal wieder ein Hörspiel machen wollte und mir dann die Idee mit dem Internet kam. Da ich aber weiß, wo meine Grenzen sind, habe ich natürlich einen professionellen Autor beauftragt. Dazu kommt, dass ich
auch beruflich viel mit Audio zu tun habe, weil wir viele Mandanten aus diesem Bereich be-
treuen. Wir beraten sie zu Fragen des Urheberrechts oder wenn sie wissen wollen, wie man
einen Hörspiel-Verlag gründet, was man bei Verträgen, bei Rechte-Übertragungen usw.
beachten muss. Außerdem bin ich Justiziar des Hörspiel-Clubs und des Hörspiel-Vereins.
Ich bin einfach ein audiophiler Mensch, und es hat mich sehr gereizt, ein professionelles
Hörspiel zu produzieren.

▶ Was war Ihre Rolle im Produktionsprozess?

Meine Kanzlei hat alle Produktionskosten bezahlt: den Autor, das Tonstudio, die Sprecher, Musiker etc. Ansonsten war meine wichtigste Aufgabe, dass ich das Drehbuch überwacht habe. Außerdem habe ich das Tonstudio, den Regisseur und alle dreizehn Sprecher ausgesucht. Die Musik hat mein Bruder komponiert. Letztlich habe ich auch die Endproduktion überwacht, also wie alles zusammengeschnitten und abgemischt wird. Ich muss allerdings zugeben, dass ich damit nicht viel Erfahrung hatte. Es war ja das erste Mal, dass ich als Produzent tätig geworden bin. Das Tonstudio und der Regisseur haben deshalb fast alles gemanagt.

▶ Sie kommen in dem Hörspiel als reale Person vor und sprechen Ihre Rolle auch selbst – die allerdings nur aus drei Sätzen besteht. War Ihnen das wichtig?

Da das Ganze ja nicht ohne Geld funktioniert, habe ich natürlich darauf geachtet, dass das Hörspiel steuerlich als Marketing-Ausgabe gebucht wird. Deswegen habe ich mich selbst gesprochen. Das ist aber nur ein kleiner Gimmick. Der Drehbuch-Autor fand, das sei eine gute Idee. Er hatte eigentlich geplant, meine Rolle noch größer anzulegen. Das wollte ich aber nicht. Meines Erachtens ist dezentes Marketing deutlich besser, als wenn ich mit einem Knüppel ankomme und jeder zweite Satz »Kanzlei Dr. Bahr« enthält. Es sollte ja ein ansprechendes Hörspiel sein, und da gilt der alte PR-Satz »Weniger ist mehr«. Wir haben das Hörspiel auch nie auf CD gebrannt und an unsere Mandanten verschickt. Wir haben es tatsächlich just for fun produziert. Es war einfach ein Test-Ballon, um mal zu gucken, ob es noch Leute im Internet-Bereich gibt, die audiophil sind. Ich habe mich natürlich gefragt, ob das vom Marketing her sinnvoll ist oder nicht.

▶ Und was würden Sie heute sagen? Hatte die Veröffentlichung einen Effekt auf Ihre Arbeit?

Ich würde sagen, das Projekt hatte keine unmittelbaren wirtschaftlichen Auswirkungen auf die Kanzlei – außer dass Kosten angefallen sind, und zwar in fünfstelliger Höhe. Mir ging es auch eher darum, mich von meinen Mitbewerbern abzusetzen. Ich habe das Hörspiel sozusagen als Branding-Instrument genutzt, damit die Leute wissen: Die Kanzlei Dr. Bahr ist bekannt für den Bereich Hörspiele. Wenn es Werbeeffekte gab, dann durch unsere nachfolgende Hörspiel-Produktion »Ixplorer 5003. Captain Ormogs Suche nach irdischer Intelligenz«. Das ist eine zwölfteilige Science-Fiction-Serie, in der es um Themen des Online-Rechts geht, zum Beispiel um Linkhaftung oder Impressumspflicht. In diesem Fall haben wir eine professionelle PR-Agentur mit der Öffentlichkeitsarbeit beauftragt, was sich auch ausgezahlt hat.

▶ Sie erstellen ja auch regelmäßig einen »Law-Podcast«. Welche Erfahrungen machen Sie damit?

Unser Audio-Podcast wird relativ gut angenommen. Wir haben ihn 2006 gestartet, als Podcasting ein regelrechter Hype war und fast jeder so etwas machte. Inzwischen ist das ja arg verebbt. Aber wir machen trotzdem weiter, weil wir nach wie vor eine treue Zuhörerschaft haben. Und für mich, der ja die Texte schreibt, ist es immer wieder eine Herausforderung, nicht nur Schriftsätze zu verfassen, sondern auch Audio-Texte.

▸   **Was sind die Vorteile eines Audio-Podcasts gegenüber einem Video-Podcast, den Sie ja auch betreiben?**

Der wesentliche Unterschied sind die Kosten. Ich schätze mal, eine Video-Produktion kostet das Zehnfache einer Audio-Produktion. Sie brauchen ja nicht nur einen Text und einen Sprecher, sondern ein Drehbuch, Schauspieler und einen Regisseur. Ein Video-Podcast ist also viel aufwendiger. Deshalb haben Sie auch eine deutlich längere Vorlaufzeit und können nicht so schnell auf aktuelle Themen reagieren. Außerdem ist es beim Video sehr schwierig, neue Formate zu erfinden. Wir haben uns lange überlegt, wie wir Jura-Themen filmisch umsetzen können. Die erste Idee war natürlich: Rechtsanwalt X setzt sich hinter einen Schreibtisch und spricht über die neuesten Entwicklungen. Aber das haben wir sofort wieder verworfen, weil die Zuschauer dann nach zehn Sekunden einschlafen würden. Nach drei Jahren liegt unser Video-Podcast jetzt auf Eis. Wir überlegen gerade, ob dieses Format noch sinnvoll ist oder ob die Entwicklung ganz woanders hingeht. Inzwischen haben wir auch eine App produzieren lassen, für iPhone und für Android, über die man unsere täglichen News und unseren wöchentlichen Newsletter beziehen kann. Im Grunde kann man darüber alle Inhalte abrufen, die wir bislang im Video- und Audio-Bereich produziert haben. Es ist nur ein anderer Zugang zu den Inhalten.

▸   **Welche Medien wollen Sie in Zukunft nutzen?**

Mich zieht es in den Games-Bereich, also in den Bereich Videospiele. Aktuell ist mein größtes Projekt eine Kombination aus Audio, Video und Spielen. Es ist im Grunde ein Computer-Spiel mit Video-Anteilen, das als Hörspiel fungiert. Da möchte ich austesten, was geht, was interessant ist, was neu ist – ich mache das alles ja auch, um selbst etwas zu lernen. Letztlich ist es auch immer eine Frage der Technik, was am Ende dabei herauskommt. Aber da ich nach wie vor ein Hörspiel-Fan bin, ist für mich ganz klar, dass bei allem, was wir produzieren, immer erhebliche Audio-Anteile dabei sein werden.

Die Produktion im Überblick
Titel: Das Canossa-Virus. Oder: Der Tag, an dem das Internet verschwand
Produktionsjahr: 2006
Einsatz: MP3, Download via www.das-canossa-virus.de
Länge: 50 min.

Idee und Produktion: Kanzlei Dr. Bahr
Buch: Arne Sommer
Regie: Uwe Hiob
Sprecher/-innen: Bodo Primus, Christine Hegeler, Paul Schulz, Dr. Martin Bahr u. a.
Musik: Sonja Hoffmann (Gesang), Christian Bahr (Lyrics, Musik)
Artwork und Zeichnungen: Christian Bahr
Auftraggeber: Kanzlei Dr. Bahr, Hamburg, Tätigkeitsschwerpunkte: Recht der Neuen Medien, Glücksspielrecht/Gewinnspiel-Recht, Wettbewerbsrecht, Markenrecht, Urheberrecht, Datenschutzrecht, Presserecht, Wirtschaftsrecht, www.dr-bahr.com

Weitere Produktionenen der Kanzlei Dr. Bahr:
Audio-Podcast: www.law-podcasting.de
Video-Podcast: www.law-vodcast.de
Science Fiction-Hörspiel-Serie »Ixplorer 5003«: www.dr-bahr.com/infos/internet-projekte.html

3.9 »Hörer suchen Menschen« – Interview mit Ulrich Hinsen, Gründer von ManagementRadio

Dietmar Pokoyski

Die Fragen stellte Dietmar Pokoyski.

▸   Herr Hinsen, im Jahr 2005 haben Sie zum ersten Mal Ihr kostenfreies Audio-Journal für Führungskräfte ins Netz gestellt. Wie kam es denn zur Gründung von ManagementRadio?

Es gab mindestens zwei wichtige Impulse. Zunächst einmal waren 2005 die technischen Voraussetzungen für Audioproduktion und -bereitstellung auch für Nichtinformatiker beherrschbar. RSS-Feeds, geeignete Server oder eben auch anwenderfreundliche Bearbeitung von Audiomaterial machten – nicht nur für uns – dieses Medium attraktiv. Der zweite Grund für den Start von ManagementRadio ist stark persönlich geprägt. Ich war – und bin es im Übrigen noch heute – genervt von den vielen, ungebetenen Newslettern in meinem Postfach. Mir schien es weitaus angemessener, Führungskräften und interessierten Fachleuten Informationen bereitzustellen, statt sie mit Informationen zuzumailen.

▸   An Video-Podcasts hatten Sie nicht gedacht?

Ich arbeite seit vielen Jahren mit Führungskräften und weiß, dass diese keine Zeit haben und sich darüber hinaus auch keine Zeit nehmen, sich z. B. Videos am Arbeitsplatz anzuschauen. Das ist bei Audio anders. Und wir stellen auch eine interessante Entwicklung über die letzten 4,5 Jahre fest: Zunehmend benutzen Führungskräfte Medien zwischen den Zeiten, z. B. über mobile Devices. Bei Audiomedien haben sie die Möglichkeit, während des Joggens oder bei anderen vordergründigen Tätigkeiten Beiträge zu hören. Über die Plattform ManagementRadio ermöglichen wir etwas, was z. B. mit Bewegtbild gar nicht funktionieren würde. Manager hören dann und das, was sie zum geeigneten Zeitpunkt für informativ halten.

▶   War das alles von langer Hand geplant?

Es wäre vermessen zu sagen, ManagementRadio war von Beginn an ein strategischer Wurf. 2005 haben wir versucht, unseren bestehenden Kunden aus dem Beratungsgeschäft ein Add-on zu bieten. Der Weg über den Newsletter schien uns nicht passend. Dass das Ganze dann eine so hohe Verbreitung finden sollte, war so nicht geplant. Inzwischen arbeiten wir auch mit sehr bekannten Partnern wie z. B. Roland Berger Strategy Consultants, dem Private Equity Forum oder der School for Communication & Management zusammen und können in der Tat auf ein Programm verweisen, das die aktuellen Fragestellungen des Managements nahezu komplett abdeckt.

▶   Gab es Vorbilder und gibt es heute Wettbewerber?

Anregend und ein Stück weit inspirierend war Hans-Jürgen Walter mit »Das Abenteuer Leben«. Diese Plattform ist aber insofern kein direkter Wettbewerber, als dass sie mehr unter Lerngesichtspunkten an die Themenstellungen herangeht, während ManagementRadio ganz bewusst auf den Journal-Charakter setzt.

▶   Was verstehen Sie unter Journal-Charakter?

Wir stellen zwar Informationen bereit, aber wir bereiten sie so auf, dass wir in Form von Interviews, Reportagen und Berichten vor allem die Story nach vorne rücken. »Das Abenteuer Leben« dagegen vermittelt ganz konkret Wissen für Einzelne, Wissen im Sinne von Lernen, eine Art eLearning.

▶   Wie steht es um die Absprungrate? Auf Geschichten muss sich der Hörer ja auch einlassen. Während ich bei Printmedien quer lesen kann, um im Expressmodus abzuchecken, ob der Inhalt interessant für mich sein könnte, ist das Audiomedium diesbezüglich eher sperrig – da kann ich ja nicht mal eben quer hören. Dann lasse ich mich entweder darauf ein oder steige aus. Ist diese Zuspitzung ein Vor- oder Nachteil?

Genau dieses Einlassen-Wollen macht das Medium aber auch so spannend. Wir haben immer mal wieder Beiträge mit Bewegtbild dabei, aber die werden zu weniger als 10 % in

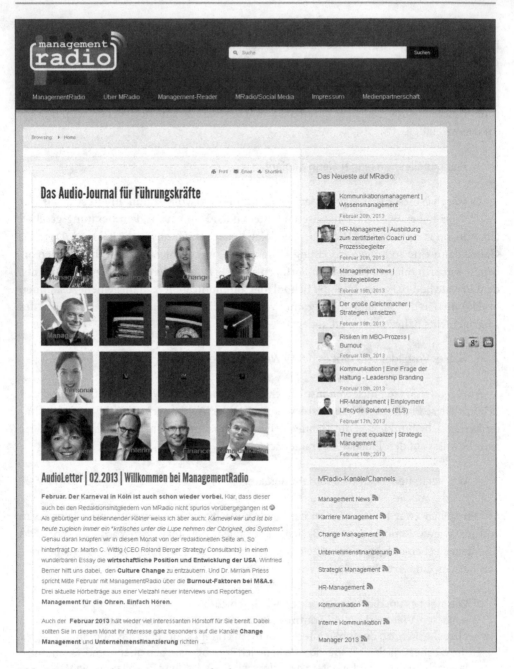

Abb. 3.29 Screenshot management-radio.de

Anspruch genommen und sie bleiben – das belegen die Feedbacks der User – offensichtlich nicht markant in Erinnerung. Natürlich gibt es für Audio-Beiträge wichtige Spielregeln. So ein Beitrag sollte nicht länger als 7 Minuten, in Ausnahmefällen maximal 9 Minuten lang sein. Danach lässt das Interesse der Hörer deutlich nach, weil die Inhalte dann offensichtlich schwieriger aufzunehmen sind. Im Übrigen können wir auch statistisch exakt wiedergeben, wie viele Hörer die vielen Beiträge – es sind inzwischen über 1000 – länger als 90 Sekunden gehört haben. Die meisten bleiben dran. Wir sind jetzt im 8. Jahr und haben um die 50.000 Downloads pro Monat. In dieser Statistik werden nur Beiträge erfasst, die mindestens 90 Sekunden gelaufen sind. Und diejenigen, an denen besonders viele Hörer dranbleiben, zeichnen sich vor allem durch eine gute Story aus. Es ist also auch ein Stück weit Wissensvermittlung, aber stets über eine gut erzählte Geschichte.

▸   Was ist eine »gute Story« – wodurch zeichnet sie sich aus? Wie bereiten Sie diese vor bzw. steuern Ihre Intention im Rahmen eines Dialogs?

Grundzutaten sind natürlich ein Management-Thema, das von Interesse ist, ein interessanter und kompetenter Gesprächspartner sowie ein durchdachter Fragenspeicher, der im Interview je nach Verlauf flexibel eingesetzt werden kann. Entscheidend ist das Herausarbeiten von Botschaften, die einen Nutzen für die Hörer haben. Etwas Humor erleichtert dabei oft auch provokantere Fragen, wenn sie aus respektvoller Haltung gestellt werden. Wir führen unsere Interviewpartner nicht vor, aber die Konfrontation mit kritischen Fragen, die vielleicht auch die Hörer auf der Zunge gehabt hätten, ist oft der spannendste Hörstoff.

▸   Wie kommt eine solche Story in die Beiträge? Ist das eine Frage der guten Vorbereitung, z. B. der Interviews, oder kann man Gesprächen, die vielleicht ganz anders laufen als geplant, in der Postproduktion eine Richtung verleihen, durch die der Beitrag nachträglich mit einer »guten Story« glänzt?

Es ist beides. In der Interviewvorbereitung folgen wir einem Prinzip, das ich im Hause Springer bei Dr. Christa Afting gelernt habe. Sie hat mal in einem unserer Interviews gesagt: »Menschen suchen Menschen.« Und in den Interviews versuchen wir, unsere Gesprächspartner immer auf Augenhöhe als Menschen anzusprechen. Der Rest passiert in der Postproduktion. Dabei ist es in der Tat so, dass sich eine gute Geschichte auch über einen guten Schnitt herstellen lässt.

▸   Welche Rolle spielen Geräusche und Musik in Ihren Produktionen, also typische Bestandteile des Hörspiels oder Features?

Bei uns spielen sie in den Interviews gar keine Rolle. Das ist bei den Berichten anders. Da kommt es auf das Gesamt-Hörerlebnis an. Aber bei den meisten unserer Beiträge haben wir die Situation »Mensch trifft Mensch«, »Hörer trifft Interviewpartner«. Da ist es letztlich der gut aufgebaute Dialog, der für eine hohe Verweildauer unserer Hörer sorgt.

▶ Hören adressiert also die Beziehung? Damit bestätigen Sie eine unserer Thesen.

Ich bin ja seit über 20 Jahren als Berater tätig und nenne dies »Begegnungen«. Es ist immer der Dialog, der z. B. Lernen und Beziehung ausmacht. Wenn ich dieses Prinzip jetzt mal übertrage auf die Radiowelt, dann sind es vor allem die gescheit gestellte Frage und die möglichst knackige und präzise Antwort der Interviewpartner – im guten Schnitt zusammengestellt – die dem Hörer etwas Dialogisches bieten. Damit schaffen sie eine akustische Begegnung: eine Begegnung mit einem anderen Menschen, mit einer anderen Meinung, mit einer interessanten Idee.

▶ Die Anteile nonverbaler Kommunikation, die für eine Beurteilung von Kommunikation an sich sehr wichtig sind, fehlen beim Hören. Den Audio-Dialogen muss demnach etwas anhaften, was über das den eigentlichen Inhalt des Dialogs, über das Kognitive hinaus Wirkung zeigt. Was ist das Ihrer Meinung nach?

Was schätzen unsere Hörer an den genannten Telefoninterviews? Diese besondere Form des Interviews vermittelt den Eindruck, dass die Inhalte live gesprochen werden, sich direkt und unmittelbar an den Hörer wenden. Das ist eine Besonderheit, die viele unserer Hörer mehr schätzen als Studiotechnik beziehungsweise akustisch saubere Aufnahmen.

▶ Sie meinen so etwas wie Authentizität, also dass die Hörer spüren, dass jemand etwas zu sagen hat, auch wenn er z. B. unsicher wirkt? Authentisch im Sinne von unverfälscht, von wahrhaftig – auch wenn es nicht perfekt produziert ist?

Ja. Ich bringe es gerne wieder auf den Satz »Menschen suchen Menschen«. Anders als die Perfektion glatt produzierter Videoclips oder styleguidekompatibler Powerpoint-Präsentationen hat das gesprochene Wort manchmal so seine Fehler und ist damit aber dem Menschen näher als etwas Fabriziertes – im Sinne von »gemachten« Beiträgen.

▶ Das Geheimnis, mit kostenfrei verfügbaren Inhalten gutes Geld zu verdienen, liegt in einer langen Verwertungskette. Wie nutzen Sie Ihre Beiträge über das Podcasting hinaus?

Meine Kollegen bei ManagementRadio agieren aus einem »Partner-Status«, d. h., sie verdienen ihr Geld mit Beratungsleistungen. ManagementRadio macht u. a. auf die Beratungsarbeit dieser Mitarbeiter aufmerksam. Es gibt aber durchaus auch Verwerter unseres Contents. Z. B. hat eine Reihe von Unternehmen unsere Beiträge in ihrem Intranet für Führungskräfte bereitgestellt, darunter auch namhafte, z. B. Daimler, die Raffinerie Heide u. a.

▶ Als Lizenzmodell?

Nein, wir stellen den Unternehmen die Inhalte ebenfalls kostenfrei zur Verfügung. Einzig die optische Aufbereitung der Beiträge (als LandingPage beispielsweise) berechnen wir einmalig mit einem kleinen Beitrag. Außerdem gibt es eine Reihe von Hochschulen, z. B. die in Neu-Ulm, wo unsere Beiträge innerhalb der Ausbildung allen Studenten zur Verfügung gestellt werden. Eine dritte Variante der Zweitverwertung nimmt ebenfalls zu: Es gibt immer mehr Zeitschriften und Zeitungen, die unsere Interviews transkribieren und publizieren.

▶   Das heißt, ManagementRadio ist nicht primäre Einnahmequelle, sondern dient vielmehr einer gut/seriös gemachten Öffentlichkeitsarbeit Ihrer Partner?

Genau. Aber mehr noch: Wir haben aus der Vielzahl der Interviews nicht nur Partner für ManagementRadio, sondern auch Geschäftspartner für Managementberatung und Coaching gewonnen.

▶   Profitieren Sie auch über die reine Öffentlichkeitsarbeit inhaltlich von der Radioarbeit, z. B. bei Beratung, Coaching & Co.?

Ja, diesen Punkt finde ich ganz besonders spannend. Es gelingt mir mehr und mehr, das Interview als Medium des Coachings einzusetzen. Wenn ich mit Führungskräften Interviews aufzeichne, dann »zwinge« ich die Interviewpartner auch, sich auf das zu fokussieren, was sie mit ihrer Arbeit letztlich erreichen wollen. Daher ist die Interviewform ein so wunderbarer Ansatz fürs Coaching.

▶   Was muss ich beachten, wenn in meinem Unternehmen noch gar keine Erfahrungen mit dem Audiokanal existieren, ich aber meinen Führungskräften und Mitarbeitern Audiomedien zur Verfügung stellen will? Wie kann ich einen Launch so begleiten, dass die Einführung ein Erfolg wird?

Wie auf vielen anderen Feldern auch: der Wille zu Qualität, Kontinuität und Authentizität. Audio in der internen Kommunikation ist für viele Unternehmen immer noch eine Innovation. Das ist auch gut so, weil Innovationen für Aufmerksamkeit sorgen. Akzeptanz entsteht, wenn sowohl die technische Umsetzung als auch die Qualität der Botschaften stimmt und kontinuierlich fortgesetzt wird.

▶   Was haben Sie für die Zukunft geplant?

Ich verfolge aktuell zwei Wünsche. Inhaltlich wollen wir in der Berichterstattung noch konstanter bei der Entwicklung einzelner Unternehmen aus unserem Kundenkreis bleiben. Aktuelles Beispiel ist ein aus meiner Sicht sehr interessantes Unternehmen aus dem Norden Deutschlands, nämlich die Raffinerie Heide – ein Unternehmen, das in einem massiven Change Prozess steckt. Gemeinsam mit den Führungskräften haben wir eine langfristige, kontinuierliche Berichterstattung über diesen Change Prozess begonnen. Dadurch dokumentieren wir – nach innen wie nach außen – Konstanz im Sinne nachhaltiger

Weiterverfolgung, wie Unternehmen an bestimmte Managementfragen herangehen. Der zweite Wunsch betrifft unsere Unternehmersicht. Wir befinden uns derzeit mit zahlreichen Unternehmen in Kooperationsgesprächen und möchten diese gerne als Partner für ManagementRadio gewinnen, indem wir ihnen die Benefits in Bezug auf Öffentlichkeitsarbeit aufzeigen.

▶   Worin genau bestehen die Benefits hinsichtlich der Öffentlichkeitsarbeit von Unternehmen?

Als unabhängige Plattform ist ManagementRadio vor allem in der Lage, eine glaubwürdige Reputation im Web zu erweitern. Aufgrund der Fülle und der ständigen Aktualität von Beiträgen auf ManagementRadio ist die Plattform zudem bei Suchmaschinen beliebter, als es eine i. d. R. kleinere Präsenz auf den eigenen Firmenseiten sein kann. Unter Voraussetzung einer journalistischen Qualität müssen Unternehmensinteressen und die Interessen von ManagementRadio kein Widerspruch sein. So können Themen gemeinsam und kooperativ auch längerfristig geplant und in interessanten Hörstoff verwandelt werden.

▶   Wenn Sie aus einem Schnellrückblick Ihre Vison 2020 entwickeln, was hat sich verändert und wie sieht ManagementRadio in einigen Jahren aus?

Das »Audio-Thema« ist massiv im Fluss. 2005/2006 waren es vor allem technisch geprägte Manager, die unsere Beiträge gehört haben. Die Vereinfachung der Technologie, z. B. über mobile Devices, RSS-Feeds, hat dazu beigetragen, dass heute auch wenig oder gar nicht technikaffine Führungskräfte unsere Beiträge hören. Viele Führungskräfte sagen uns: »Das wusste ich gar nicht, wie einfach das funktioniert und wie schnell ich damit an passende Inhalte komme.« Für mich ist das eine faszinierende Entwicklung mit erheblichen Potenzialen, bei denen das Ende der Fahnenstange noch nicht ansatzweise erreicht ist. Für 2020 tippe ich mal, dass wir nicht ins Bewegtbildgeschäft eingestiegen sein werden, und ich tippe auch, dass die Beteiligung der Hörer am Programm größer sein wird als heute, Stichwort »Social Media«. Wir sehen ManagementRadio auch als »The Voice of Management in Social Media«. Außerdem werden wir dann wahrscheinlich auch akustisch interessanter sein im Sinne der von Ihnen angefragten Merkmale wie Geräusche und Musik.

▶   Was wollen Sie unseren Lesern, insbesondere Kommunikationsexperten und Marketingmanagern, in Bezug auf den Einsatz von Audiomedien in Unternehmen mit auf den Weg geben?

Setzt auf zwei Dinge: Menschen – und eben auch Manager – suchen Menschen. Und setzt auf die erzählten Geschichten, denn sie bringen den Menschen mit seinem Stoff, mit den Dingen, die er wertvoll findet, die er interessant findet, auf eine Art und Weise nach vorne, die durch andere Ansätze nicht zu erreichen ist. Das lohnt sich. Geschichten lohnen sich im Sinne der Führungskräfte-Entwicklung und im Sinne der Aufmerksamkeit und Anbindung, die jeder Mensch sucht.

ManagementRadio

2005 in Berlin gestartet, sendet ManagementRadio heute auf 10 Kanälen Berichte, Kommentare und Interviews zu aktuellen Managementthemen. Neben Ulrich E. Hinsen (ViSdP) sind die Journalisten Wolfgang Eck und Jan Holtfreter verantwortlich für die Beiträge. www.management-radio.de

Fazit und Erfolgsfaktoren: Mit Corporate Audiobooks zur Slow Communication

4

Dietmar Pokoyski und Stefanie Pütz

Akustische Erzählungen, also Hörspiele, Features & Co., erzeugen komplette Stimmungs- und Sinneswelten. Denn sie nutzen alle Möglichkeiten auditiver Kommunikation, d. h. Stimmen, Musik und Geräusche. Schon eine Stimme allein ist in der Lage, den Hörer in unterschiedliche Verfassungen zu versetzen. Sie kann ihn aktivieren, stimulieren, fesseln, mitreißen, beruhigen oder beunruhigen, überzeugen oder bei ihm Fragen aufwerfen. In jedem Fall gilt: Die Stimme berührt den Hörer. Musik und Geräusche wirken zusätzlich als Verstärker.

Unternehmen können sich diese Wirkung von Klängen gezielt zunutze machen. Mit einem Corporate Audiobook kann es ihnen gelingen, Beziehungen aufzubauen und zu stärken, anstatt lediglich Informationen zu verbreiten. Diese Neuausrichtung der Kommunikation ist in Unternehmen dringend nötig. Denn ihre Kunden, Partner und Mitarbeiter sind angesichts der allgegenwärtigen Krisen auf der Suche nach Halt und Orientierung, nach verbindlichen Werten statt einschränkenden, dogmatischen Regelwerken. Sie wünschen sich einen unangestrengten, authentischen Austausch auf Augenhöhe an wärmenden sozialen Plätzen, an denen Gemeinschaft und die Größe unseres Alltags gepflegt wird. Die kalte, rein ökonomisch ausgerichtete Austauschbeziehung zwischen Unternehmen und Kunden bzw. Mitarbeitern ist passé. Das Menschliche, Emotionale rückt in den Vordergrund und erfordert neue Strategien in der Unternehmenskommunikation.

Dietmar Pokoyski ✉
Köln, Deutschland
e-mail: sense@known-sense.de

Stefanie Pütz
Köln, Deutschland

D. Pokoyski und S. Pütz (Hrsg.), *Corporate Audiobooks*, X.media.press,
DOI 10.1007/978-3-658-00151-3_4, © Springer Fachmedien Wiesbaden 2014

Corporate Audiobooks in ihren vielfältigen Ausprägungen bieten exakt jene Qualitäten, nach denen Kommunikationsexperten aktuell suchen: Konzentration, zugewandte Aufmerksamkeit und menschliche Nähe. Audiobooks ermöglichen in ihrer Reinform eine Entschleunigung, eine Art Slow Communication, bei der es auf Faktoren wie Qualität, Zeit, Nachhaltigkeit oder Authentizität ankommt anstatt auf einfache Konsumierbarkeit.

Die hier beschriebenen Ansätze und Methoden, vor allem aber die vielfältigen Success Stories zeigen das enorme Potenzial von Corporate Audiobooks für eine neue Ausrichtung von Unternehmenskommunikation – eine, bei der die Konsumenten, Partner und Mitarbeiter zuhören, reagieren und sich einmischen.

- Corporate Audiobooks machen ihre besonderen Qualitäten auf sämtlichen Ebenen spürbar: durch eine fesselnde Geschichte, ein lebendiges Drehbuch, eine hochwertige Produktion mit Sprechern, die sich spürbar an die Zielgruppe wenden, und Klänge, die sich in den Dienst der Geschichte stellen, durch ein exzellentes Design und überraschende Ideen bei der Integration in ein stimmiges, weil holistisches Kommunikations-Portfolio.
- Corporate Audiobooks betonen den Nachhaltigkeitsgedanken ihrer Absender. Sie kommunizieren grundlegende Werte und bleiben dadurch lange aktuell. Wenn der Einsatz von Audiobooks auf lange Sicht geplant bzw. laufend gefördert wird, ist ihre Wirkung nach dem Launch deutlich länger spürbar als die anderer Medien, z. B. Bestandsmedien.
- Corporate Audiobooks sind systemische Kommunikationsbeschleuniger. Sie suchen ein Gegenüber und machen aus Mitläufern verantwortungsbewusst Handelnde, aus Konsumenten Prosumenten, die die Idee der mit dem Medium verbundenen Prozesskommunikation produktiv aufgreifen, umsetzen und so aktiv an ihrer Wirkung teilhaben.
- Corporate Audiobooks fördern sowohl Monotasking als auch Tagträume. Sie zielen nicht ausschließlich affirmativ auf eine Verdoppelung der Zeit ab, sondern sind dialogisch und diskursiv. Sie buhlen um Konzentration bzw. Aufmerksamkeit (mit allen Sinnen) oder aber vermitteln im (scheinbaren) »Nebenher« einen eindeutigen, wenn auch oftmals unbewussten Sinn.
- Corporate Audiobooks sind Digital-Analog-Wandler. Damit bilden sie eine wichtige Brücke zwischen beschleunigenden und entschleunigenden Tendenzen unser Medienwelt.
- Corporate Audiobooks werben um Vertrauen, geben Halt und Orientierung. Dadurch fördern sie Glaubwürdigkeit, soziale und kulturelle Teilhabe, Gemeinschaften und deren regelbasiertes Handeln, z. B. in Form von Ritualen.
- Corporate Audiobooks sind zu Gestalt gewordene Alltagsbilder. Über ihre ästhetische Dimension strahlen sie eine Besonderung aus. Sie fördern Kreationen und Vielfalt und vermitteln ihren Hörern das Gefühl, sich dem richtigen Medium zur rechten Zeit zu widmen.

Wie kommt nun ein attraktives und wirksames Audiobook in Ihr Unternehmen? Ganz einfach: Es muss zunächst in Ihrem eigenen Kopf entstehen. Mit einer tragenden Idee benötigen Sie nur noch die passenden Dienstleister, die Sie bei der Umsetzung und Implementierung unterstützen. In Kap. 2 haben wir ausführlich dargestellt, worauf es bei Auswahl und Zusammenarbeit ankommt. Wenn Sie diese Faktoren beachten, kann Ihr Corporate Audiobook zu einer Success Story werden, die sich ohne Weiteres in die nächste Auflage unseres Buches integrieren ließe.

Wir hoffen, dass wir Sie mit diesem Buch inspiriert haben und wünschen Ihnen viel Erfolg mit Ihrem ersten und allen weiteren Corporate Audiobooks.

Über die Herausgeber, Autoren und Interviewpartner

Dr. Martin Bahr, Jahrgang 1971, ist Rechtsanwalt in Hamburg mit den Tätigkeitsschwerpunkten Recht der Neuen Medien, Gewerblicher Rechtsschutz, Gewerblicher Adresshandel und Gewinnspiel-Recht/Glücksspiel-Recht. Daneben ist er für mehrere Hamburger Bildungsträger als Dozent tätig. Vor seinem Studium absolvierte er eine praktische Diplom-Ausbildung bei der Deutschen Telekom AG. Er war lange Jahre als freiberuflicher Programmierer und Web-Designer tätig. (www.dr-bahr.com)

Sabine Dittler, Jahrgang 1965, M.A., studierte Buch- und Bibliothekswissenschaften, Geschichte und Soziologie. Seit 2004 ist sie Mitarbeiterin im Siemens Historical Institute (bis 2011 Corporate Archives) und betreut dort vor allem History-Marketing-Projekte. Ihr Aufgabenschwerpunkt ist die Konzeption, Redaktion und das Projektmanagement von Büchern und anderen Produkten zur Siemens-Geschichte. Darüber hinaus ist sie Redakteurin der Internetseiten zur Siemens-Geschichte (www.siemens.com/geschichte).

Sven Görtz, Jahrgang 1967, ist studierter Philosoph, Autor und Kabarettist. Mit über 250.000 verkauften Hörbüchern zählt Sven Görtz zur ersten Riege der deutschen Hörbuchsprecher. Seit 2008 ist er die deutsche Stimme des Weltbestsellerautors Paulo Coelho. Seine »literarische Lesung« der Bibel, erschienen im Diogenes Verlag, zählt zu den erfolgreichsten deutschsprachigen MP3-Hörbüchern. Die HR-Hörbuchbestenliste zeichnete Görtz für seine Hörbuch-Performance »Unter dem Milchwald« aus. Seit Jahren ist Görtz mit verschiedenen Live-Programmen im gesamten deutschsprachigen Raum unterwegs. Der erste Roman seiner satirischen Krimireihe »Die Bad Löwenau Krimis« erschien im Frühjahr 2013. (www.svengoertz.de)

Dr. Manfred Grieger, Jahrgang 1960, hat als promovierter Historiker zahlreiche Veröffentlichungen zur Sozial- und Wirtschaftsgeschichte vorgelegt. Seit 1998 bei der Volkswagen AG tätig, leitet er die Historische Kommunikation der Volkswagen Aktiengesellschaft. Darüber hinaus ist er als Lehrbeauftragter an der Georg-August-Universität Göttingen tätig. Letzte Veröffentlichung: Die »geplatzte Wirtschaftswundertüte«. Die Krisen 1966/67 und 1973/75 im deutschen Symbolunternehmen Volkswagen. In Tilly, S. & Trie-

D. Pokoyski und S. Pütz (Hrsg.), *Corporate Audiobooks*, X.media.press,
DOI 10.1007/978-3-658-00151-3, © Springer Fachmedien Wiesbaden 2014

bel, F. (Hg.): Automobilindustrie 1945–2000. Eine Schlüsselindustrie zwischen Boom und Krise. München 2013, S. 23–75. (http://www.volkswagenag.com/content/vwcorp/content/de/the_group/history/archives.html)

Mathias Hevert, Jahrgang 1976, ist studierter Betriebswirt und Geschäftsführer von Hevert-Arzneimittel. Neben seiner unternehmerischen Tätigkeit hat er den Masterstudiengang Consumer Health Care an der Charité – Universitätsmedizin Berlin abgeschlossen. Das Unternehmen ist einer der führenden deutschen Hersteller von homöopathischen und pflanzlichen Arzneimitteln sowie hochdosierten Vitaminpräparaten. Weltweit gehört Hevert zu den zehn bedeutendsten Homöopathie-Herstellern. Das Familienunternehmen mit Sitz im rheinland-pfälzischen Nussbaum wird heute in dritter Generation von Marcus und Mathias Hevert geführt. (www.hevert.com)

Ulrich Erik Hinsen, Jahrgang 1960, ist Organisationspsychologe, Unternehmensberater für Change-Management/Führungskommunikation und seit August 2008 Vorsitzender des Redaktionsteams von ManagementRadio, dessen Gründer (2005) er zuvor war. Seit September 2010 leitet er zudem die Arbeitsgruppe MOtiVE der MMCT, in der es um die Mobilisierung von Mitarbeitern bei Personalumbau und Standortverlagerungen geht. (www.management-radio.de)

Rainer Hirt, Jahrgang 1979, absolvierte ein Kommunikationsdesign-Studium an der HTWG Konstanz zum Master of Arts. Er ist Autor und Mitherausgeber des ersten deutschsprachigen Sammelwerks für akustische Markenführung »Audio-Branding«. Nach dem Hochschulstudium war er Mitbegründer von audity, einer Agentur für Audio Branding und Audio Interaction mit Auftraggebern wie Airbus, B/S/H oder Volkswagen. Er lehrt als Dozent für akustische Markenführung an der Popakademie Baden-Württemberg und ist zusammen mit Kai Bronner und Cornelius Ringe Mitbegründer und Senior Partner der Audio Branding Academy. (www.audity-agentur.com)

Dagmar Penzlin, Jahrgang 1971, M.A., arbeitet seit 2001 für den öffentlich-rechtlichen Rundfunk als Autorin (Deutschlandradio Kultur, Deutschlandfunk, NDR Kultur, WDR 3, SWR 2). In ihrem eigenen Audio-Atelier produziert sie Beiträge und Sendungen, aber auch Podcasts und Hörbücher. Ebenso unterstützt die ausgebildete Redakteurin und Musikwissenschaftlerin Institutionen und Unternehmen beim Entwickeln und Umsetzen von Audio-Ideen. Zu ihren Spezialitäten gehören außerdem das Schreiben und Lektorieren von Audio-Skripten. (www.dagmar-penzlin.de)

Dietmar Pokoyski, Jahrgang 1961, ist Gründer und Geschäftsführer der Kölner Kommunikationsagentur known_sense und Autor zahlreicher Veröffentlichungen im Kontext interner Kommunikation, u. a. Security Awareness (Vieweg + Teubner 2009). Mit known_sense hat er vor allem die Mitarbeiter-Kommunikation und hier u. a. Wirkungs-analysen von Sicherheits- und Unternehmenskultur, Plan- und Edutainmentspiele, beson-dere Formate und Tools für Veranstaltungen oder Wettbewerbe bzw. Unternehmenshör-spiele im Fokus. Sein mehrsprachiger Minihörspiel-Podcast »Cybarry & Samantha Safe« mit insgesamt 54 Folgen erhielt 2011 den Sicherheitspreis Baden-Württemberg. (www. known-sense.de, www.corporate-audiobook.com)

Stefanie Pütz, Jahrgang 1966, M.A., arbeitet als freie Texterin und Audio-Autorin in Köln. Seit 1997 erstellt sie Radio-Beiträge und -Features für den öffentlich-rechtlichen Hörfunk (Deutschlandfunk, NDR, RBB, SWR, u. a.). Zwei ihrer Radio-Features wurden mit renom-mierten Medienpreisen ausgezeichnet. Außerdem ist sie Autorin von Hör-Geschichten für Unternehmen (Schwerpunkt Unternehmensgeschichte), Verlage und Museen. Stefanie Pütz ist Moderatorin der Xing-Gruppe »History Marketing« und Gastgeberin des Rhei-nischen Roundtables zum History Marketing »Olle Kamellen«. (www.stefanie-puetz.de)

Peter Eckhart Reichel, Jahrgang 1957, arbeitet als freier Autor, Dozent und Hörbuchpro-duzent in Berlin. Er betreibt und leitet einen eigenen Hörbuchverlag, die hoerbuchedition words and music. Für einige seiner Hörbücher erhielt er renommierte Auszeichnungen, u. a. durch die Juroren der hr2-Hörbuchbestenliste, außerdem zwei Nominierungen für den Deutschen Hörbuchpreis in den Jahren 2008 und 2011. Peter Eckhart Reichel entwi-ckelt und produziert auch unabhängig von seinem eigenen Verlagsprogramm Hörbücher, Audioproduktionen, Musikaufnahmen oder Hörspiele im Auftrag von Hörbuchverlagen, Firmen, Verbänden bzw. Organisationen. (www.words-and-music.de)

Michael Schütz, Jahrgang 1967, ist Diplom-Psychologe und Geschäftsführer von INNCH – innovation guided by research. Seit 1993 betreibt Michael Schütz tiefenpsycho-logische Markt- und Medienforschung. Von 1997 bis 2009 war er bei rheingold, Institut für qualitative Markt- und Medienanalysen Köln, in leitenden Positionen tätig, dort zuletzt als »Head of Business Group« verantwortlich für die Forschung in den Bereichen Medien, Telekommunikation und Food. Seit 2010 leitet er gemeinsam mit Monika Heimann ein auf qualitativ-psychologische Forschung spezialisiertes Institut in Köln. INNCH betreut Kunden wie die Deutsche Telekom AG oder die RTL-Gruppe ebenso wie Kunden aus dem Gesundheits- und Touristik-Bereich. (www.innch.de)

Harald »Sack« Ziegler, geboren 1961 in Berlin, lebt seit 1986 in Köln. Der studierte Or-chestermusiker war 22 Jahre lang Notenkorrektor und betreut heute ein Sinfonieorchester in Köln. Seit 1979 bearbeitet der Allround-Künstler, Multiinstrumentalist und Sänger als One-Man-Show und im Rahmen diverser musikalischer Projekte live alle nur erdenklichen Instrumente. Ziegler komponiert regelmäßig für Auftragsarbeiten aus den Bereichen Hör-spiel (u. a. für den Rundfunk und diverse known_sense-Kunden), Film, Tanz oder Events. Das Musik-Portal laut.de bezeichnet Harald »Sack« Ziegler als »Titan der deutschen Wohn-zimmermusik« und als »das einzig wahre kölsche Kulturerbe«. (www.haraldsackziegler. de)

Literatur

Amazon: Wie/wo hört ihr Hörbücher? (2009 ff.). http://www.amazon.de/forum/h%C3%B6rb%C3%BCcher?_encoding=UTF8&cdForum=Fx1lWRL6ZAJ263R&cdThread=TxOB3W165RX831. Zugegriffen: 26.03.2013

Arnold, B.: ABC des Hörfunks. Ölschläger, München (1991)

Barth, W.: Vorwort. In: Nölke (Hrsg.) Das 1×1 des Audio-Marketings. Der Navigator für Audio-Branding und Audio-Interface-Design, S. 11–13. Edition Comevis, Köln (2009)

Battenfeld, B.: Kultstaubsauger Kobold. Der mit der Trockenhaube. Trescher, Berlin (1998)

Bauer, M. (2007): Vom iPod zum iRadio. Podcasting als Vorbote des individualisierten Hörfunks. Master-Arbeit der Hochschule Mittweida (FH).

Bleher, C.: Das Feature. Aus der Reihe Journalisten-Werkstatt. Medienfachverlag Oberauer, Salzburg (2011)

Blötz, U., Ballin, D., Gust, M.: Planspiele im Vergleich zu anderen Trainingsmethoden. In: Blötz, U. (Hrsg.) Planspiele in der beruflichen Bildung. Auswahl, Konzepte, Lernarrangements, Erfahrungen. Aktueller Planspielkatalog 2005. Multimedia-Publikation (Schriftenreihe des Bundesinstituts für Berufsbildung, 4. Aufl., S. 29–38. Bertelsmann, Bielefeld (2005)

Blothner, D.: Das geheime Drehbuch des Lebens – Kino als Spiegel der menschlichen Seele. Lübbe, Bergisch Gladbach (2003)

Böhme, G.: Atmosphäre. Suhrkamp, Frankfurt a. M. (1995)

Böhmer, M., Melchers, C.B.: Produkt-Wirkungseinheit – der Werbewirkung alltagsnäher auf der Spur. In: Zwischenschritte, 1. Aufl. Bouvier, Bonn (1996)

Börsenblatt: Ausgabe 06/2011 (2011)

Börsenblatt: Dem Ohr gehört die Zukunft (2012). www.boersenblatt.net/499229/. Zugegriffen: 09.02.2012

Boje, D.M.: Consulting and Change in the Storytelling Organisation. Journal of Organizational Changemanagement 4 (1991)

Bolz, N.: Radio in Eigenzeit. In: taz, 09.10.2010, S. 16 (2010)

Brecht, B.: Der Rundfunk als Kommunikationsapparat. Zitiert nach Koch/Glaser (2005), S. 43 f. (1932)

Brendel, M.: Praxis-Ratgeber Geschichtsmarketing: Wie Sie (Ihre) Geschichte für den Unternehmenserfolg nutzen. Schaltzeit, Berlin (2012)

Cytec Industries Inc: In: Dallmann, T. (Hrsg.) Expedition Security. User Awareness Campaign at Cytec 2007–2011. Cytec Surface Specialties Germany Holding GmbH, Wiesbaden (2011)

Dammer, I., Szymkowiak, F.: Gruppendiskussionen in der Marktforschung. rheingold, Köln (2008)

Denning, S.: The Springboard. How Storytelling Ignites Action in Knowledge-Era Organizations. Butterworth-Heinemann, Woburn (2001)

Faulstich, W. (Hrsg.): Grundwissen Medien, 5. Aufl. UTB, Stuttgart (2004)

Föllner, G., Thiermann, S. (Hrsg.): Relating Radio. Communities. Aesthetics. Access. Beiträge zur Zukunft des Radios. Spector books, Leipzig (2006)

Friederichs, T., Hass, B.: Der Markt für Hörbücher. Eine Analyse klassischer und neuer Distributionsformen. MedienWirtschaft – Zeitschrift für Medienmanagement und Kommunikationsökonomie 03, S. 22 ff. (2006)

Gaßner, H.-P., Schütz, M.: Wie Radiowerbung klingen sollte. Media spektrum 03, S. 40–41 (2011)

Geuting, M.: Planspiel und soziale Simulation im Bildungsbereich Studien zur Pädagogik, Andragogik und Gerontagogik, Bd. 10. Lang, Frankfurt (1992)

Großer, E.: Double your time (2009). www.zeitpolitik.de/pdfs/prisma_03.pdf. Zugegriffen: 26.03.2013

Grünewald, S.: Deutschland auf der Couch. Campus, Frankfurt a. M. (2006)

Grünewald, S.: Gehirn oder Seele. Planung & Analyse 4 (2010). www.rheingold-marktforschung.de/grafik/veroeffentlichungen/Gehirn_oder_Seele_rheingold.pdf. Zugegriffen: 15.04.2013

Grünewald, S.: Die erschöpfte Gesellschaft. Campus, Frankfurt a. M. (2013)

Habbershon, T.G., Williams, M.L.: A Resource-Based Framework for Assessing the Strategic Advantages of Family Firms. Family Business Review 12, 1 (1999)

Häusermann, J., Rühr, S.M., Janz-Peschke, K.: Das Hörbuch. Medium – Geschichte – Formen. UVK, Konstanz (2010)

Haucke, A., Pokoyski, D.: Interne Wirkungsanalysen zur Sicherheitskultur. In: Helisch, Pokoyski, (Hrsg.) Security Awareness. Neue Wege zur erfolgreichen Mitarbeiter-Sensibilisierung, S. 115–119. Vieweg + Teubner, Wiesbaden (2009)

Haucke, A., Pokoyski, D.: Security-Wirkungsanalysen. In: Helisch, Pokoyski, (Hrsg.) Security Awareness. Neue Wege zur erfolgreichen Mitarbeiter-Sensibilisierung, S. 81–86. Vieweg + Teubner, Wiesbaden (2009)

Haucke, A.: Seelisches steht nie still – Awareness und Figurationen. In: Helisch, Pokoyski, (Hrsg.) Security Awareness. Neue Wege zur erfolgreichen Mitarbeiter-Sensibilisierung, S. 119–120. Vieweg + Teubner, Wiesbaden (2009)

Helisch, M., Pokoyski, D.: Security Awareness. Neue Wege zur erfolgreichen Mitarbeiter-Sensibilisierung. Vieweg + Teubner, Wiesbaden (2009)

Herbst, D.G.: Rede mit mir. Warum interne Kommunikation für Mitarbeitende so wichtig ist und wie sie funktionieren könnte. prismus communications, Berlin (2011)

Historikertag (2012). www.historikertag.de/Mainz2012/de/programm/wissenschaftliches-programm/sektionen/einzelansicht/article/sound-history.html. Zugegriffen: 25.09.2012

Hockerts, H.G.: Zugänge zur Zeitgeschichte: Primärerfahrung, Erinnerungskultur, Geschichtswissenschaft. Aus Politik und Zeitgeschichte B28, 15–30 (2001)

Horror-Forum (2004 ff.). www.horror-forum.com/. Zugegriffen: 26.03.2013.

Imdahl, I.: Wertvolle Werbung rheingold newsletter, Bd. 1. Ausgabe. rheingold GmbH und Co. KG, Köln (2006)

Jarisch, J.: Der Abend beginnt ohne jedes Geräusch. Die Entwicklung von Unmittelbarkeit und Stereofonie im Werk Peter Leonhard Brauns. In: Lissek, (Hrsg.) Geschichte und Ästhetik des

Radio-Features: Etwas ist da, unüberhörbar eigensinnig, was jenseits der Bedeutung der Wörter liegt ... Beiträge des ersten Rendsburger Featuresymposions 2010, S. 129–155 (2012)

Jasner, C.: Gefühlte Sicherheit – Die Technik funktioniert, der Mensch nicht. Oder ist es eher umgekehrt? brand eins **7**, 53 (2009)

Kleinsteuber, H.J.: Die Zukunft des Radios. In: Föllner, Thiermann, (Hrsg.) Relating Radio. Communities. Asthetics. Access. Beiträge zur Zukunft des Radios., S. 94–108 (2006)

Knöpfke, F.G.: Die Räume wachsen, es dehnt sich das Haus (2009). www.drm-berlin.de/geschichte--voxhaus-49.html. Zugegriffen: 29.12.2012.

known_sense, Pokoyski, D. & Haucke, A.: Wirkungsanalyse Hörverfassungen und -typen. Wann, wo und wie hören wir Audiobooks und vor allem warum? (bisher unveröffentlicht) (2013)

Koch, H.J., Glaser, H.: Ganz Ohr. Eine Kulturgeschichte des Radios in Deutschland. Böhlau, Köln (2005)

Kölner Stadtanzeiger – Spör, U.: Altes Medium im Aufbruch. 19.03.2013 (2013)

Koiranen, M.: Over 100 Years of Age but Still Entrepreneurially Active in Business: Exploring the Values and Family Characteristics of Old Finnish Family Firms. Family Business Review **15**(3), 175–187 (2002)

Kopetzky, H.: Gedanken über das Große Radio-Feature (2012). www.helmut-kopetzky.de/main/radio1.shtml und folgende. Zugegriffen: 23.08.2012

Krug, H.-J.: Kleine Geschichte des Hörspiels, 2. Aufl. UVK, Konstanz (2008)

Leikauf, R.: History Marketing. Die Erschließung historischer Quellen für Unternehmen, Vereine und Verbände als Arbeitsfeld für Akademiker mit geschichtswissenschaftlichem Hintergrund (2008). www.b-f-k.de/termine/manu-hist-mark.php. Zugegriffen: 15.04.2013

Lersch, E.: Historische Erfahrungen im Wandel von Nutzung, Angebot und Vertriebswegen. In: Föllner, Thiermann, (Hrsg.) Relating Radio. Communities. Asthetics. Access. Beiträge zur Zukunft des Radios., S. 50–53 (2006)

Lissek, M. (Hrsg.): Geschichte und Ästhetik des Radio-Features: Etwas ist da, unüberhörbar eigensinnig, was jenseits der Bedeutung der Wörter liegt ... Beiträge des ersten Rendsburger Featuresymposions 2010. BoD, Nordkolleg Rendsburg (2012a)

Lissek, M.: Von der Notwendigkeit eines Feature-Diskurses – oder: Feature und Zimtbasilikum. In: Lissek, (Hrsg.) Geschichte und Ästhetik des Radio-Features: Etwas ist da, unüberhörbar eigensinnig, was jenseits der Bedeutung der Wörter liegt ... Beiträge des ersten Rendsburger Featuresymposions 2010, S. 16–30 (2012b)

Lissek, M.: Featuregespräche (Gespräche mit Feature-Autoren über ihre Arbeit) (2013). Audio-Files unter http://michaellissek.com/featuregespraeche.htm. Zugegriffen: 15.04.2013

Lönneker, J.: Morphologie. Die Wirkung von Qualitäten – Gestalten im Wandel. In: Naderer, G., Balzer, E. (Hrsg.) Qualitative Marktforschung in Theorie und Praxis. Gabler, Wiesbaden (2007)

Martin, J., Powers, M.: Organizational Stories. In: Staw, B. (Hrsg.) Psychological foundations of organizational behaviour. Scott, Glenview (1995)

Matas, I.: Textmodul für das Kampagnenkonzept »Moment mal.« Deutsche Telekom (2011)

Matas, I.: Gefährliche Freundschaften – psychologische Aspekte des social engineerings. Vortrag am 15.10.2012 auf der secaware in Nürnberg (2012)

Münkler, H.: Wir brauchen wieder Mythen. Interview mit H. Hesse. Kölner Stadtanzeiger **132**. 10.06.2009 (2009)

Nestler, C., Salvenmoser, S., Bussmann, K.-D.: Wirtschaftskriminalität 2011, Sicherheitslage in deutschen Großunternehmen. PwC in Zusammenarbeit mit der Martin-Luther-Universität Halle-Wittenberg (2011)

Nölke, S.V.: Das 1 × 1 des Audio-Marketings. Der Navigator für Audio-Branding und Audio-Interface-Design. Edition Comevis, Köln (2009)

Ong, W.J.: Orality and literacy: The technologizing of the word. Routledge, New York (1982)

Pokoyski, D.: Innovative Tools werben für Awareness bei Chemikalienhersteller. In: OLE Nr. 6, Security-Awareness-Newsletter von known_sense, Köln (2007). www.known-sense.de/ole_06. pdf. Zugegriffen: 26.03.2013

Pokoyski, D.: Narratives Management – Security braucht Story. In: Helisch, Pokoyski, (Hrsg.) Security Awareness. Neue Wege zur erfolgreichen Mitarbeiter-Sensibilisierung, S. 156–170. Vieweg + Teubner, Wiesbaden (2009)

Pokoyski, D.: Cybarry & Samantha Safe. In: OLE Nr. 12, Security-Awareness-Newsletter von known_sense, Köln (2010). www.known-sense.de/ole_12.pdf. Zugegriffen: 26.03.2013.

Pütz, S.: Der Kobold ist der Liebling aller Frauen. Ein Staubsauger wird 70. Radio-Feature in SFB Radio Kultur, »Termin nach 7«, 29.05.2000 (2000)

Pütz, S.: Mehr als Vergangenheitsbewältigung. Die Universität Frankfurt untersucht die Bedeutung der Unternehmensgeschichte. Beitrag im Deutschlandfunk, »Studiozeit – Aus Kultur- und Sozialwissenschaften«, 13.07.2006 (2006). Manuskript unter www.dradio.de/dlf/sendungen/ studiozeit-ks/520448/. Zugegriffen: 15.04.2013.

Raible, W.: Orality and Literacy. In: Günther, H., Ludwig, O. (Hrsg.) Schrift und Schriftlichkeit: Ein interdisziplinäres Handbuch internationaler Forschung. DeGruyter, Berlin (1994)

Rötzer, F.: Rückzug in die Wüste. In: taz, 09.06.2011, S. 18 (2001)

Ruegg-Sturm, J., Gritsch, L.: Die Bedeutung von Ritualen in Prozessen organisationalen Wandels. In: Nagel, E. (Hrsg.) Welchen Wandel wollen wir? Luzerner Beiträge zur Betriebs- und Regionalökonomie, Bd. 10, Rüegger, Chur, Zürich (2003)

Runow, T.: Das Ende des Monologs. Wie Michail Bachtin das polyphone Erzählen [er]fand. In: Lissek, (Hrsg.) Geschichte und Ästhetik des Radio-Features: Etwas ist da, unüberhörbar eigensinnig, was jenseits der Bedeutung der Wörter liegt … Beiträge des ersten Rendsburger Featuresymposions 2010, S. 51–71 (2012)

Salber, W.: Der Alltag ist nicht grau. Bouvier, Bonn (1989)

von Schlippe, A.: Geleitwort. In: Zwack, (Hrsg.) Die Macht der Geschichten. Erzählungen als Form der Wertevermittlung in Familienunternehmen, S. 5–7. Carl-Auer-Systeme Verlag, Heidelberg (2011)

Schneier, B.: Semantic Attacks: The Third Wave of Network Attacks. Schneier on Security blog (2000). www.schneier.com. Zugegriffen: 31.8.2010.

Schug, A.: History Marketing. Ein Leitfaden zum Umgang mit Geschichte in Unternehmen. transcript, Bielefeld (2003)

Schwägele, S.: Planspiel versus Simulation? Versuch einer Abgrenzung (2013). http://zms.dhbw-stuttgart.de/planspielplus/blog/details/2013/01/09/simulation-oder-planspiel/10.html. Zugegriffen: 09.01.2013.

Simon, F.B.: Rambo, Hitler, Osama und andere Persönlichkeiten. In: Simon, F.B. (Hrsg.) Gemeinsam sind wir blöd?! Die Intelligenz von Unternehmen, Managern und Märkten, 2. Aufl. Carl-Auer-Systeme Verlag, Heidelberg (2006)

Sjurts, I. (Hrsg.): Lexikon Medienwirtschaft. Gabler, Wiesbaden (2005)

Steinmetz, R.: Vom Broadcasting zum Personal Casting. Muss das Radio jetzt neu erfunden werden? In: Föllner, Thiermann, (Hrsg.) Relating Radio. Communities. Aesthetics. Access. Beiträge zur Zukunft des Radios., S. 82–92 (2006)

Straus, E.: Vom Sinn der Sinne. Ein Beitrag zur Grundlegung der Psychologie, 2. Aufl. Springer, Berlin, Heidelberg, New York (1978)

Thier, K.: Storytelling. Eine narrative Managementmethode. Springer, Heidelberg (2006)

Unionis: Der bewusste Einsatz von Ritualen im Unternehmen – zeitgemäße Führung oder verstaubte Gewohnheit? (2010). www.unionis.eu

Wikipedia: Stichwort »Hörbuch« (2013). http://de.wikipedia.org/wiki/Hörbuch. Zugegriffen: 26.03.2013

Wild, C.: Tonspur des Alltags. Studie nimmt Hörfunk tiefenpsychologisch unter die Lupe. research & results 2. (2007)

Xing: Gruppe Hörbücher & Hörspiele. Thema des Monats Januar: Wie werden Hörbücher wahrgenommen? (2010 ff.). http://kurzlink.de/LMaRD4Bnj. Zugegriffen: 02.05.2014

Zindel, U., Rein, W. (Hrsg.): Das Radio-Feature: Ein Werkstattbuch Praktischer Journalismus, Bd. 34. UVK Verlagsgesellschaft, Konstanz (2007)

Zwack, M.: Die Macht der Geschichten. Erzählungen als Form der Wertevermittlung in Familienunternehmen. Carl-Auer-Systeme Verlag, Heidelberg (2011)

Ihr Bonus als Käufer dieses Buches

Als Käufer dieses Buches können Sie kostenlos das eBook zum Buch nutzen. Sie können es dauerhaft in Ihrem persönlichen, digitalen Bücherregal auf springer.com speichern oder auf Ihren PC/Tablet/eReader downloaden.

Gehen Sie dazu bitte wie folgt vor

1. Gehen Sie zur springer.com/shop und suchen Sie das vorliegende Buch (am schnellsten über die Eingabe der ISBN).
2. Legen Sie es in den Warenkorb und klicken Sie dann auf „zum Einkaufwagen/zur Kasse".
3. Geben Sie den unten stehenden Coupon ein. In der Bestellübersicht wird damit das eBook mit 0, - € ausgewiesen, ist also kostenlos für Sie.
4. Gehen Sie weiter zur Kasse und schließen den Vorgang ab.
5. Sie können das eBook nun downloaden und auf einem Gerät Ihrer Wahl lesen. Das eBook bleibt dauerhaft in Ihrem Springer digitalem Bücherregal gespeichert.

Ihr persönlicher Coupon

NN2H8ASqmwcfFzJ